全国高等院校旅游专业规划教材

饭店营销学（第3版）

钱 炜 李 伟 谷慧敏 编著

旅游教育出版社
·北 京·

责任编辑：陈 霁　赖春梅

图书在版编目(CIP)数据

饭店营销学/钱炜等编著. ——北京：旅游教育出版社，2003.8(2011.3)
ISBN 978 – 7 – 5637 – 0614 – 3

Ⅰ. 饭… Ⅱ. 钱… Ⅲ. 饭店 – 市场营销学　Ⅳ. F719

中国版本图书馆 CIP 数据核字(95)第 20872 号

全国高等院校旅游专业规划教材

饭店营销学
（第 3 版）

钱　炜　李　伟　谷慧敏　编著

出版单位	旅游教育出版社
地　　址	北京市朝阳区定福庄南里 1 号
邮　　编	100024
发行电话	(010)65778403　65728372　65767462(传真)
本社网址	www.tepcb.com
E – mail	tepfx@163.com
印刷单位	北京中科印刷有限公司
经销单位	新华书店
开　　本	787×960　1/16
印　　张	16
字　　数	272 千字
版　　次	2003 年 8 月第 3 版
印　　次	2011 年 3 月第 9 次印刷
定　　价	22.00 元

(图书如有装订差错请与发行部联系)

出版说明

为适应旅游业的发展要求,满足旅游高等教育的需要,我们根据高等院校旅游专业的课程设置、教学目标,在国家旅游局人事劳动教育司的主持下,集合国内旅游高等院校的众多专家学者,自20世纪90年代起,先后出版了系列旅游高等院校教材。该套教材出版以来,得到了广大院校师生和业界的普遍好评,至今仍是众多院校的首选教材,一版再版。迄今为止,该套教材不仅为众多院校广泛使用,而且是规模最大、品种最多的一套高等院校旅游专业教材。

但是我们深知,教材出版本身是一个不断完善的动态过程,需要产业的推动、研究的深化、时间的积淀,更需要广大师生的参与。本着这一目的,根据21世纪旅游业的发展要求与广大师生的殷切希望,我们根据教育部与国家旅游局对旅游学科的规划与行业要求,对本套教材进行了必要的增补与修订,以确保该系列教材的科学性、权威性。

与原教材相比,本版教材注意了课程设置与教材编写的科学性、针对性、规范性,使整套教材更适合学科教学和行业发展要求。在此基础上,本版教材强调了教材的研究含量,旨在倡导教材编写的严肃性、高等教育的研究性,避免教材编写中存在的简单雷同现象,体现了国家骨干教材应有的规范性与原创性。可以说,本版教材是根据我国高等院校旅游专业教学实际,严格按照课程设置和教学目标设计安排教材内容,循序渐进,使教材的先进性与研究性在教材中得到充分保证。

在此次增补与修订中,我们始终强调教材编写应有的学术规范,无论从选题确定,乃至注释引文、参考文献、每一个细节都力求体现教材编写应有的学术规范。在体例安排上,为方便教学双方,本版教材在确保科学性、规范性的基础上,我们特别注意了以下内容的编写:一是除在内容上提供大量案例分析外,特别在每章前增加了"本章导读",目的是既方便学生自学,又便于教师把握教学思路;二是在课后总结归纳出"专业词汇",便于学生把握重点;三是在"思考与练习"中增加部分讨论题型,方便教师改变教学方式,启迪学生思维。同时,部分教材还列出推荐书目,供师生课外参考阅读或进一步研究使用。

为了实现这样的目标,我们先后在全国广泛遴选作者,聘请在学科研究与教学领域有所建树的专家学者担任教材的编写工作。不少作者都有相关领域的专著成果作为教材写作的支撑,为本套教材的研究含量提供了必要保障。

作为国内惟一一家旅游教育专业出版社,我们始终得到广大旅游院校师生的关心与帮助,在新世纪,我们更期待着大家一如既往的呵护。我们希望将我们的教材建设成为一个开放式的园地,能始终站在学科研究与行业发展的前沿,随时反映旅游教育最新发展的动态。我们期待着教材使用者的意见和建议,更期待着潜在作者的新思路、新理念、新观点、新教学方式——我们定会"从善如流",不断调整完善现有教材,不断吸纳新的作者、新的观点。

旅游教育出版社

2003年7月

目 录

第一部分 概述

第1章 饭店营销与管理体系 (1)
- 本章导读 (1)
- 第一节 饭店营销概念 (1)
- 第二节 饭店营销管理体系 (8)
- 第三节 饭店客户关系管理 (13)
- 本章总结 (18)
- 专业词汇 (18)
- 思考与练习 (18)

第二部分 计划：分析与调研

第2章 饭店市场 (19)
- 本章导读 (19)
- 第一节 饭店市场细分 (19)
- 第二节 饭店市场细分的基础 (22)
- 本章总结 (32)
- 专业词汇 (32)
- 思考与练习 (32)

第3章 饭店营销分析与市场调研 (33)
- 本章导读 (33)
- 第一节 饭店营销分析与市场调研的内容 (33)
- 第二节 饭店营销分析与市场调研的途径和方法 (50)
- 本章总结 (56)
- 专业词汇 (56)
- 思考与练习 (56)

第三部分 计划:营销目标与策略

第4章 饭店总体计划 (57)
本章导读 (57)
第一节 计划的内涵 (57)
第二节 饭店计划 (59)
本章总结 (68)
专业词汇 (69)
思考与练习 (69)

第5章 饭店营销计划 (70)
本章导读 (70)
第一节 饭店定位 (70)
第二节 营销目标 (72)
第三节 营销策略 (74)
第四节 行动方案 (78)
第五节 营销控制 (79)
本章总结 (81)
专业词汇 (81)
思考与练习 (81)

第四部分 计划:实施

第6章 饭店产品策略 (82)
本章导读 (82)
第一节 饭店产品的概念及其构成 (82)
第二节 饭店产品策略的选择 (86)
第三节 饭店产品生命周期 (89)
第四节 饭店新产品的开发 (94)
本章总结 (99)
专业词汇 (100)
思考与练习 (100)

第7章 饭店定价策略 (101)
本章导读 (101)
第一节 饭店价格 (101)
第二节 价格策略 (104)
本章总结 (112)

专业词汇 …………………………………………………………… (112)
　　思考与练习 ………………………………………………………… (112)

第8章　饭店促销策略 …………………………………………………… (113)
　　本章导读 …………………………………………………………… (113)
　　第一节　饭店的促销与促销组合 ………………………………… (113)
　　第二节　饭店广告计划 …………………………………………… (118)
　　第三节　饭店的宣传手册 ………………………………………… (129)
　　第四节　直接推销技巧与推销计划 ……………………………… (133)
　　第五节　饭店的销售促进 ………………………………………… (137)
　　第六节　饭店公共关系 …………………………………………… (140)
　　第七节　饭店的内部促销 ………………………………………… (147)
　　第八节　饭店其他形式的促销 …………………………………… (150)
　　本章总结 …………………………………………………………… (151)
　　专业词汇 …………………………………………………………… (152)
　　思考与练习 ………………………………………………………… (152)

第9章　饭店销售渠道与策略 …………………………………………… (153)
　　本章导读 …………………………………………………………… (153)
　　第一节　饭店销售渠道 …………………………………………… (153)
　　第二节　饭店销售渠道的选择 …………………………………… (156)
　　第三节　饭店销售渠道管理Ⅰ——饭店与旅行社的
　　　　　　代理关系与管理 ………………………………………… (160)
　　第四节　饭店销售渠道管理Ⅱ——饭店预订系统 ……………… (166)
　　第五节　饭店销售渠道管理Ⅲ——与饭店有合约关系的
　　　　　　其他销售渠道 …………………………………………… (171)
　　本章总结 …………………………………………………………… (172)
　　专业词汇 …………………………………………………………… (172)
　　思考与练习 ………………………………………………………… (173)

第10章　饭店网络营销 …………………………………………………… (174)
　　本章导读 …………………………………………………………… (174)
　　第一节　网络营销的优越性 ……………………………………… (174)
　　第二节　饭店网络营销战略 ……………………………………… (176)
　　第三节　饭店网络营销衡量 ……………………………………… (183)
　　第四节　饭店网络营销的日常工作 ……………………………… (184)
　　本章总结 …………………………………………………………… (186)
　　专业词汇 …………………………………………………………… (187)

思考与练习 ·· (187)
第 11 章　饭店营销管理 ·· (188)
　　本章导读 ·· (188)
　　第一节　饭店营销组织管理 ·· (188)
　　第二节　饭店营销业务营运管理 ·· (194)
　　第三节　饭店销售部人力资源管理 ·· (220)
　　本章总结 ·· (225)
　　专业词汇 ·· (225)
　　思考与练习 ·· (225)

第五部分　营销预算计划与控制

第 12 章　饭店营销预算 ·· (226)
　　本章导读 ·· (226)
　　第一节　饭店营销预算的基本概念 ·· (226)
　　第二节　饭店营销预算的编制 ·· (233)
　　本章总结 ·· (238)
　　专业词汇 ·· (238)
　　思考与练习 ·· (238)
第 13 章　营销控制 ·· (239)
　　本章导读 ·· (239)
　　第一节　营销控制系统 ·· (239)
　　第二节　控制的时效性和控制网络 ·· (240)
　　第三节　控制的类型 ·· (241)
　　本章总结 ·· (246)
　　专业词汇 ·· (246)
　　思考与练习 ·· (246)

主要参考书目 ·· (247)
修订后记 ·· (248)

第一部分 概述

第1章

饭店营销与管理体系

本章导读

饭店营销是满足顾客要求以获得经济效益的经营活动过程。营销管理是饭店重要的管理活动。本章首先对饭店营销概念和内涵进行了界定,并讨论了饭店营销观念演变的五个阶段以及传统营销观念与现代营销观念在饭店实践中的具体体现。此外,还介绍了饭店营销管理体系。最后,对饭店客户关系管理概念及方法进行了研究。

第一节 饭店营销概念

一、饭店营销的定义

营销科学的奠基人之一、美国学者菲利普·科特勒是这样为营销下定义的:

"营销指的是通过合适的交流和促销,将合适的商品与服务在合适的时间和合适的场合销售给合适的人。"

盖里·特莱帕则这样界定营销:

"了解顾客需要,使产品尽可能满足这些需要,劝说顾客满足自己的需要,最后,当客人愿意购买该产品时,保证购买方便。"

安德逊和兰姆希克把营销的定义讲得更具体化、更通俗化:

"我们相信,营销的真正意义在于听取市场需求,满足需求,创造利润。据此,出色的营销自然应该意味着,你比自己的竞争者更注意倾听市场意见,也比竞争者能更有效地满足市场需求。"

现在，我们可以比较清楚地知道，营销应该具有以下六项要素：

1. 满足顾客需要：营销活动的首要任务应是发现并满足顾客需要。顾客已经有了什么，他们还缺少什么，这两者之间一定存在差距。顾客需要什么，他们对自己的需要是否已经意识到，这些都是从事营销的人必须努力了解的。

2. 营销具有连续性：营销是一种连续不断的管理活动，不是一次性的决策；后者只能被看作是整个营销管理的一项内容。

3. 营销应有步骤地进行：良好的营销是一个过程，应有序地一步步去做。

4. 营销调研起着关键作用：营销活动如要有效地进行，则非进行营销调研不可，惟此才能预见并确认顾客需求。

5. 企业内部各部门之间必须发挥团队精神，搞好合作：企业的任何一个部门都不可能独立地承担营销的全部活动。没有各个部门的精诚合作，营销便不能成功，企业便不能游刃有余地参与市场竞争。

6. 企业还应注意与同行、相关行业搞好合作：同一行业中各企业，在进行营销时有着许多合作的机会，既竞争又合作，整个行业才能蒸蒸日上。

现在我们为饭店营销作如下界定：

饭店营销是一种持续不断、有步骤地进行的一种管理过程。饭店管理人员在此过程中通过市场调研，了解顾客需要，然后努力提供适合这种需要的产品与服务，使顾客满意、饭店获利。饭店营销成功的最基本条件，在于其全体员工的共同努力以及饭店与同行及相关行业的企业之间的精诚合作。

二、饭店营销观念的演变

饭店营销观念的演变大致经历了五个阶段：(1)生产导向；(2)产品导向；(3)推销导向；(4)营销导向；(5)社会营销导向。决定这一演变过程的主要因素有技术进步、生产效率提高、竞争加剧、市场需求增加、管理现代化以及社会价值观念变化等。

1. 生产导向。这种观念主要认为："我的饭店能提供什么，就销售什么。"

饭店业发展初期，产品与服务供不应求在许多地方是一种普遍现象。饭店简陋，服务项目稀少，而前来投宿的旅游者却络绎不绝，旅游旺季甚至蜂拥而至。他们要吃、要住，但由于客房不足，凡能找到下榻之处，即使设施简单，餐食一般，便也心满意足。于是店方只需关心客房有无、餐食有无，无需把力气花在改善设施、增加服务项目、提高餐饮质量等方面。实际上，常常是店方可以提供什么，旅游者便购买什么。旅游者的需求完全被放在一个并不重要的位置上。

我国 20 世纪 70 年代末、80 年代初改革开放初期，许多主要旅游目的地都出现过饭店紧缺的现象。饭店经营者除了淡季之外，几乎从来不为客源发愁。严重的供不应求造成了纯粹的卖方市场，也造成了饭店经营者中普遍存在的生产导向观念。

2.产品导向。这种观念主要认为：客人喜欢良好的设施和优质的服务，因此饭店工作的核心是提供良好的设施和优质的服务。

和生产导向相比，产品导向无疑是一种明显的进步。就客人而言，他们下榻饭店所能获得的最基本的好处，一是客房可供休息下榻，二是餐厅可以就食用餐。饭店若能提供良好的设施和优质的服务，客人一般地来说会感到满意。

从我国目前饭店业的实际情况来看，绝大多数合资饭店和一部分内资饭店严格管理，加强培训，使自己所提供的服务与设施即产品质量能有良好的保证，这是可喜的现象。另一方面，我们也看到相当一部分饭店所提供的产品质量（服务与设施）尚存在着诸多问题，严重的甚至招致客人投诉不断，影响我国旅游业形象。从这个意义上来说，产品导向不能说已经完全过时。

然而，产品导向的最大不足之处在于"营销近视症"，即饭店经营者把精力仅仅集中在设施的改进与服务质量的提高上，而忽视了对市场即客人需求的了解与研究。"酒香不怕巷子深"便是产品导向观念的集中表现。实际上，客人来自五湖四海，他们的需求不仅千差万别，而且不断变化。饭店的设施与服务再好，若不考虑客人的需求，也是无的放矢。随着竞争的出现，前面所说的供不应求的情况逐渐发生变化。产品导向观念已不再能适应时代的发展。

3.销售导向。这种观念认为，饭店一方面要增加设施、改进服务，一方面需要组织人员外出推销，惟此才能使客人了解产品，并在竞争中战胜对手。

销售导向的出现一是由于技术进步、设施改善，再则由于饭店增多、竞争加剧。此时供不应求的局面已不复存在；相反，供大于求迫使饭店经营者把经营重点从生产转向销售。只是这种销售的努力主要是出于饭店自身利益的考虑：若不加紧推销，客房利用率低，餐厅、舞厅、卡拉OK厅等营业额难以上去，饭店经营就可能出现赤字。

销售导向指导下的一切推销努力并没有把客人的需求放在最重要的位置上来考虑。销售人员也许四处奔走，但是他们并没有做过周密的市场调研，不了解顾客的真实需求，因此他们的努力并不能保证给饭店带来更多的客源与利润。当然，和产品导向下的"等客上门"相比，一个饭店能有专人从事销售总是一种进步。事实上，饭店是否有专人做销售，效果会大不相同。我国目前许多饭店的销售人员多数并未学习过营销理论，但他们在实际工作中善于思考，不断总结，销售工作做得并不逊色。我们若考察他们的成功经验，定会对营销导向有所认识。

4.营销导向。这种观念认为，满足客人需求是饭店必须最优先考虑的事。饭店管理者首先考虑的不是饭店有什么可供销售，而是客人对饭店有哪些需求。了解客人需求，努力满足这些需求，饭店才能创造利润，才能在激烈的竞争中获得发展。

营销导向的出现背景是:竞争进一步激烈,技术进一步提高,消费者的需求越来越多样化、个性化,导致供过于求或供求不对路。与此同时,越来越多的饭店经营者掌握了现代管理知识,提高了管理水平。人们开始认识到,单纯的推销努力并不能保证顾客满意,增加销售量;相反,由于供过于求,竞争者各显神通,客人面临越来越多的选择,他们常常可以从容不迫地挑选最能满足自己需求的饭店。在这种情况下,把满足客人需求作为饭店最优先考虑的事便顺理成章了。

前面我们说到,目前我国许多饭店的销售人员并未在学校学习过营销理论,但他们中的一部分人仍能把销售做得有声有色。这是怎么一回事?原来这些成功的销售者总是十分注意市场亦即客人的需求,注意这种需求的变化,注意将客人变化了的需求反馈给饭店各级管理与服务人员,敦促并帮助他们调整产品,改进服务。当一家饭店能根据市场需求变化调整产品、改进服务时,它自然能在激烈的竞争中稳操胜券,立于不败之地。说句公正的话,这些成功的销售者不自觉地在自己的工作中运用了我们提倡的营销导向观念。

现在我们把销售导向和营销导向作一对比,见表1-1。

表1-1 销售导向与营销导向特点对比

	销售导向	营销导向
背景	卖方市场开始(或已经)消失	买方市场形成
出发点	产品	客人需求(现实的和潜在的)
指导思想	为已经生产出来的产品找到买主(客人)	根据买主(客人)的需要调整产品,改进服务
方法	推销与促销	以市场调研开始的整体营销
目的	达到一定的营业额以获得利润	通过满足客人需求满足自己,包括创造利润

在营销观念的演变过程中,营销导向的出现是一场真正的革命。在以往的传统观念中,饭店和别的企业一样,最关心的是生产足够的产品以满足市场需求,或是设法为自己已经生产出来的产品找到买主(客人)。换言之,生产第一,以产定销。在现代营销观念中,饭店首先关心的是市场需求,是了解、满足甚至超值满足客人的需求,是根据客人需求调整产品,改进服务。换言之,市场第一,以销定产。

在西方,人们常常把营销导向称作顾客导向。这种称法的原因是不言而喻的。我们常说的市场需求实际上就是客人需求;满足市场需求也就是满足客人需求。在这一意义上,市场和客人是可以互换的同义语。两者的区别在于市场较为抽象,所以常被比作能够影响经济与生产的"无形的手";而客人或顾客则非常具体,易为人们认知。

5.社会营销导向。这一观念认为,置身于社会整体中的饭店和别的任何企业一样,不能孤立地追求一己的利益,而必须使自己的行为符合整个社会与经济发展的需要,力求在创造饭店或企业的经济效益的同时,能为整个社会的发展作出贡献,创造社会效益。

社会营销导向的观念是在20世纪70年代出现的。人口激增,资源过度开发,生态环境恶化,使人们越来越清楚地认识到环境与资源保护的重要性。社会营销导向主要是在这种背景下提出的。一些国际连锁饭店在这方面已经开始作出值得赞赏的努力。如为了节约纸张而减少森林砍伐,它们提供的卫生纸是用再生纸做的;办公室的一些非正式文件使用电传纸的反面;在客房里放置小册子,宣传保护环境与资源的日常方法,如为节约水资源而减少棉织品的洗涤次数,取消一次性牙具等;组织员工参加植树活动等等。世界旅游组织为鼓励饭店业参与环境保护,曾在1990年表彰了在这方面作出成绩的美国华美达(Ramada)饭店集团。许多国际饭店集团积极开展ISO—14000环保认证,以期提升其在环境管理方面的水平。目前,"绿色营销"(Green Marketing)已成为国际饭店业的一种潮流。

以上我们介绍了营销观念的演变。从整体而言,世界饭店业已经广泛地接受了营销导向和社会营销导向这两种比前三种先进、科学的观念,我国一些管理出色的饭店或饭店集团也已实施营销导向或社会营销导向,并取得成绩。但是这里需要说明的是,在特定的条件下,销售导向、产品导向甚至生产导向都并非一无是处。这里所说的"特定的条件",主要指市场处于供不应求的情况。此时,若一家饭店已经开业多年,对市场需求有一定了解,自己的目标市场也较明确,那么,高层管理者在一段时期内把更多的精力放在改善设施和提高服务质量上,把"酒"酿得更香、更醇,以吸引更多的客人,这也是无可厚非的。

我国由于市场经济刚刚开始建立,国际旅游业也起步较晚,相当一部分饭店在服务质量上还存在诸多问题,由于产品质量不佳而引起客人投诉较为普遍。对于这些饭店来说,高层管理者的首要任务是严格管理,加强培训,以保证服务质量,使客人高兴而来,满意而归。如果说现代营销观念能告诉这些饭店的高层管理者管理理念的话,那么这就是很重要的一点。

当然,从长远的、战略的利益来考虑,任何饭店的高层管理者都不能满足于目前对市场需求的了解,更没有理由因为一时供不应求而放松市场调研。中国的市场经济正逐步建立,走向成熟。竞争激烈、供过于求是市场经济成熟的标志之一。国际旅游业与其他许多行业相比,往往能更快地吸收国外的先进经验,包括各种竞争手段。换言之,饭店业的市场也在不断变化,日新月异。因此,明智的饭店高层管理者必须时时注意市场变化,了解客人需求变化,高瞻远瞩,立足于今天,放眼于明天。

所以,我们要求今日和未来的饭店管理人员都来学习和掌握现代营销观念,用它来指导自己的日常工作。只有以现代营销观念武装自己的饭店管理者,才称得上是眼光远大的战略家。否则,他最多只能是一个患有"营销近视症"的战术家。

三、传统营销观念与现代营销观念的种种表现

为了进一步了解传统营销观念与现代营销观念的差别,现在对两者的不同表现与特点加以更多的阐述。这里所说的传统营销观念,指的是生产导向、产品导向和销售导向;现代营销观念则指营销导向和社会营销导向。

凡在传统营销观念指导下运行的企业,其共同的特点之一是注意力明显地集中在企业内部;整个企业的运转被局限在企业(工厂、商店或饭店等)的围墙之内,对变化着的外部世界兴趣甚小。它们也做销售,但那是为了给已经生产出来的产品找到买主;对饭店销售人员而言,他们的销售任务是找到客人填满客房。他们也注意改进产品,但这种改进的动力往往来自管理者的经验和主观猜测。

现在列举传统营销观念在饭店业的常见表现:

1. "酒香不怕巷子深"的传统观念。以为只要一家饭店能有一两种特色产品(如餐饮方面的),便能保证顾客源源不断地自动登门。

2. 对于顾客的需求研究不够。只要有人投宿和用餐,就不去注意了解顾客情况:是哪些人常来投宿或用餐?为什么来本店而不去它店?他们有哪些需求?这些需求又如何变化?

3. 对长期计划重视不够,以为长期计划与企业的日常经营管理无多大关系,不会给饭店增加客源,提高利润。

4. 促销时只强调自己的产品及其特色,不注意顾客需求,不考虑如何更好地满足他们的需求。

5. 整个行业经营状况良好时缺少忧患意识,以为这种状况会长期地继续下去,因此自满自足,不够清醒。不能做到:在别人只看到成绩的时候,自己能看到问题;在别人只看到进步的时候,自己能看到困难;在别人陶醉于现状的时候,自己能预见将来可能出现的问题。

6. 长期性战略决策只在经营出现严重困难时才加以考虑,而即使考虑的话也常只从传统的生产导向、产品导向或销售导向观念出发,很少想到顾客需求。

7. 主要管理人员常常只凭自己的经验和主观猜测进行决策。可行性研究往往变成儿戏,只是为了应付上级或有关部门。

8. 各部门之间缺乏协调。本位主义、"孤岛意识"在一些部门的负责人头脑中常常占统治地位,总以为自己的部门比任何别的部门来得重要。

9. 上下左右沟通不够,"信息中断"不时发生,于是上下之间、部门之间误解丛生,摩擦不断,矛盾重重。平时不注意协调,问题成堆时才设法解决。

10. 推销新产品一哄而上,自己不动脑筋,只想走捷径去挣钱。于是别人搞卡拉OK,自己也搞;别人设韩国烧烤,自己也设。产品雷同,缺少特色,一哄而上地推出同样的产品和服务,是懒汉哲学的产物。

11. 以为销售只是销售人员的事,别人不必过问和努力。于是,全员销售的观念对饭店的绝大部分人来说显得陌生和格格不入。顾客要求什么,就提供什么;平时提供什么,就提供什么,不多也不少。很少有人(总台、餐厅服务员等)主动向客人推荐饭店的产品与服务。

以上这些,实际上就是"营销近视症"在饭店业的常见表现。营销近视症的主要危害在于使有关饭店不能适应市场需求的变化,尤其是在一些不可控制的外部因素,包括社会动荡、经济萧条、汇率变动等发生重大变化时,饭店往往因此而陷于十分被动的局面。

下面介绍的是现代营销观念的主要特征:

1. 顾客需求被作为最优先考虑的事。各级管理人员及员工均认识到满足客人需求的重要意义,因而在与客人的接触中,察言观色,注意细节,随时发现与了解客人(不只是笼统的一般的客人,而是一个个活生生、站在自己面前的客人)的需求,并设法满足之。

2. 注意市场调研。通过各种途径,如发放客人意见征求表、访问重要客户、听取客人投诉等,持续不断地了解客人及其需求。这种市场调研不是心血来潮或上级要求时偶尔为之,而是有计划地进行,有专人负责。

3. 及时了解竞争对手,了解其产品,了解其新的竞争手段。这样做的目的不是为了简单地模仿和单纯地抄袭,而是为了了解市场需求和竞争中的新趋势、新特点、新招式,从而结合自己的优势与短处,开发自己的特色产品、服务与竞争手段。

4. 充分认识长期计划的价值。作为战略家的饭店高层管理人员不应只是考虑今天,还要考虑明天与后天。通过市场调研,努力做到能够预见客人需求的变化(已经出现的和可能出现的,现实的和潜在的),然后通过长期计划(二三年或四五年或更长的时间)采取相应行动,设法加以满足。正确地预见客人需求变化的能力是一位成功的企业家必备的条件,也是饭店高层管理人员应该具备的素质。

5. 了解本企业在客人心目中的形象。所谓形象,与其说是企业公关销售人员期望在客人心目中努力营造的东西,不如说是客人心目中实际存在的关于企业的印象的总和。公关销售人员可以努力地去为自己的企业创造一个良好的形象,但一个企业的实际形象却是由企业的全体管理人员与雇员以及企业的产品和服务所塑造成的。了解本企业在客人心目中的形象,意味着企业能够正确地进行市场定位,向合适的客人提供合适的产品与服务。

6. 重视并鼓励企业内部各部门之间的合作。饭店高层管理人员应重视团队精神的发挥,他们自己是团队精神的体现者,同时又不断地向部门经理们灌输这种精神。"任何部门的任何问题都是饭店的问题,可能影响客人对饭店的印象,影响饭店的形象。"具有这种思想的饭店高层人员不会允许各个部门画地为牢,各设樊篱,"鸡犬之声相闻,老死不相往来。"

7. 充分认识到与相关单位或企业搞好合作的重要性,重视公共关系。在可能时为相关单位或企业提供必要的帮助和支持。不以邻为壑,不作壁上观。

8. 支持变革。懂得"世界上的一切都在变化,惟一不变的是'变化'本身"这一道理,因此能用积极的态度对待变化与变革。所谓积极的态度,指的是欢迎变化、支持变革,随时准备改变自己,以顺应潮流,适应变化。这适用于客人需求变化、员工价值观念变化、外部条件变化、内部规章制度变化等等。

9. 适当扩大业务活动,开展多种经营,其目的不只是为了创造更多的利润,而是更好地满足客人需求。近年来,许多饭店注意增加康体和休闲设施,便是一个好例子。

10. 对营销活动经常进行评估。营销计划(短期和长期的)不是一纸空文,"嘴上夸夸,墙上挂挂"。经常性的评估能使饭店高层管理人员及销售人员了解哪些营销策略或活动行之有效,哪些并不有效;哪些应该继续进行,哪些必须修改或放弃。惟此,营销费用与耗费在营销活动上的人力资源才不致浪费。

第二节　饭店营销管理体系

在我国,越来越多的饭店高层管理人员已经开始认识到营销在饭店管理中的地位与作用。在饭店管理中,如果说人的管理比工作的管理更为重要的话,那么,在工作的管理方面,对于饭店高层管理人员来说,恐怕没有比营销更为重要的事了。由于营销工作跨度大,涉及饭店的市场调研、产品设计、定价、促销、公关广告以及销售渠道等各个方面,因此,许多饭店总经理亲自参与营销工作的管理,关心营销过程的关键问题。

一、饭店营销管理内容

在上节中,我们说到饭店营销是一种持续不断、有步骤地进行的一种管理过程。饭店管理人员在此过程中通过市场调研,了解顾客需要,然后努力提供适合这种需要的产品与服务,使顾客满意,饭店获利。不难想像,为了实现"顾客满意,饭店获利"的目的,需要有效地配置多种资源,包括人力、物力与财力等。而要做到有效,就必须进行科学的管理。

营销管理主要包括以下四个方面:

1. 对企业环境进行分析。这里包括目标市场、竞争对手营销优势、营销机遇、国家有关政策法规和顾客需求变化的分析等。

2. 为未来发展进行计划。这种计划可以是战略性的,如确定营销策略和市场定位,也可以是战术性的,如寻找某一新的销售渠道或开展一场广告攻势;可以是短期的,如半年到一年,也可以是长期的,二至三年。

3.实施计划,包括营销策略、销售人员培训、创造性地解决营销活动中出现的各种战略问题等,尤为关键的是确定市场坐标,找准企业本身目标市场,确定切入市场的战略。

4.对计划和人员实施控制。这包括营销预算控制、销售人员出访频度控制和广告促销费用控制等。

二、营销管理与需求管理

饭店希望通过营销管理实现"顾客满意,饭店获利"的双重目的。正因为如此,在一般情况下,饭店管理者认为客人越多,客房利用率越高,饭店营业额就越高,利润也越大。但是我们若进一步对这方面的情况进行考察,便会发现实际情况较此复杂得多。几乎所有地方的所有饭店都或多或少地受到旅游业季节性的影响:淡季客人太少,旺季客人过多。在淡季中如何刺激对客房的需求,又如何不致过度地得罪旺季前来下榻的客人,便成了许多饭店总经理的一桩头痛之事。

本书开头提到的美国学者菲利普·科特勒先生研究了这方面的问题,把8种不同需求情况下的8种不同营销任务列表如下(见表1-2):

表1-2 需求管理表

	需求情况	营销任务
1	负数需求	刺激需求
2	无需求	创造需求
3	潜在需求	发展需求
4	需求下降	活跃需求
5	需求不规则	平衡需求
6	需求充分	保持需求
7	需求过分	降低需求
8	需求不健康	消除需求

在西方的一些旅游城市,赌博合法地给饭店创造了惊人的高利润。在社会主义中国,赌博和娼妓、吸毒一样为法律所不容许。因此,如果有的客人想利用饭店进行赌博,饭店经营者便应采取措施加以制止。这就是上表的第8类,当"需求不健康"时,必须加以消除。这与前面提到的社会营销导向完全一致。

因此,在某种意义上来说,营销管理就是需求管理。

三、SWOT分析

前面我们谈到,饭店营销管理的第一步是进行调查研究,即对企业环境进行分析。只有对企业环境进行了正确的分析,才能为未来发展制定可行的计划。正确的分析必须建筑在调查研究的基础之上。对于一家饭店来说,调查研究应该从哪些方面来进行呢?

1. 客观大环境。这指的是国际旅游业的发展及其趋势,顾客需求变化,本国政治、经济、法律、社会文化及科技发展情况等。此外,汇率波动、海关手续变化等都可能对来华旅游的海外旅游者人数产生影响,不能不予以重视。

2. 本饭店客源市场状况。这包括客源构成及其变化,客人数量增减趋势,产品结构与价格、销售渠道等。

3. 竞争对手情况。每个竞争者的情况,包括设施、服务、形象、促销手段、市场份额、优势与劣势等。

4. 本饭店经营状况。包括市场份额,经营方式,营业额与利润率,淡旺季差异等。

在西方,企业环境分析常用SWOT分析的方式进行。这里的S代表Strengths,意为"优势"或"长处";W代表Weaknesses,意为"劣势"或"不足之处";O代表Oportunities,意为"机会"或"机遇";T为Threats,意为"威胁"或"危险"。

现在将SWOT分析的具体内容与要求逐一加以介绍。

1. 优势或长处

一家饭店的优势或长处,不能仅从经营者的角度来加以分析,只有客人公认的优势或长处才是饭店真正的优势或长处。比如地理位置(俗称"地段")对一家饭店的经营状况十分重要。然而饭店的地理位置要与饭店的类别、设施、服务项目、客源市场甚至饭店档次相一致才为最佳。如缺乏必要的停车场、购物环境等,饭店地理位置即使最好,在许多客人眼里仍将缺乏吸引力。

国内一些饭店管理者在考虑饭店优势时,往往首先想到的是设施和星级。设施和星级固然重要,然而热情和高效的服务却常常被证明比设施与星级更重要。所以,考虑优势或长处,管理者最好先检讨一下饭店的服务,评估一下服务人员的素质,充分注意培训力量与培训科目。很难设想,一家缺少培训力量,很少考虑培训科目的饭店能在激烈的市场竞争中生存和发展。

2. 劣势或短处

一家饭店的优势往往就是它的劣势;一家饭店的长处往往便是它的短处。这话怎么理解?一则一切都处于变化之中。评上中、高星级的饭店固然有其特殊的吸引力,因而常见国内一些饭店,评级前大兴土木,评上星级之后即以为万事大吉,于是放松管理,不抓培训,服务质量下降。客人带着高期望值而来,带走的却是不满与牢骚。这不是优势变成了劣势么?

二则国内一部分饭店在出现供不应求的状况时容易忽视质量。比如某一饭店的粤菜餐厅初办时上下齐心协力,营业额与利润明显上升,但在创出声誉、顾客盈门的情况出现时,管理者或因内部不和、勾心斗角,或因骄傲自满、放松努力,菜肴与服务质量下降。这时,长处成了短处。

三则随着改革开放的深入,旅游业不断发展,新建的饭店和私人开办的高级餐厅如雨后春笋,它们的管理者常不惜以高薪与高职位从老饭店挖人。那些经营良好、声誉不凡的饭店便成了它们的"挖人"对象。某地一家合资饭店原来餐饮质量良好,后来一些骨干厨师相继被挖走,餐饮质量便出现时好时坏、难以保证的状况。这也是优势变劣势,长处变短处。

3. 机会或机遇

外部环境的重大变化,常常给饭店带来极好的机遇。比如海南建省、厦门升级、咸阳机场启用、三亚建机场、××直航北京、香港等等,都可以给饭店创造新的客源。这些外部环境的重大变化,有些是饭店管理者无法预料的,有些则在一二年前或更早以前即已知道。不管属于前者还是后者,饭店管理者都必须采取相应的行动,以免错失良机,让别人捷足先登,抢占市场,到时追悔莫及。

4. 威胁或危险

在市场经济条件下,一切企业时时都面临或多或少的威胁或危险,饭店亦不例外。重要的是尽早认识,及时采取措施,惟此才能避免危险,甚至使威胁转为机遇。

现在我们试着做一个 SWOT 分析的实例。天时饭店 5 年前开业,现在是某市 3 家三星级饭店之一。

优势
- 地理位置——位于城市中心附近,离火车站、机场均不远。
- 设施较齐全——目前是全市三星级饭店中设施最齐全的。
- 刚从 S 市的一家合资饭店调入一名客房部经理。
- 餐饮质量颇佳——尤其是粤菜与川菜餐厅。
- 声誉良好——客人口碑佳,尤其是餐饮质量方面。

劣势
- 价格——房价为 3 家三星级饭店中最高。
- 设施——一部分设施急需更新。
- 位置——一部分客房正对闹市口大街,客人晚上休息受影响。
- 福利——不能为职工提供住房。
- 与连锁饭店的关系——不属于任何连锁饭店。

机遇
- 新建机场将在半年之后投入使用。
- 政府已批准在本市建立 3 家新的中型合资企业。

威胁
- 市中心正在兴建两家新饭店,一为三星级,一为四星级。
- 另外两家三星级饭店中,一家已决定与国内某大型饭店管理公司联手,引进先进管理经验。

在进行上述分析之后,天时饭店的管理者们可以就产品、价格、销售渠道与促销手段等方面提出对策,并付诸实施。中国古人云:"凡事预则立,不预则废。"SWOT分析能帮助饭店管理者不断更新或延伸产品,调整价格,扩展销售渠道,优化促销手段,从而在竞争中立于不败之地。

四、饭店营销管理体系

建立饭店营销管理体系,是将饭店的营销管理工作做得更有计划、更有成效的基本保证。这一体系把饭店的营销工作分成四个主要阶段,即市场调研、制定计划、执行计划和对计划的执行情况进行评估。下面我们对这四个阶段作详细介绍。

1. 市场调研
- 世界旅游业发展及其新趋势。
- 中国旅游业发展及其新趋势。
- 外部环境。包括国家政治、经济、文化发展、新税制、汇率变化、外国人在华投资条件、交通等。
- 竞争对手情况。包括产品、价格、销售渠道、促销和市场份额等。
- 本饭店内部情况。除像了解竞争对手那样了解产品、价格等以外,还需对营业额、利润、人员素质与流动情况等作尽可能周详的了解。SWOT分析是进行这一工作的有效手段。
- 顾客需求。包括新变化、新潮流等。
- 供求关系。供不应求抑或供过于求?供求差额多少?这些对饭店定价决策影响极大,需作尽可能精确的预测。

2. 制定计划
- 市场定位。
- 确定市场区域(市场圈)。
- 确定销售战略。
- 制定行动计划。
- 编制预算。

3. 执行计划
- 每日工作。
- 按周或按月活动安排。
- 执行计划并监督执行情况。

4. 计划评估
- 按季度进行。
- 年度评估。

- 总评估。

本书的编写实际上是以市场调研、制定计划、执行计划和进行评估这四个阶段为线索进行的。

在西方,有的学者用图1-1,将营销管理体系作了形象的说明。它和我们介绍的四个阶段管理体系稍有差异,但两者总的思路异曲同工,值得参考。

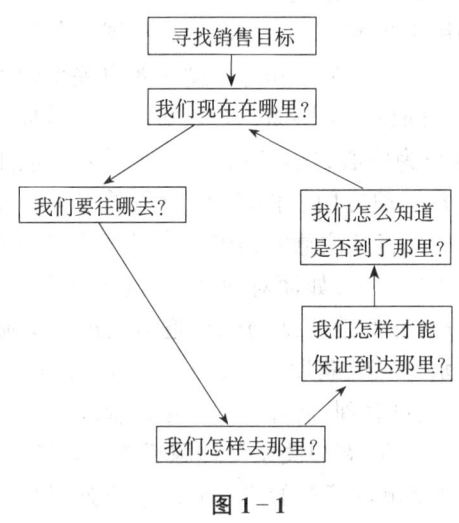

图1-1

第三节 饭店客户关系管理

一、客户关系管理产生

客户关系管理(Customer Relationship Management,CRM)起源于20世纪80年代初提出的"接触管理"(Contact Management),即专门收集整理客户与企业联系的所有信息。到90年代初期则演变成为包括电话服务中心支持资料分析的客户关怀(Customer Care)。

客户关系管理(CRM),被描述为利用现代信息技术手段,使客户、竞争、品牌等要素协调运作并实现整体优化的自动化管理系统,其目标定位在提升企业的市场竞争能力、建立长期优质的客户关系、不断挖掘新的销售机会,帮助企业规避经营风险、获得稳定利润,因此正成为目前全球企业关注的焦点之一。客户关系管理的产生,是市场需求和管理理念更新的需要、企业核心竞争力提升的要求、电子化浪潮和信息技术的支持等四方面背景所推动和促成的。

二、客户关系管理概念

Gartnet Group 认为,客户关系管理就是:为企业提供全方位的管理视角,赋予企业更完善的客户交流能力,最大化客户的收益率。Hurwitz group 认为,客户关系管理的焦点是自动化并改善与销售、市场营销、客户服务和支持等领域的客户关系有关的商业流程。客户关系管理既是一套原则制度,也是一套软件和技术。它的目标是缩减销售周期和销售成本、增加收入、寻找扩展业务所需的新的市场和渠道以及提高客户的价值、满意度、盈利性和忠诚度。客户关系管理应用软件将最佳的实践具体化并使用了先进的技术来协助各企业实现这些目标。客户关系管理在整个客户生命期中都以客户为中心,这意味着客户关系管理应用软件将客户当作企业运作的核心。客户关系管理应用软件简化、协调了各类业务功能(如销售、市场营销、服务和支持)的过程并将其注意力集中于满足客户的需要上。客户关系管理应用还将多种与客户交流的渠道,如面对面、电话接洽以及 Web 访问协调为一体,这样,企业就可以按客户的喜好使用适当的渠道与之进行交流。IBM 所理解的客户关系管理包括企业识别、挑选、获取、发展和保持客户的整个商业过程。IBM 把客户关系管理分为三类:关系管理、流程管理和接入管理。[*]

从管理科学的角度来考察,客户关系管理源于市场营销理论;从解决方案的角度考察,客户关系管理是将市场营销的科学管理理念通过信息技术的手段集成在软件上面,得以在全球大规模地普及和应用。

作为解决方案(Solution)的客户关系管理,它集成了当今最新的信息技术,它们包括:Internet 和电子商务、多媒体技术、数据仓库和数据挖掘、专家系统和人工智能、呼叫中心等等。作为一个应用软件的客户关系管理,凝聚了市场营销的管理理念。市场营销、销售管理、客户关怀、服务和支持构成了客户关系管理软件的基石。客户关系管理解决方案主要提供商之一的 Sybase 公司将其界定为以下七个方面,简称为"7Ps":

- 客户概况分析(Profiling),包括客户的层次、风险、爱好、习惯等。
- 客户忠诚度分析(Persistency),指客户对某个产品或商业机构的忠诚程度、持久性、变动情况等。
- 客户利润分析(Profitability),指不同客户所消费产品的边际利润、总利润、净利润等。
- 客户性能分析(Performance),指不同客户所消费的产品按种类、渠道、销售地点等指标划分的销售额。
- 客户未来分析(Prospecting),包括客户数量、类别等情况的未来发展趋势、

---

[*] 资料来源:田同生,《CRM 中的管理理念》,载《电子商务技术》,2001(1)

争取客户的手段等。
- 客户产品分析(Product),包括产品设计、关联性、供应链等。
- 客户促销分析(Promotion),包括广告、宣传等促销活动的管理。

三、客户关系管理方法

1. 传统客户关系管理方法

传统客户关系管理方法主要包括:

(1)俱乐部奖励计划。通过吸纳客人加入俱乐部,在以后的消费中给以各种不同的优惠,以吸引和保持客户。例如假日饭店集团的 Priority Club 国际会员,可于世界各地 2900 多间 SCH 享受热情款待及下列权益与优惠:①金卡会员以合乎奖赏标准的房价入住 SCH 20 晚(于一年内)即可晋升成为黄金会员,以后每次以合乎奖赏标准的房价入住可获 10% 之额外积分;②白金卡会员以合乎奖赏标准的房价入住 SCH 60 晚(于一年内)即可晋升成为白金会员,以后每次以合乎奖赏标准的房价入住可获 30% 之额外积分。*

(2)联合相关企业进行积分奖励计划。顾客每消费一次企业的产品,都会根据消费金额获得相应的积分,当积分达到企业给定的某个标准时,就可以获得免费的消费机会。可供免费消费的产品既可以是本企业的产品,也可以是相关企业的产品。例如喜达屋集团与 20 家航空公司合作,可把分值折算成里程,每两分折算成一英里。另一种形式是把航空公司里程数作为奖励依据之一,如马里奥特制定获得航空公司一定积分后,提取 25% 作为饭店奖励积分。表 1-3 列举了国际饭店集团的顾客忠诚计划。

(3)在节假日,主动和客户联系,奉送礼品或问候,加强和客户的关系。这种传统的方法几乎所有的旅游企业都在做,体现不出企业客户关系管理的优势,反而会给企业增加负担。

2. 应用信息技术进行的客户关系管理方法

应用信息技术进行的客户关系管理方法包括:

(1)建立顾客数据资料库。把与顾客有关的资料输入计算机系统,形成关于顾客在消费、需求、投诉和其他方面的个人资料,以用于企业的决策和提供个性化的服务。目前旅游企业在顾客数据库建设方面还远远不够,从收集资料的渠道来看,还是以已经发生的数据资料为主,例如消费次数、消费额、消费时间、个人的登记资料等,并且这些资料分别保存在企业不同部门,难以实现整个企业的信息共享,形不成对企业有用的决策信息,不能够满足在目前竞争激烈、环境变化迅速的条件下企业进行正确决策的要求,更不能满足企业对顾客需求变化、发展趋势预测的要求。

---

* 资料来源:http://www.china.sixcontinentshotels.com

(2) 成立呼叫中心。通过呼叫中心提供旅游投诉、旅游咨询服务以及订票、订房等增值服务。许多饭店开通 800 免费客户服务电话，这些服务内容包括解答来电客户的线路咨询(包括价钱、出团日期、行程安排、参团手续等)、为索取资料的客户提供旅游资料传真服务、为企业解决客户的来电投诉以及客户回访等等。

(3) 利用互联网建立电子交易平台，方便顾客预订、购买其产品和查询有关信息。当前，许多旅游企业纷纷触网，实践着旅游电子商务，以满足旅游市场的发展要求，顺应旅游战略创新的趋势，探索新的旅游业务模式，建设有特色的、个性化的旅游电子商务，降低成本，提高效率，寻求新的利润增长点。如假日饭店集团、白天鹅宾馆等，利用其网站给客户提供预订、销售、咨询、定制等服务，极大地方便了客户，可以说在对客服务方面进行了革命性的变化。

表 1-3　国际著名饭店集团顾客忠诚计划

Bass 酒店与度假酒店：全球优先俱乐部
在假日、假日皇冠、假日快线和 Staybridge 全套间酒店每元消费计 10 分
计分可用于免费住店、航空里程数、包价旅行、购物礼品券
每元消费计 2.5 英里航空里程数
每年住宿 20~59 个合格房夜次为黄金级成员，可获得 10% 奖励点数
白金级成员为每年住宿 60 个合格房夜次，可获得 30% 奖励点数
所有成员均可享受优先登记权(美国、加拿大饭店)、免费报纸、延时离店及选择累积里程或点数
最佳西部饭店集团：金冠国际俱乐部计划
每元消费计 1 点，可折合为最佳西部全球支票、储蓄券、航空里程数、租车费和电话卡
成员可获得带有奖励点数的宣传品
选择国际饭店集团：顾客优先计划
在美国所有的 Comfort、Quality、Clarson 和 Sleep Inn 饭店每元消费计 10 点，可折合为免费房间、购物凭证、AAA 成员卡和价格折扣
餐饮俱乐部成员可将点数兑换为顾客优先计划点数
利益包括：快速入住登记、升档、免费本地电话、免费接收传真、延时离店及公司价
希尔顿饭店集团：希尔顿 HHonors 计划
成员入住希尔顿、Flamingo、Bally's 和 希尔顿国际饭店可享受累积里程或点数
可折合为免费房间、免费机票、游船旅游、度假及美国部分地区的赌场筹码
Howard Johnson 酒店与度假酒店：Howard Johnson 超级里程计划
成员入住所有 Howard Johnson 的合格消费均可获得超级里程点数
可折合为免费或折扣房间、Avis 租车、航空里程数

续表

凯悦饭店集团:金护照计划
以合格房价的每元消费计 5 分,可折合为免费房间、免费机票 快速入住登记、免费咖啡和茶、私人电话线、积分混合和积分购买
洲际酒店与度假酒店:六大洲俱乐部
成员入会和续签时可享受一晚周末免费房间、奖励里程数、升档、优先预订、双人入住单人价、支票兑现优惠、房内礼品、每次入住一张免费电影票、免费报纸、延时离店和快速结账 年入住满 30 晚的成员可获得升档、提前入住、快速登记、72 小时内保证订房 年入住满 50 晚的成员可获得一晚周末免费房间、情侣卡、免费小冰箱酒水及 24 小时内保证订房 会员费 100 美元,续签费 35 美元
Loews 饭店集团:Loews 第一计划
48 小时内保证订房、礼品、升档、每个合格房夜次获 500 英里里程数 入住 3 次或 10 晚后可升档为 Loews 第一黄金计划,包括每次 35 美元升档和 1000 英里里程数 入住 10 次或 25 晚后可升档为 Loews 第一白金计划,包括 24 小时内预订保证、商务级客房和每次第一晚 1000 英里里程数,其余 500 英里里程数
万豪国际酒店集团:万豪馈赠计划
每元消费折合 10 分(入住 TownePlace 和 Residence 饭店每元消费折合 10 分) 成员在合作企业消费如 AT—T 和 Hertz、1500 家饭店及合作航空公司还可获得额外点数
泛太平洋酒店与度假酒店:太平洋国际俱乐部
包括升档、公司价、免费报纸和延时离店
华美达饭店集团:华美达商务卡、华美达佳年卡
华美达商务卡 成员可在入会时获得 1000 点奖励、房价优惠、升档、快速登记和结账、延时离店、免费报纸、支票兑现优惠、租车折扣、专用预订号码、报纸 每元消费可折合为饭店、机票、租车及购物点数 华美达佳年卡 成本为 15 美元,包括标准间 25% 优惠
香格里拉酒店与度假酒店集团:金环计划
标准级:金环成员楼层,免费配偶入住、早餐,免费拨打本地电话/电话卡接驳服务(本地电话通讯及电话卡接驳一律免收服务费),信用卡现金预支(手续费及佣金全免,会员每次入住最高可预支价值于 250 美元的当地货币) 行政级(每年 10 晚及以上):除上述外,还包括延时离店、25% 奖励分数、升档 豪华级(每年 25 晚及以上):专用酒廊、提前入住登记、50% 奖励分数

续表

Starwood 酒店与度假酒店集团：Starwood 优先顾客计划
普通：每元消费计 2 分，折合为免费饭店、机票、度假、购物、店内消费
黄金级（每年 10 晚及以上）：每元消费计 3 分，升档、延时离店、免费报纸
白金级（每年 25 晚及以上）：除以上外，还包括升档、优先保证用房、迎宾用品
Wingate 饭店集团：经常旅行者俱乐部
成员入住 9 晚可获得一晚免费住房、AAdvantage 等级 2500 英里里程数或大陆等级 2500 英里里程数

本章总结

　　饭店营销是以顾客为中心的连续不断的管理过程，其核心在于研究市场需要，并努力提供满足这种需要的产品。这一观念的形成先后经历了生产导向、产品导向、销售导向、营销导向和社会营销导向五个阶段。传统的营销观念与现代营销观念存在诸多差别。现代营销观念关注顾客需求，强调市场调研，充分考虑企业长远利益和整体利益，鼓励创新与变革，重视企业内部各部门及与外部相关组织机构的合作，并注重各种营销要素之间的协同。

　　饭店营销管理包括营销环境分析、营销计划的制定、实施和控制，其重点在于对顾客需求进行科学的管理。SWOT 分析法是营销分析的重要方法。

　　进入 20 世纪 90 年代后，随着关系营销理论的产生，饭店客户关系管理成为饭店营销的主要手段。传统的客户关系管理侧重回头客奖励计划，而现代客户关系管理是基于现代技术的整体方案。

专业词汇

营销　营销观念　生产导向　产品导向　销售导向　营销导向
社会营销导向　营销管理　需求管理　SWOT 分析　客户关系管理

思考与练习

1. 饭店营销的六要素是什么？请结合实际加以说明。
2. 简述饭店营销观念的演变及其背景。
3. 销售观念与营销观念的区别体现在哪些方面？举例加以说明。
4. 评述现代营销观念的主要特征。
5. 饭店营销管理包括哪些方面？
6. 论述现代客户关系管理的思想及主要手段。

第二部分 计划:分析与调研

第2章

饭店市场

本章导读

饭店市场是由具有不同特征的细分市场组成的,对市场进行有效的细分,是饭店制定正确营销决策的前提。本章从理论上分析了饭店市场细分的概念、必要性及条件,并从运行实践角度对饭店市场细分的基础及细分市场的特征进行了细化介绍,读者从中可以了解不同市场在消费行为上的区别以及可以采取的相应对策。

第一节 饭店市场细分

一、饭店市场的含义

饭店市场是包括现实和潜在的饭店产品购买者在内的消费者群体。现实的市场指饭店现有的市场和竞争者现有的市场,是已经实现购买行为的群体。潜在市场是现实市场和可能转化为消费者的非消费者的总和。饭店现实市场一般比潜在市场狭小,因为饭店必须克服竞争中的障碍力量、消费者的惰性和饭店本身的局限,才可能使潜在市场转化为现实市场。在实际工作中,我们通常将饭店市场称为饭店客源或客源市场,它是饭店赖以生存的生命线。由于饭店产品先销售后生产或销售与生产的同时性,因此,如果没有客源即没有销售对象,饭店无法提供产品和服务;如果没有足够容量的客源市场,饭店也无法达到正常营运所需要的出租水平,也就无法获得相应的经营收益;此外,市场的层次结构和需求特征决定了饭店产品的开发方向,饭店提供的产品和服务只有能够与市场需求相符,才能吸引顾客并使顾客满意,进而成为饭店产品和服务的忠诚顾客和口碑宣传者。因此,深入分析和研究饭店的市场容量、市场档次结构和顾客对饭店产品的需求特征,以便有针对性地开拓市场和发展市场,便成为饭店市场营销活动的重要内容。

二、饭店市场细分的概念

饭店市场是由饭店产品消费者个体组成的总体。由于购买饭店产品者人数众多,并广泛分布于各个市场地区,有不同的需求和欲望,且支付能力、购买态度和消费方式也不尽相同。消费者个体上述差异性决定了任何一家饭店都无法同时满足所有购买者的需求;而饭店要想实现使消费者满意的目标,就必须进行详细的市场调研并合理地选择本饭店的重点市场圈即目标市场,然后再根据目标市场的需求决定相应的对策,以便有效地为目标市场服务。由此便产生了市场细分的概念。

饭店市场细分是指饭店管理阶层按照细分变数即影响饭店市场上购买者的欲望和需求、购买习惯和行为诸因素,把总体市场划分为若干需要不同的产品和市场营销组合的市场部分或亚市场,如旅游团和散客旅游者等,其中任何一个市场部分或亚市场都是一个有相似的欲望和需求的购买者群,都可能被选为饭店的目标市场。

三、饭店进行市场细分的好处

1. 市场细分有利于饭店,特别是中小饭店,发现最好的市场机会,从而采取相应的市场营销战略和手段,提高其市场占有率。因为,饭店通过分析市场和选定目标市场,可以了解各个不同的购买群体的需求状况和目前其需要满足的程度,从而发现哪些顾客群体的需要没有得到满足或没有得到充分满足,在没有满足和满足程度较低的市场,就可能存在着最好的市场机会。例如,北京香山饭店,虽然其别致的建筑风格蜚声海外,但由于其位于城郊的香山脚下,地理位置偏僻,经营受到很大影响。然而香山饭店经过市场选择,发现保健旅游在中国很有市场,而这一专项旅游项目在北京的饭店业并不十分普及,存在着巨大的市场需求,因此饭店抓住时机,推出了以保健和旅游为目的的健身旅游,饭店与旅行社联手推出"中医研修旅游"。在游览外,还请中华医学会派专家讲授中医理论基础、药膳学知识,并品尝"清代宫廷药膳全宴",席间不仅有常识简介,还穿插有宫廷药膳典故轶事表演等。这些服务项目的推出不仅扩大了饭店的财源,并使其成为"弘扬华夏瑰宝之光"的场所,受到客人的普遍欢迎。

该事例表明,市场细分是企业发现良机、制定市场营销战略以提高市场份额的有力手段。还应看到,市场细分对小饭店特别重要,因为小饭店一般资金少,实力薄弱,在整个市场或较大的亚市场上竞争不过大饭店。小饭店通过市场营销研究和市场细分,就可以发现那些未满足的需求,找到力所能及的良机,见缝插针,拾遗补缺,从而在日益激烈的竞争中能够生存和发展。

2. 进行市场细分还可以使饭店用最少的经营费用取得最大的经济效益,这一好处是由第一个好处所决定的。这是因为,饭店通过市场细分,选择目标市场,就可以有的放矢地采取适当的市场营销措施。首先,饭店可以按照目标市场需求变化,及时正确地调整产品结构,使产品适销对路;其次饭店可以相应地、正确地调整和安排分销渠道、广告促销等,使产品能顺利地、迅速地送达目标市场;此外,饭店还可以集中使用人力、物力和财力,使有限的资源集中使用在刀刃上,从而以最少的经营费用,取得最大的经营效益。例如,北京中国大饭店在对北京地区饭店市场进行分析之后,确定将商务散客作为本饭店的目标市场,并采取了一系列针对商务客人的促销活动,如开辟商务楼层,增设商务服务设施,并对商务客人实行价格折扣等优惠措施,从而树立起北京第一商务饭店的形象,取得了很好的社会和经济效益。

四、饭店市场细分的条件

任何一个市场,只要有两个以上的购买者,都可以细分为若干市场部分或亚市场,但是并非所有的市场细分都有意义。市场细分必须服务于市场营销。为了提高市场营销活动的针对性和效率,一个细分市场必须具有以下几个条件:

1. 可衡量性。指饭店各个细分市场的市场容量的大小和市场层次结构是可以衡量的。有些市场很难区分出来,如不同性格的客人在饭店消费水平的区别;有些市场则是可衡量的,如公务类客人,这类客人的住宿人数、平均停留天数、带来的销售额、平均房价等都能被统计出来,这样的细分才有实际意义,能为实际工作提供帮助。

2. 可进入性。指饭店的细分市场必须是能被饭店的各种营销手段所吸引的,并能到达的。如果某类细分市场没有可能接触到你的促销手段或根本无法到你饭店所在地来,这类市场纵然再有潜力和规模也是无用的。例如,如果某一国家不取消来华旅游的限制,这类细分市场对我国的饭店营销便毫无用处。

3. 规模性。市场细分必须有实际价值,这就是说,饭店所选定市场部分的规模足以使其有利可图。如果市场容量太小,购买总量有限,饭店为专门吸引这类客人所获得的收入也许不能偿付市场营销的费用。假如哪家饭店要为喜爱老式木板床的客人设计床铺,而这类客人人数太少,饭店即使进行了大量营销活动,也可能无利可图。

4. 购买力的可行性。一个细分市场还必须具备对某产品的购买力。例如一家豪华五星级饭店一般不会存在"背包学生"市场。同样,简易的青年旅馆也不太可能吸引高消费的享乐度假旅游者。购买力往往是细分市场的标准,如"豪华团"、"经济团"等是以购买力来分类的。购买力的高低是由该市场消费者的收入水平和经济状况所决定的。

5. 持续性。饭店的细分市场应具备相应的时间性,能够在市场上持续一定时间。对于仅仅是一种短暂潮流，饭店如果将其作为主要的细分市场并进而开展营销活动，那么就可能仅带来昙花一现的经营效果，从而使饭店陷于十分被动的局面。例如，一些中小城市的饭店投巨资建设保龄球场，造成设施闲置，便是教训。

第二节 饭店市场细分的基础

如上所述，饭店市场由于受年龄、性别、收入、文化程度、地理环境、心理诸因素影响，不同的消费者通常有不同的欲望和需要，因而有不同的购买习惯和行为。此外，旅游者在购买饭店产品时其购买形式也存在差异。正因为这样，饭店可以按照这些因素把整个市场细分为若干个不同的市场部分或亚市场，这些因素就叫做细分变数。由这些因素所决定的顾客差异是细分饭店市场的基础。细分饭店市场的依据很多，主要包括地理变数、住宿动机变数、购买方式变数、销售途径变数以及其他社会人文变数等。

一、按地理变数细分市场

按地理变数即客人来自的不同国家、地区和主要城市来细分市场，这是最基本的，也是最常用的划分方法之一。不同国家、不同地区的旅游者由于经济状况不同、消费习惯各异，他们对饭店的产品和服务各有不同的需要和偏好。例如亚洲客人同欧美客人在对饭店的需求上存在许多差异。亚洲客人注重饭店的装饰和设施的齐全，而欧美客人则强调房间的整洁、卫生和舒适宜人；亚洲客人在自费出外旅游时，支出方面更多用于购物，不太计较或不愿意花费大笔钱下榻在高档饭店，欧美客人则恰恰相反，他们会选择较高档次的饭店，尤其是连锁饭店，住宿方面的支出高于亚洲客人；亚洲客人对"卡拉OK"等大众娱乐活动情有独钟，而欧美客人则更喜欢到游泳池、网球场、健身房进行锻炼；亚洲客人喜爱静谧、雅致的酒吧情调，而欧美客人则偏爱热烈、自由、随和的吧台等。在了解客人的差异之后，饭店可以采取不同的营销手段以招徕和吸引客源，并且以不同的设施和服务去满足他们的需求。例如北京长富宫饭店，根据本店日本游客占主要地位的特点，特设日本楼层，在这些楼层中，饭店客房陈设全为日式，连客房服务也全部采用日式，服务人员进屋打扫卫生时，必须先脱鞋方可进入房内。北京的其他饭店也根据日本游客多的特点，计划专门开设日本楼层，在楼层用会日语的服务人员提供登记入住和客房服务等。欧美和澳大利亚等国的一些饭店，面对亚洲客人不断增多的形势，增设迎合亚洲游客需求特点的服务，如派会讲中文的服务人员为华人游客服务等。为了迎接中国大陆出国旅游高潮的到来，不少国家的饭店也正积极培训人才，做好服务准备。

按地区细分市场可使用顾客住店登记表进行统计分类，其最大优点在于能使饭店根据不同地区客人需求设计不同的产品，并在不同地区安排市场营销活动。

二、按照住宿动机变数细分饭店市场

按照客人的动机细分市场是饭店广泛采用的一种分类方法。不同类型的饭店按住宿动机细分的市场类别不尽相同。大部分饭店将客人的住宿动机简单地区分为两大类：一类为公务客人，另一类为度假客人。在公务类客人中，既有一般性公务人员，如企业的销售人员、采购人员，也有高级管理人员，如企业董事长、总经理，还有政府及各种企事业组织的工作人员等。在度假类客人中，有由旅行社组团包价的团队观光客人，也有同家人一起出游或个人单独出游的旅游者，还有探亲访友或有其他旅行目的的人员。具有不同住宿动机的客人由于其特定的旅游环境、条件以及心境，对饭店产品和服务的需求也不同，他们住店期间其行为方式、消费水平、消费习惯也存在差异，因而给饭店带来的利益和风险也有差别。

1. 公务旅游市场

公务旅游者由于其旅行为工作性质，因此，他们往往要求饭店地理位置适当，利于工作往来，尤其偏爱城市中心饭店。由于公务繁忙，他们通常要求饭店交通便捷、签进签出手续简便、通信邮件服务高效、预订方便。另外，他们希望饭店能保障其财物安全，能保密。相比较而言，公务旅游者往往不太考虑房价高低，只需要付款政策与其公司的财务政策相一致即可。公务旅游者在选择饭店时较多地根据个人的经历和朋友的推荐。此外，公司直接订房也是十分普遍的。

2. 休闲观光市场

指以休闲度假和观光游览为主要目的的旅游者。他们的旅行通常为私人目的而非工作性质，因此，休闲观光类客人大都由个人付款，在选择饭店时，价格对于他们便是十分重要的因素，有时甚至是起决定作用的。由于他们对价格非常敏感，因此饭店如果能给予折扣和优惠，将会对他们产生极大的吸引力。再者，他们不同于公务类客人更多地在店内就餐，而是更多地到饭店外用餐或自带食品，如果有条件他们会自己动手来解决就餐问题。休闲观光类市场在选择饭店时通常根据个人亲身经历及朋友的口碑宣传和推荐，有时也通过特殊的饭店包价、旅行社的推荐和安排以及饭店的广告、宣传品等来挑选下榻之处。

三、根据购买方式变数细分饭店市场

根据购买方式来细分饭店市场也是饭店广泛采用的一种方法。从客人的购买方式来看，饭店消费者主要可分为团队客人和零散客人两大类。团队客人由于一次性购买量大，饭店通常会给予相应的价格折扣和其他优惠，而散客对饭店而言则意味着较高的房价和较少优惠以及由此而带来的较高的盈利。

团队客人和散客各自又可以细分出不同的亚市场类型（如图 2-1），各个亚市场能够带给饭店的好处以及他们对饭店产品的需求也不尽相同。

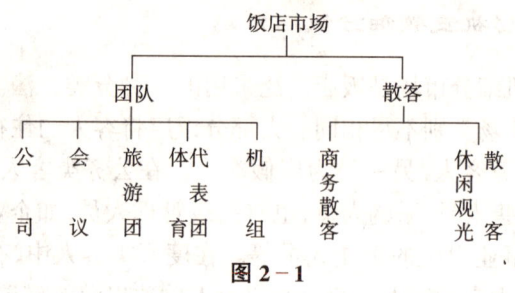

图 2-1

1. 团队旅游市场

（1）公司类 包括公司高级管理人员、销售人员、部门管理人员等。饭店吸引这类市场可带来下列好处：第一，没有季节性，能给饭店带来常年稳定的生意；第二，相比较于其他市场，公司类市场取消预订率低，因为商业旅行比旅游团、休闲观光等所受外部影响更小一些；第三，公司类客人由于其业务关系使然，一旦他们对某饭店留下良好印象或有过愉悦的经历，便有可能成为这家饭店的回头客和常客；第四，公司类客人信誉良好，因为采取现金和旅行支票现场支付方式，因而极少出现拖欠款或跑账现象。对饭店来说，接待公司类客人经营风险较少；第五，除合同约定之外，饭店通常不需给予公司类客人其他优惠和价格折扣。

公司类客人到某地办理公务时，对下榻的饭店也有诸多需求。首先，他们要求下榻的饭店地理位置适当，通常选择市中心或离业务地点较近的饭店；其次，公司类客人在进行商业往来时，希望给对方留下良好的印象，因此，大企业的人希望入住的饭店能与其身份和自己企业的声誉相适应，而小企业的人也希望借良好的饭店以显示自己的实力和地位；再次，公司类客人由于其公务在身，往往希望饭店为他们单独办理入住登记和离店结账的手续，而不喜欢和团队客人、带小孩的客人混在一起。如果饭店能够具备公务人员俱乐部和专门的早餐厅、酒吧等，通常会受到公务类客人的欢迎；再者，在对饭店的附属设施方面，他们要求有适当的洽谈公事的场所，齐全的娱乐健身设施如健身房、网球场、游泳池、桑拿浴等；此外，公司类客人要求房间内提供更多的文具，有保险柜、供会客用的额外的椅子等；公司类客人对传真、电话、电脑、打字、复印、秘书服务等商务服务也有很高的要求，同时饭店还应具备快捷方便的通讯手段；在价格和付款方式方面，由于是公司付款，公司类客人对此往往不太注重，但是饭店采用的付款方式必须与其公司的财务政策一致；另外，公司类客人对叫早服务、邮件传递服务、洗熨衣服服务等较其他客人有更多的要求。在我国众多大都市，由于这类客人市场极大，饭店纷纷开辟行政楼层，专门为商务客人提供服务，诸如在楼层开设阅览室、楼层专用酒吧等。饭店还设立商务服务中心，提供各种商务服务。在香港和东南亚国家的一些豪华饭店，客房内还专门装备电脑或手提式电脑插座，以及商业数据终端，以便利商务客人的商业活动。

另外,配备房内传真设备及房间内双线电话也成为商务饭店的新趋势之一。

(2)会议旅游者 (国外又称 MICE 市场。M 为 Meeting,指会议;I 为 Incentives,指奖励旅游者,C 为 Conference 指大会;E 为 Exhibition,指展览)会议旅游者是许多饭店重要的客源市场,目前世界上会议旅游兴旺发达,饭店业者纷纷将目光投向这一新崛起的市场,会议旅游成为全球旅游业中新的亮点。我国北京成功申办奥运及上海世博会为会展旅游提供了广阔的市场空间。吸引会议旅游者,对饭店而言,具有许多优越性:首先是市场量大,许多大型会议参加人数众多,加上新闻记者和随行人员,下榻饭店人数更多,大型会议能给饭店提供客满的机会;其次,由于会议分布在全年各个时间,接待会议旅游者能给饭店带来常年生意,尤其能够弥补一些商业型饭店周末以及度假类饭店淡季生意清淡的状况。此外,会议旅游者平均住宿时间较其他客人长而且房价较高,加上与会人数众多,因而对食品、饮料等的需求量也很大,能够带动餐饮和其他商品的销售并提高饭店附属设施的使用率,为饭店带来其他生意机会。而一些有影响的会议,往往会有大量传播媒介进行报道,这对饭店而言是十分难得的扩大声誉的机会。除此之外,许多会议尤其是年会等,由于时间比较固定,如果饭店能与主办单位长期合作,对于饭店进行客源预测和经营预算都是十分有利的。

会议旅游者在下榻饭店期间,也有自身的特点和规律性。接待会议旅游者,饭店必须做好以下几方面的工作:

第一,会议旅游者到店和离店时间集中,因此饭店的签进签出手续应尽可能集中在短时间内完成。对于会议接待,饭店应派专人协同会议组织者提前将参加会议者名单、人数、性别等客人资料准备好,如有可能可对客人住房进行预分,事先安排好住处,并将客人登记表等准备出来,以加快办理速度。为了不影响其他客人,饭店可以辟出专门的会议接待室,这样可以避免和减少大厅的拥挤现象。饭店对此处理的好坏,将会给与会者留下长久的印象。

第二,饭店要想具备接待各种会议的能力,必须备有相应的会议设施和各种类型的会议厅,对于国际性的会议尚需配备同声传译等设备。

第三,许多会议人数众多,事项繁杂,因此饭店必须具有组织会议的经验,因为会议的成功需要各方面大力协调、通力合作以及良好的沟通予以保证。在必要的时候,饭店应为会议的主办者和组织者提供各种帮助,保证与会期间各项活动安排井然有序。

会议本身也有不同性质,如政府、企业、协会等组织的年会与一般的研讨会、培训会也不尽相同:前者一般时间较短,但影响较大;后者通常平均住宿时间长于其他类型会议,且要求气氛自由,这种会议往往选择规模较小的非市中心或非商业中心的饭店,以避免嘈杂的环境。对于那些会期超过 3 天以上者,饭店应该提供多样化的餐饮服务使客人始终有新鲜感,而不显得单调乏味。

(3) 旅游团　包括各种旅游批发商、旅行社、航空公司售票处以及接团社等在内的订房客人。旅游团是饭店主要的客源市场之一，它们对于饭店来讲具有以下特点：

第一，能为饭店带来生意旺季和高峰，使饭店资源达到最高使用率以及最高收益。当然，也会给饭店造成营业低谷和淡季。

第二，由于旅游团人数较多，可为饭店带来一次性大批量预订。

第三，由于旅行社通常与饭店具有合约关系，往往可为饭店带来众多的回头生意以及连续的出租率，但旅游团的高取消率有时也给饭店带来许多困难。

第四，旅游团通常不需要使用会议场所和设施，可节省饭店在这方面的投入。

旅游团对于饭店而言，是十分重要的市场。饭店要想吸引旅游团市场，其所报净价必须具有竞争力。另外，必须保证旅行安排按预订计划进行，尽可能避免发生日程、天数、人员等变化。饭店还应提供团队用餐服务，具备单独的签进签出、行李搬运的地方和通道，各种支票、发票及其他账款的处理必须准确迅速。许多旅行社还要求提供团队个人单项花费账单等。如果是国际性的旅行团体，饭店还必须能够以多种语言提供服务，并能够提供外币兑换服务。

(4) 体育代表团　包括各种体育活动的组织者、教练、运动员、经纪人等。体育代表团对于饭店而言，由于其往往是新闻的焦点和社会关注的热点，接待体育代表团是提高知名度和扩大市场影响力的有利时机。另外，体育代表团还可以吸引其他客源如球迷、运动员家属、新闻记者等，因此市场容量极大。

体育代表团下榻饭店时也有其自身特点，他们要求饭店位置尽可能靠近比赛地点；运动员等团员所用客房最好分在一起以利于集中行动；体育代表团通常对赛前、赛中食品的种类、分量、营养构成等有特殊要求，因此饭店必须为他们提供特别菜单；他们还希望饭店提供免费的会议室和储藏室供赛前开会以及储存比赛用品。饭店还应为他们提供诸如交通联络、安全保卫、新闻发布以及宗教服务等帮助，保证运动员人身和财物安全，并使体育明星免受骚扰，同时满足他们多方面的需求。对特型运动员等还需准备专门的卧具用品等。此外，由于体育代表团中大多数为年轻人，因此丰富的娱乐设施、方便的购物、多样化的餐饮服务便成为饭店不可缺少的内容。

(5) 机组成员　指与饭店签订年度或其他方式长期合同的航空公司的机组成员。这类客人也是许多饭店，尤其是机场饭店等的重要客源。这类市场能给饭店带来诸多好处，如逗留期长（航班间隔期通常为7天或3天），人数多，用餐量大。由于航班固定，全年出租率均衡，加之付款及时，极少出现拖欠款现象，因此，航空机组通常能为饭店带来高额收入和利润水平。

机组成员对饭店的产品和服务也有自身的需求特点：他们要求饭店提供机场至饭店的免费交通服务；他们要求饭店所有的服务都是高效率的，任何拖延、等候对这类客人来说都是十分反感的。饭店还必须保障机组成员的人身安全,机组成员中大部分为女性,所以饭店必须注意日程保密,不应让外人知道她们所住房间号码和日程安排。另外,由于航班到达和起飞时间不同,有时甚至是在半夜,这就要求饭店提供24小时全天候服务,咖啡厅等必须24小时开放,随时提供食品饮料,如有可能应延长正餐厅开放时间,并具备提供临时就餐服务的能力。由于机组成员市场是许多饭店争夺的对象,饭店在价格上必须具有竞争能力。饭店在同航空公司进行合同谈判时,往往必须给予对方较高的折扣和其他优惠。此外,饭店还必须为机组成员提供储存物品的场所以及必要的办公地点,以协助其更好地工作。

2. 一般散客

散客是指一次性订房数量少于10间以下的客人。散客与团队客人最大的区别在于订房数量上的差异。由于散客一次性订房量小,饭店通常不给予价格上的折扣和优惠,而是采用门市价格出售。这样,接待散客对于饭店而言意味着出售同样一间客房可能获得更多的利益。许多城市中心的商务型饭店,在旺季时通常不愿接待团队客人,以使饭店保持较高的盈利水平。饭店的一般散客主要有以下几种类型:

(1) 商务散客 指以公务为目的而单独进行旅行的任何旅游者,他们是都市饭店的"面包与黄油"客人。这类客人住店没有季节性,是饭店的常年生意。商务散客具有房价较高、回头率高以及人均消费水平高的"三高"特点。另外,商务散客住店往往集中在周一至周五的工作日内,这样便使得饭店出现周末生意清淡的局面。另外,商务散客在饭店内用餐率高,尤其是早餐。

商务散客是十分成熟的旅游市场,他们大都下榻过多家饭店,对饭店的服务、设施等是十分讲究甚至是挑剔的。他们要求饭店有良好的位置、便利的交通,以利于工作和交往;具备高效的预订系统并能为其迅速办理入住和离店手续。早餐的服务速度必须快捷,并具备客房送餐服务。另外,尚需配备良好的通讯、邮件送达以及完备的商务中心服务。再者,饭店还需注重叫早服务,健身娱乐休闲设施等也应尽可能完善。为了保证商务散客财产安全,房间内还应配备保险箱等安全措施。此外,饭店还应提供小型会议室,以供商务散客在饭店会见客户和进行其他商务洽谈活动,因为这些活动不便于在公共场合进行,将其他人带到自己下榻的客房也不符合其习惯。

(2) 个人旅游者 指到饭店所在地从事私人活动和休闲观光为目的的单个和零星旅游者,他们一次性所订客房数在10间以下。这类客人是饭店重要的旺季客源,能够形成饭店旺季的高出租率。个人旅游者较多地使用饭店的各种娱乐和服务设施,如游泳池、游艺室、健身房、桑拿浴等。

个人旅游者不同于旅游团队客人,他们喜欢自由自在、无拘无束的旅行气氛和生活,他们愿意下榻在交通便利、环境宜人的小型饭店和度假型饭店。在国外,许多个人旅游者自己开车或从机场、火车站租车进行旅游,因此需要饭店具有免费停车场。由于个人旅游者大都为个人付款,他们对饭店的价格是非常敏感的。另外,他们希望饭店的服务热情周到,如同在家般的亲切自然、物有所值是这类市场十分关注和期望获得的。

(3) 包价客人 指购买饭店各种特殊包价,参与饭店促销活动的人。这类客人能够弥补饭店淡季或其他营业时期客源不足的状况。饭店采取包价方式如三日两夜的周末包价、一周包价等可以延长客人的住店时间,提高客人人均消费水平。它还可以促进饭店其他服务设施和项目的销售,如套间、具有地方特色的饮食品及附属设施。通过包价,可以帮助饭店改变平淡单调的形象,在客人和公众心目中树立起丰富多彩的"活动中心"形象。采用包价形式,可以更多地促进本地居民到饭店消费,从而增强饭店的社会功能。

参加饭店包价的客人大多为自己付款,因而对价格和服务内容、质量等非常注重。他们十分关心通过包价能给自身带来相应的收益。因此,饭店推出包价必须能够满足其物质和精神上的期望与需要,并能使之留下深刻的印象。由于参加饭店包价的许多人是本地居民,因而包价必须有足够的吸引力才能促使他们前来饭店下榻和就餐以及进行其他消费。

(4) 优惠与折扣客人 是指下榻于饭店享受价格折扣的客人。吸引这类客人能够帮助饭店打开难以推销的市场,也可弥补饭店因淡季或其他原因造成的出租率不足和空房现象。折扣类客人受折扣条件所限,大多在饭店内就餐,从而促进饭店餐饮产品的销售。由于折扣通常是在饭店客房不满时给予的,因此享受折扣的客人并不因此而降低对服务质量的要求。事实上,正因为这类客人大部分个人付款,所以对价格和质量更注重,饭店决不可因给予客人优惠和折扣便在质量上打折扣。

四、根据销售途径变数来细分饭店市场

根据销售途径来细分,饭店市场可分为直接订房市场和中间商订房市场两种(如图 2-2)。

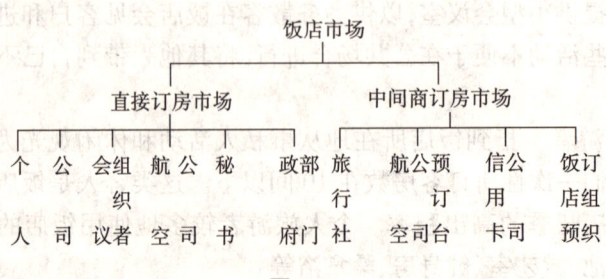

图 2-2

1. 直接订房市场

指客人通过电传、传真、电话、信函甚至互联网等方式直接向饭店亲自订房或委托他人或组织机构代理订房,但这些个人或组织机构是不以盈利为订房目的的预订。直接订房市场也应包括那些未经事先预订而入住的客人。由于大都采取零散预订,房价较高,通常为饭店门市价或双方协商的合同价。直接订房可以使饭店减少佣金的支付。直接订房市场要求饭店具备必要的和先进的预订设施和条件,高效率的预订确认、更改和取消,以及订金、退款程序和管理制度来保证订房的顺利和准确。

在直接订房这类市场中,许多委托预订都是由秘书代上司或代为来访单位公务人员办理。秘书是选择饭店时非常关键的人物,因此,许多饭店为了使秘书偏向本饭店,纷纷采取各种积极性的营销措施来吸引秘书,如成立秘书俱乐部等。在我国企事业单位通常由该单位外事处或办公室负责人代为办理订房。无论是谁,饭店都必须了解这些人员选择饭店的因素和习惯。目前,我国直接订房在饭店中所占比例还很有限,但随着技术的进步,网上订房以及饭店预订系统的建立和完善,这一部分市场在饭店中所起的作用也将越来越大。

2. 中间商市场

是指代理个体消费者向饭店订房并从中获得相应利润的个人和组织。饭店中间商市场主要有以下几种类型:

(1)旅行社　旅行社是饭店主要的中间商市场,饭店一般与他们建立固定的业务往来和合约关系。旅行社市场能够为饭店带来大批量的旅游团订房并形成住宿旺季和高峰期,但有时也存在淡季和高取消率的风险。

旅行社要求饭店预订准确可靠,尤其在旅游旺季,要求所订客房有保证;他们希望饭店对所送去的客人提供满意和周到的服务,以维护和提高自身的信誉和形象;还希望尽可能降低客房价格并减少向饭店预订的费用,同时希望饭店能及时付清订房佣金。

(2)航空公司　航空公司是饭店订房的又一重要来源,他们经常帮助其客人安排住处、推荐饭店,有的航空公司同饭店联合组织包价团,开展联合促销活动,将客人吸引至该饭店。另外,许多饭店已参加航空公司的预订网络,实行联网预订。

(3)信用卡公司　许多信用卡公司向顾客销售旅行线路和包价旅游,大的信用卡公司、银行如美国运通公司等往往自己设有旅游部推销旅游线路并预订饭店客房。

(4)饭店预订组织　随着饭店业的全球化和国际化,许多国际性的大型饭店预订组织也应运而生,如美国 Pegasus Hospitality,它兼并了具有 10 多年历史的英国尤特尔国际有限公司(Utell International Ltd)成为全球最大的饭店预订组织。这些公司和组织通过其设在全球各地的办事处和预订机构代理客人预订饭店,并从中获得相应的利润。目前,这类预订网络所介绍的客源在我国饭店中越来越多。

五、按人文因素细分市场

按照人文因素进行市场细分,是饭店采用的又一方法。这种方法对于饭店进行详细的市场分析、了解客人的不同特征并为客人建立客户档案具有十分重要的意义。人文因素多种多样,如职业、性别、受教育程度、个性及心理特征等。饭店较多地根据客人的年龄、性别、预订次数(购买频率)等细分市场。这些资料可从客人住店登记表中获得。

1. 按照年龄细分市场

不同年龄的客人其生活方式、经济条件、旅行方式不尽相同,对饭店产品和服务的要求也有差别。年轻人观念新,喜冒险,追求新的经历和感受,愿意下榻新的饭店,享用新的设施,他们喜欢独自或结伴而行,携带少量的行李,住便宜的饭店。中年带家属旅游的客人寻求热闹的气氛,希望饭店具备各种各样的娱乐活动和设施如游戏间等,喜欢非正规气氛并且价格较便宜的餐厅,并希望饭店能够提供儿童菜单和菜肴。不带小孩的夫妇是周末市场的好客源,他们追求宁静、轻松的环境和浪漫的情调,希望避开日常工作和生活的环境,避开小孩的嬉戏及公务和会议那种过于严肃和正规的气氛。老年人是饭店很有潜力的大市场,他们已退休没有工作的压力,也没有小孩的羁绊及家庭负担,他们是饭店淡季客房的理想市场。老年人作购买决策比较慎重,总是经过反复比较和权衡;旅行时往往携带较多的行李,行动迟缓,要求便利和清静。饭店对老年人进行服务时应有耐心,要多为其提供方便和帮助,要热情周到,细致入微,应将他们安排在较低的楼层和靠近楼梯和电梯的房间。另外,老年人有时身体状况不好,有些甚至体弱多病,因此,饭店的各项服务必须考虑到这一点,饭菜要适合老年人口味,就餐要方便,浴室要防滑,并具备相应的医疗和急救服务能力。

2. 按照性别细分市场

男性和女性在购买饭店产品和服务时,有着不同的特点。女性喜欢宽敞、美观、整洁、干净的客房和具有日式浴缸的卫生间,而不喜欢充满蒸气的卫生间,她们要求有梳妆设备如大镜子、特别的照明灯光,摆放化妆品的地方和必要的、讲究的洗浴用品等;她们用的衣橱要足够高以便悬挂衣裙,并有足够数量的衣架;浴室内还应有晾衣绳。单独在外的女性下榻饭店时非常注意个人的人身和财产安全,她们通常不愿让外人或不熟悉的人知晓自己下榻的房间号,也较多地在饭店内餐厅就餐。

以前,由于女性市场较小,饭店在设计和营运时大多考虑男性客人的需求而忽视女性客人的需求。目前,女性市场迅速增长,出外休闲观光和办理公务的女性客人越来越多,在许多旅游团中女性人数甚至超过男性。随着参加旅游和担任管理及其他职业的女性人数越来越多,女性市场也不断增大。

六、其他客源市场

1. 按照顾客购买频率细分市场

顾客购买频率在饭店主要体现在客人预订客房和下榻饭店的次数上,据此,饭店可将顾客分为:不经常使用者、使用次数中等者和经常使用者。不经常使用者对饭店比较陌生和新奇,他们对饭店的产品和服务不甚了解,因此在整个住店和消费过程中需要饭店服务人员给予更多的帮助和指点,饭店的各种服务指南、电话指南也是十分必要的;经常使用者指那些经常下榻饭店的客人,大多为商务旅游者,属于成熟的市场。由于他们经常下榻饭店,对饭店所提供的产品和服务了如指掌,他们通常不需要更多的指点和帮助,便可以轻车熟路地在饭店消费。由于住店经历多,他们往往会将此次享用的产品和服务同自己过去的经历对比。他们是十分挑剔和难于满足的客人。经常使用者由于购买频繁,如果他们得到满意的经历,便有可能多次购买,从而为饭店带来更大的盈利;使用次数中等者在消费行为特征上介于二者之间。

按照顾客购买频率来划分饭店市场对于饭店采取适宜的产品和价格策略是十分有利的。对回头客建立客户档案,以满足其特殊需求是饭店广泛采取的销售手段。此外,对多次购买的客人进行集中性推销工作既省力、省时,其成效也非常明显。

2. 按客人在饭店停留时间细分市场

按照住店客人在饭店下榻的时间和停留的天数,又可以将客人划分为长住客人和普通客人两类。在我国饭店中,长住客人包括外国公司、商社设在我国的办事机构及其工作人员,应聘在我国厂矿、公司、学校及其他组织的外国专家、学者等,也包括国内各企业、公司及其他驻外办事机构的工作人员。长住客人区别于其他客人的最大特点是居住时间长,他们不像团队、散客那样在饭店只逗留几天,往往在饭店居住几个月甚至一年以上。因此,他们对饭店的服务要求也不同于一般客人,他们要求饭店提供舒适方便的居住条件,卫生间尤其重要——应宽敞明亮、设施齐全。在饮食方面,要尽可能丰富多样,以避免单调乏味。此外,饭店要保证客人用车方便,特别是从事商务活动的长住客人,交通不便是不愿光顾的。另外,他们还要求饭店具备齐全的现代化通讯设备,如电话、电传、传真,各种邮件服务都是长住客人之必需,如有可能饭店应尽量满足客人单独拥有传真的需要。健身娱乐设施也是长住客人必不可少的。长住客人的客房布置最好是公寓式的,如有可能应提供必要的烹饪厨房设备,没有条件的饭店也要尽可能在房内摆放咖啡壶和简易加热设备。除硬件设施外,在服务方面,对长住客人也应特殊对待,例如,饭店必须根据客人的作息时间安排服务,如客房(办公用房)清扫,要根据客人的办公时间而定,一般在客人晚上下班后清扫,这样,客人第二天一上班就能正常工作。切勿在客人工作时间清扫。俗话说:"在家千般好,出门万事难"。由于长住客人长期在外,会遇到许多不便,饭店要主动帮助他们解决。另外,还应对他们提供各种针对性的服务,如中外重大节日或客人的特殊日子,如生日、结婚纪念日等,饭店要为客人举行庆祝活动,使客人有"家外之家"、"住店如在家"之感。对于长住客人,饭店应该给予他在店内消费的种种优惠,如发放优惠卡,凭卡在店内宴请、购物、租车可享受7~9折优惠,既让客人觉得自己比他人得到了更多的照顾,满足了自尊和需要,又吸引客人在店内消费。

本章总结

饭店市场是由饭店产品消费者所组成的群体。饭店为了提高营销活动的针对性和经济性,必须进行市场细分。有效的市场细分应具备可衡量性、可进入性、规模性、购买力的可行性和持续性等条件。

饭店市场由于受年龄、性别、收入、文化程度、地理环境、心理诸因素影响,不同的消费者通常有不同的欲望和需要,由此,其购买习惯和购买行为及形式也不同。由上述差异作为细分变数,可以将饭店市场划分为若干个亚市场,具体划分依据为地理变数、住宿动机、购买方式、销售途径及其他人文因素。

不同的细分市场具有不同的特点,对饭店产品的需求也不同,因而饭店必须采用不同的营销手段来吸引和稳固各个细分市场。

专业词汇

市场细分　散客　团队　直接订房　中间商订房　旅游团　MICE

思考与练习

1. 什么是市场细分?饭店为什么必须进行市场细分?
2. 饭店的市场细分必须具备哪些条件?为什么?
3. 公务客人和休闲观光客人在选择饭店和对饭店的要求上有哪些区别?它们为饭店的经营管理带来什么机遇与挑战?
4. 团队客人和散客包括哪些类型?分别有什么特点?他们下榻饭店时有哪些需求?
5. 直接订房市场和中间商订房市场分别有哪些特点?

第 3 章

饭店营销分析与市场调研

本章导读

饭店营销分析与市场调研涉及饭店经营活动的内外部环境、竞争对手、市场等各个方面。本章讲述了对营销环境各因素进行分析的方法与内容,并介绍了饭店营销分析与市场调研的途径与方法。本章的内容是饭店开展有效的市场营销活动的关键,读者要认真掌握。

第一节 饭店营销分析与市场调研的内容

营销分析与市场调研是饭店开展有效的市场营销活动的前提条件。饭店应该提供何种产品和服务,以何种价格水平来提供,通过什么样的途径将饭店信息传递到公众和顾客手中,以及采用何种销售手段来出售饭店的产品和服务等,所有这些都基于对市场、企业经营环境、饭店自身的优劣势以及竞争对手的了解,没有对上述因素进行深入的调查和分析,便不可能做到有的放矢,也不可能取得预期的经营业绩。

饭店进行营销分析与市场调研的主要内容包括以下几个方面:第一,对饭店所在地(社区)的吸引客人进店下榻和就餐及消费的各种因素,如旅游资源、娱乐活动以及该社区其他饭店及餐饮产品方面的情况进行分析;第二,分析饭店主要竞争对手的经营情况,以了解其对本饭店的竞争能力和威胁;第三,分析社会、经济、政治、文化、技术等市场营销环境对饭店经营的影响;第四,分析本饭店所提供的产品和服务;第五,对饭店过去所进行的市场营销活动进行回顾及评估;第六,分析饭店未来目标市场的趋势及需求变化。通过上述分析和调查研究,为饭店制定正确的经营决策提供详细和准确的信息资料。

一、饭店市场经营环境分析

市场经营环境分析又称为饭店的社区分析,是饭店营销分析的重要组成部分。社会的变革、生活方式、价值观念、宏观经济环境以及技术发展水平等对于饭店的经营有着巨大的影响,它们影响着顾客对饭店产品的需求,决定了饭店营运的规模与水平,牵引和制约着饭店产品开发的速度和方向。因此,饭店必须深入研究上述不可控制的因素,并根据环境因素制定相应的营销决策。例如,目前国际上禁烟运动日益普及,人们希望公共场所辟有不吸烟处,许多顾客进入饭店时通常要求住在禁烟区,对餐厅座位也希望有无烟区。如果饭店充分利用这一机会,开辟无烟楼层和无烟区,对于吸引这部分顾客是十分有利的。又如在我国,由于经济的发展,外商来华投资经商日众,因而产生大量的对高标准公寓、写字楼的需求。同时,国内旅游的蓬勃发展,也刺激着普通饭店和中低档住宿设施的激增。由于生活水平的提高,饭店客房内电视、卫生设备及通讯设施也日益普及,新的服务项目也不断推出。饭店只有随时追踪环境因素对饭店需求及营运的影响,才能始终把握住时代的脉搏,保持适当的超前性和先进性。

饭店市场经营环境分析包括以下几个方面。第一,当地经济发展状况和趋势。饭店营销人员要注意收集和分析有关宏观经济的指标,如国民生产总值、失业率、物价指数等。另外,还必须了解当地工商企业的数量以及营运状况。第二,本地的旅游吸引物和传统活动。饭店营销人员要调查当地有哪些历史古迹、风景点,有什么特别的传统活动和风俗习惯以及有哪些体育、娱乐设施能够吸引顾客下榻饭店。第三,对本地区饭店业进行调查,了解饭店总体规模,客源数的增减情况,当地饭店业平均出租率、平均房价并预测发展趋势。第四,所在地区的交通状况及可进入性。饭店所在地是否有高速公路、铁路和航空交通状况如何,通讯、邮电等基础设施是否完善。最后,饭店营销人员还必须了解影响饭店经营的其他要素如政治、社会、文化、技术等方面的变化,以及对饭店业可能产生的影响进行分析。

饭店市场经营与社区分析的资料可以通过以下途径获得:
- 阅读重要的产品报道杂志
- 参加重要的博览会和会议
- 注意本地重要政经文献
- 与经济界专家座谈
- 与当地产品和经济发展商保持联系
- 参加本地商业协会和服务俱乐部
- 与顾客交谈
- 同旅游和其他产品组织保持密切联系

由于营销环境内容涉及面广,资料和信息量大且繁杂,为了简便起见,我们设计了一份营销环境分析表或称社区分析表,它可为饭店进行这方面分析提供基本指南,见表3-1。

表 3－1　社区分析表

社 区 分 析　　　　　　　　日　　期
填 表 人
人口统计　　　　　　　　截止日期

1. 饭店所在地的人口数为(标准市区统计数)：＿＿＿＿＿＿＿＿＿＿＿＿＿＿＿＿＿＿
2. 本市(地区)人口增长或降低？为什么：＿＿＿＿＿＿＿＿＿＿＿＿＿＿＿＿＿＿＿＿
＿＿＿＿＿＿＿＿＿＿＿＿＿＿＿＿＿＿＿＿＿＿＿＿＿＿＿＿＿＿＿＿＿＿＿＿＿＿＿
3. 客源地区的民族构成：＿＿＿＿＿＿＿＿＿＿＿＿＿＿＿＿＿＿＿＿＿＿＿＿＿＿＿
4. 客源地区饭店客房数：＿＿＿＿＿＿＿＿＿＿＿＿＿＿＿＿＿＿＿＿＿＿＿＿＿＿＿
5. 收入等级：*＿＿＿＿＿＿＿＿＿＿＿＿＿＿＿＿＿＿＿＿＿＿＿＿＿＿＿＿＿＿＿＿
＿＿＿＿＿＿＿＿＿＿＿＿＿＿＿＿＿＿＿＿＿＿＿＿＿＿＿＿＿＿＿＿＿＿＿＿＿＿＿
＿＿＿＿＿＿＿＿＿＿＿＿＿＿＿＿＿＿＿＿＿＿＿＿＿＿＿＿＿＿＿＿＿＿＿＿＿＿＿

	市场地区	国　家
（10000 美元）	%	%
10000～15000 美元	%	%
15000～25000 美元	%	%
＞25000 美元	%	%

6. 根据饭店类型划分地区饭店客房数
　　　经济等　　　　　豪华
　　　中等
7. 饭店周围的建筑情况：＿＿＿＿＿＿＿＿＿＿＿＿＿＿＿＿＿＿＿＿＿＿＿＿＿＿＿
＿＿＿＿＿＿＿＿＿＿＿＿＿＿＿＿＿＿＿＿＿＿＿＿＿＿＿＿＿＿＿＿＿＿＿＿＿＿＿
＿＿＿＿＿＿＿＿＿＿＿＿＿＿＿＿＿＿＿＿＿＿＿＿＿＿＿＿＿＿＿＿＿＿＿＿＿＿＿

经济状况

8. 本地区(城市)总体经济情况(包括失业率、经济趋势)：＿＿＿＿＿＿＿＿＿＿＿＿
＿＿＿＿＿＿＿＿＿＿＿＿＿＿＿＿＿＿＿＿＿＿＿＿＿＿＿＿＿＿＿＿＿＿＿＿＿＿＿
9. 本地区主要的产业支柱是什么(工业、农业等)？＿＿＿＿＿＿＿＿＿＿＿＿＿＿＿
＿＿＿＿＿＿＿＿＿＿＿＿＿＿＿＿＿＿＿＿＿＿＿＿＿＿＿＿＿＿＿＿＿＿＿＿＿＿＿
10. 迁入迁出本地区的产业是什么？＿＿＿＿＿＿＿＿＿＿＿＿＿＿＿＿＿＿＿＿＿＿
＿＿＿＿＿＿＿＿＿＿＿＿＿＿＿＿＿＿＿＿＿＿＿＿＿＿＿＿＿＿＿＿＿＿＿＿＿＿＿
11. 本地区是否有旅游和观光委员会？　　　是　　否

可进入性

12. 什么交通工具(航空、铁路、公共汽车)服务于本地区？每年乘客数多少？

13. 本地区有哪些旅游资源(包括与饭店的距离)?

14. 本地区有哪些主要社区活动以及举办日期?

15. 本地区有哪些体育活动以及举办日期?

16. 本地区有哪些社团的活动可带来旅游者?

总　体

17. 列出其他相关信息

＊注:此数据采用美国饭店业所用通行数据,如研究我国公民收入水准,应对数据加以调整。

二、饭店竞争分析

　　饭店进行市场营销分析的又一方面是对饭店的竞争对手进行分析。应该说明的是,一个社区的其他饭店并不完全都是本饭店的竞争对手。竞争对手是指那些地理位置相近,提供的产品和服务在内容和档次上相似或相同,其面对的客源市场也相同的饭店。这些饭店的经营状态和形象以及各种营销手法对本饭店都会产生较大的影响,甚至形成极大的威胁和压力。对竞争对手进行详细的分析,有利于了解主要的经营威胁所在,做到知己知彼,从而在市场竞争中处于有利的地位,以尽可能多地占有市场份额以及取得较好的经济效益。

　　饭店的竞争分析可采用以下三个步骤来完成。

　　1. 将本饭店同竞争对手进行比较

　　选择对饭店经营具有决定作用的诸因素,将之与竞争对手进行逐项比较,是饭店竞争分析的第一步。这些关键因素包括饭店的地理位置,饭店前厅、大堂、餐厅、客房以及其他各服务点的服务质量和特色,饭店市场营销活动等。进行比较的重点应放在竞争对手的优势和劣势上,这样可以使饭店避开对方的优势,在其不足方面进行竞争。表3-2为饭店进行产品质量对比的表格,从中可以揭示出各饭店产品质量的差异。

表 3－2 饭店竞争分析产品质量对照表

				细分市场＿＿＿	
项　　目	重要程度	1 2 3 4 5 6 7 8	本饭店	质量水平
客房质量 　安全 　装饰 　面积 　卫生间面积 　清洁 　家具状况 　卫生间舒适程度 　小计 　排名				
服务 　客务关系 　健身设施 　总服务台 　游泳池 　商场 　网球场 　高尔夫球场 　商务中心 　交通服务 　接待速度和效率 　接待服务态度 　电话服务 　小计 　排名				
餐饮服务 　娱乐 　食品选择 　食品质量 　食品服务 　宴会设施 　客房用餐服务 　小计 　排名				

续表

项　目	重要程度	１２３４５６７８	本饭店	质量水平
		细分市场_____		
总体				
地点				
大堂				
过道(走廊)				
舞厅				
会议厅				
入口				
停车场				
员工态度				
绿化				
旅行项目频率				
总体服务				
品牌声誉/忠诚度				
小计				
排名				

竞争饭店		重要程度	质量水平
1	5	5 最重要	5 优秀
2	6	4 非常重要	4 高于平均
3	7	3 重要	3 平均
4	8	2 比较重要	2 低于平均
		1 不太重要	1 差

表 3－2a
竞争对手资料表

日　期:1987.11.4
填写人:亨利·卡姆

饭店名称:长城喜来登饭店
　　地址:北京
　　连锁饭店成员？　是/否　如果是,连锁饭店名称:喜来登集团
　　等级/酒店质量:豪华
　　开业时间:1983 年 12 月
　　资料截止日期:1987 年 7 月
　　客房总数:单人房____,双人房1 007 间,套房____
　　饭店类型(市中心、近中心、郊区、小城镇、机场、旅游胜地)

　　　　近中心饭店
饭店结构(高层、低层、内走廊)
　　　　高层建筑
距离本饭店:10分钟(乘小汽车)
餐厅数:5　服务方式(家庭式、咖啡厅、正餐、小点心等)
　　　　咖啡厅(24小时营业)
　　　　法国餐厅
　　　　两中餐厅
酒吧数:3　主题(大厅、迪斯科、娱乐等)
　　　　带娱乐性的迪斯科厅
会议厅数:7　会议厅总面积:10 000平方米
　　　剧院风格会议厅的最大容量:
　　　特殊项目/顾客福利(如内部游泳池、贵宾楼层、停车场设施等)
　　　网球场、康乐中心、桑拿、剧院、民航代办点
　　　10%～20%公司折扣
　　　商业中心、商品部等
你认为该饭店对潜在客源市场所具有的吸引力如何？(必须客观)
　　　高层建筑、设施豪华，对商人、会议旅游者极具吸引力。
　　　由于其连锁名称和形象，得到美国旅游市场的青睐。

表3-2b

竞争分析季度表

　　　　　　　　　　　　　　　　　　　　　　日　期:1987.11.3
　　　　　　　　　　　　　　　　　　　　　　填表人:亨利·卡姆

直接竞争对手的信息必须做到每季度更新。
　资料/数据收集截止日期:1987.11.3
　第几季度资料/信息　1季度　2季度　3季度1987年
　竞争对手:京伦饭店
　总体价格结构(美元)

单人间	双人间	特大床	套间	团队	政府	公司	其他
1个床　2个床 95	1个床　2个床	153	181	80～85		10% 15%	

竞争对手重点:旅行团　价格____;公司　价格____;
　　　　　　政府　价格____;其他　价格____
　总体价格策略:尽管客房出租率呈下降趋势,然他们仍保持较高价格。自1987年12月,他们开始向散客提供10%～15%折扣以扩大散客市场。对长住客人他们以每人92美元定价(低3

元),提供夏天和冬季饭店包价,10%洗衣和20%食品与饮料折扣。给予长住户折扣(包括客房价格折扣)。

特别提供项目、促销和包价:

(1)饭店三周年特别折扣(9月1~30日)5%~10%。
(2)公司折扣。15%针对大企业(如三菱集团),10%其他公司折扣(如丰田汽车)。
(3)冬季包价(1987年11月15日以后)70美元+10%服务费(包括早餐)。
(4)在合同谈判基础上,超过10~20间客房,饭店给予特殊优惠。
(5)1987年以后,实行长期折扣。
(6)折扣主要集中在日本企业,其他国家仍采用全价。

2. 分析竞争对手的独特销售点

在将各竞争对手同本饭店进行逐项对比之后,应重点分析竞争对手的独特销售点(USPs)。独特销售点是指促使本饭店区别于其他饭店的要素和特点。这些特点不同于竞争对手的一般优势和劣势,一般优势和劣势只表明与本饭店存在的距离、所强之处或所弱之处,而独特销售点则是指被对比饭店所不具备的特点,如特色产品,有力的促销手段,具有竞争力的价格或良好的品牌形象以及特殊的支持及销售关系等(表3-2a)。

3. 寻找和分析经营机会

竞争分析还包括对竞争对手成功的方面进行分析,从中可以发现本饭店可能成功的领域。此外,还必须寻找竞争对手所忽略的经营机会,从中找到突破口。另外,也可以寻找与竞争对手合作的领域,变对抗为合作,化消极因素为积极因素,如饭店之间可以共同推出特色产品和饭店包价项目,开展联合促销活动等。

进行竞争分析需要详尽的竞争对手的资料。这些资料的收集可以通过实地观察和到该饭店消费以获取第一手的资料和印象,也可以从该饭店手册、服务指南和其他促销品中来获得。另外,仔细研究竞争对手所使用的传播媒体,如报纸、杂志、旅行指南、广播和电视节目等,重点分析其促销主题和竞争优势。除此之外,还必须研究竞争对手的业务量大小。要掌握这类信息途径很多,例如通过饭店停车场的汽车停放数量和汽车牌号来获得,也可以询问住在本饭店客人他们曾经下榻竞争对手饭店时的经历。当然,要想获得全面完整的信息是十分困难的,但是采用上述调查途径,至少可以帮助获得更多的信息。

表3-3为饭店竞争力状况分析表,该表也可作为分析竞争对手的基本指南。

表 3-3　饭店竞争力状况分析表

类　　别	现　　状	计划改变
1. 概况 　a. 位置类型(可选择几项) 　　城市　　　　　　乡村 　　市中心　　　　　临湖 　　高速公路　　　　滑雪地 　　机场　　　　　　公园附近 　　工业区　　　　　河边 　　郊区　　　　　　风景区 　　其他　　　　　　其他 　b. 饭店发展历史 　　建筑开工年_____ 　　其他建设　1_____ 　　　　　　　2_____ 　　　　　　　3_____ 　　　　　　　4_____ 　　主要更新改造 1_____ 　　　　　　　2_____ 　　　　　　　3_____ 　　　　　　　4_____ 　c. 所有权更迭史 　　现有所有权年限_____ 　　先前拥有者数量_____ 　　现有管理公司的年限_____ 2. 饭店设施 　d. 饭店客房数 　　单 人 间_____ 　　双 人 间_____ 　　套 　 间_____ 　　豪华套间_____ 　e. 餐饮设施 　　餐位数 　　餐厅 　　咖啡厅 　　快餐厅 　　大堂酒吧 　　酒吧 　　迪斯科 　　有执照酒吧 　　其他 　f. 会议及宴会设施 　　　　　　　　　　　　容量 　名称　　提供食品　不提供食品的 　　　　　的宴会风格　剧院式风格 　____　　____　　____ 　____　　____　　____ 　____　　____　　____	位置劣势/问题 位置相关经营机会 设施状况 管理优势/劣势 住宿设施优势 住宿设施劣势 餐饮设施优势 餐饮设施劣势 会议及宴会设施优势 会议及宴会设施劣势	
辅助设施 　音响系统 　黑板 　白板纸 　屏幕 　35cm 幻灯机 　摄影仪 　录像机 　客房卫星电视	需额外增加的设施	

三、饭店产品分析

产品分析是饭店营销分析的重要组成部分。通过对产品和服务进行分析,饭店可以加强对本店产品的了解,寻找产品和服务中存在的问题,从而加以改进和完善,以更好地满足顾客的需要。另外,也可以从产品分析中了解本店的独特销售点,以进一步强化优势,增加竞争能力。

饭店的产品分析包括饭店硬件设施和软件服务两方面,涉及到饭店对客服务部门以及后台辅助部门的各个领域,如建筑物的维修保养、园林绿化、饭店标志等。对饭店产品的评估和分析必须从消费者角度来进行,而不是以饭店自身喜好来决定。表3-4可供饭店客房和餐饮部门进行分析时参考。

表3-4 饭店产品分析表

A.客房							
客房面积_____							
客房总数_____							
每日可提供客房数_____							
客房类型	房间数	客房面积	卫生间面积	房价	门市价	折扣	其他
单人床	—	—	—	—	—	—	—
双人床	—	—	—	—	—	—	—
两张双人床	—	—	—	—	—	—	—
大号床	—	—	—	—	—	—	—
特大号床	—	—	—	—	—	—	—
带起居室	—	—	—	—	—	—	—
带起居室套房	—	—	—	—	—	—	—
其他	—	—	—	—	—	—	—
B.客房设施设备 差 1 2 3 4 5 最好							
	等 级			原 因			
分离式空调	—			—			
卫生间(面积)	—						
彩电/卫星电视	—						
电话(IDD)	—						
窗帘	—						
家具	—						
临时加桌椅	—			—			
地毯	—			—			
椅子	—			—			
枕头	—			—			
灯具	—			—			
优势与劣势							

续表

C.附属设施
1.餐厅数量和类型
2.酒吧数量
3.娱乐设施:迪斯科　舞厅　游艺室　其他
4.健身设施
a.游泳池
b.室内游泳池
c.桑拿/蒸气浴
d.健身房
e.网球场
f.手球/壁球
g.其他
优势与劣势
D.服务
礼宾员
能讲多种外语的前厅接待员
干/湿洗衣服务
美容厅
总服务台
出租汽车
航空公司
托婴服务
门卫
预订员
优势与劣势
E.宴会厅
最大宴会厅(面积)
不同类型宴会厅数量及可容纳人数
a.餐厅式
b.教室式
c.剧院式
其他功能厅
闭路电视/闭路电视和录像
功能厅厅内可提供:
a.录像机
b.电影
c.放映机

续表

d. 35cm 投影仪 e. 其他 单独宴会厨房 宴会厅租金
优势与劣势
F. 菜单
早餐 午餐 晚餐 外带野餐 餐前酒 酒吧台 鸡尾酒(每小时) 威士忌 金酒 伏特加 白酒
优势与劣势

四、饭店以往营销活动分析

饭店营销活动分析还包括对饭店过去所进行的营销活动的有效性进行评估和分析。通过此分析可以发现饭店过去进行过的营销活动、活动的类型、市场的反馈以及收益究竟如何。这一分析有助于饭店在此基础上找准新的营销重点,并开展有针对性的市场推广工作,减少盲目性。饭店营销活动分析表(表3-5)可以作为饭店从事这方面分析的指南,该表所涉及的内容包括饭店过去5年的营销费用支出、目标市场以及取得的收益和成效等。

表3-5 饭店营销活动分析表

饭店名称			
市场营销活动	费用	目标市场	效果评估
	1998 1999 2000 2001 2002		

1. 广告
  a. 报纸
  b. 杂志
  c. 旅行指南			

续表

饭店名称				
市场营销活动	费用 1998 1999 2000 2001 2002	目标市场		效果评估
d.旅游出版物 e.电话号码簿 f.海报 g.流动广告 h.电台 i.电视 j. k. l. 小计				

2.销售促进
  a.直接邮寄
  b.小册子
  c.消息稿
  d.展销会
  e.
  f.
  g.
  小计				

3.直接人员推销
  a.销售访问
  b.内部推销
  c.销售培训
  d.连续访问
  小计				

4.出版物与公关
  a.新闻发布
  b.采访
  c.庆祝活动
  d.演讲
  e.捐赠
  f.
  小计				

续表

饭店名称				
市场营销活动	费用 1998 1999 2000 2001 2002	目标市场		效果评估

5.服务点促销/店内促销
  a.资料展示
  b.特殊活动
  c.免费样品
  d.奖励
  e.
  小计				

6.针对业界的营销
  a.印刷品
  b.旅行/贸易展销会
  c.熟知旅游
  d.
  小计				

7.其他营销活动
  a.营销研讨会
  b.
  小计
  总计
结论及改进建议				

五、客源市场分析

饭店营销分析的又一重要方面是对客源市场进行分析,以了解那些将要和已经购买本饭店产品的顾客特征及其需求,如客源来自何处,旅行目的和动机,如何到达本地,在当地停留时间等。通过上述分析,饭店可掌握客源市场的区域分布,进而了解什么地方可以获得较高的销售业绩,为分配销售力量提供基础信息。此外,通过市场分析,还可以了解顾客的旅游动机与旅游需求,以使饭店能够提供相应的产品和服务。市场容量的大小以及市场份额的高低是决定饭店经营成败的关键因素,详尽的市场分析将有助于饭店全面了解客源市场的变动情况,为饭店制定正确的经营决策奠定基础。饭店客源市场分析表(表3-6)涉及饭店的主要客源市场、客源特征、选择饭店的因素等方面,可以作为饭店分析市场的工具。

表 3－6　饭店客源市场分析表

A. 本饭店以接待何种客源市场为主?
　　(1)
　　(2)
　　(3)
B. 目前饭店的主要客源市场(占总客房销售额/出租率的百分比)
　　(1)过境者
　　(2)会议
　　(3)商务
　　(4)旅行团
　　(5)家庭旅行
　　(6)本地居民
　　(7)老年人
　　(8)其他
(注)有的饭店可能采用不同的分类方法,如有必要,可使用自己饭店的划分名称。
C. 本饭店具有潜力但未加以开发的市场?
D. 饭店市场的人口统计(可供分析研究部分)
　　(1)性别
　　(2)年龄
　　(3)婚姻状况
　　(4)家庭收入
　　(5)受教育程度
　　(6)孩子人数
　　(7)职业:行政官员
　　　　　　管理者/企业家
　　　　　　职业推销员
　　　　　　其他职业性工作
　　(8)居住地
E. 旅行特征
　　(1)饭店客人的旅行目的
　　　a. 公务
　　　b. 会议
　　　c. 私人事宜
　　　d. 闲暇/休假
　　　e. 其他
　　(2)在饭店平均停留时间
　　(3)选择本饭店的影响因素
　　　a. 无外界影响

　　　　b. 广告
　　　　c. 配偶
　　　　d. 秘书
　　　　e. 亲友
　　　　f. 雇员
　　　　g. 同事
　　　　h. 会议
　　　　i. 广告零售商
　　　　j. 公司的旅行台
　　　　k. 广告牌
　　　　l. 指路标
　　　　m. 其他标志
　　(4)选择某饭店的最重要因素
　　　　a. 地点
　　　　b. 设施
　　　　c. 价格
　　　　d. 声誉
　　　　e. 便利条件
　　(5)列出客源最重要的特征
　　　　a. 商务
　　　　b. 团体
　　　　c. 会议
　　　　d. 旅行者
　　　　e. 其他

六、市场机会分析

　　在对主要客源市场进行分析之后，还必须对饭店潜在的市场机会加以研究，它包括对开发某项新产品和服务、改进和完善旧产品、取消某项产品、增强竞争优势、提高等级和顾客满意率以及加强市场营销、开发新市场和改变公众态度等方面的机会进行可行性分析，为制定正确的经营决策提供可靠的信息。表3-7为饭店市场机会分析表。该表中列举了饭店进行市场营销活动的可能机会，其目标市场、市场潜力的大小，这一机会与现行产品的相容性，把握这一机会的所得收益、费用、执行的时间、投资回收率、应优先采取的行动以及行动的负责人等。从上述数据和资料中，饭店经营管理人员便可对其市场机会有全面清楚的认识。

表 3－7　饭店市场机会分析表

机　会	机会概述	市场潜力	与现行产品相容性	预期收益	预期费用与时间	预期投资回报率	优先采取行动	行动负责人
产品改进要求与机会 　设施 　服务 　市场营销伙伴								
开发新产品需求机会 　设施 　服务 　项目								
现行市场营销活动改进机会 （列出现行市场）								
开发新的目标市场机会 （列出潜在市场）								

第二节 饭店营销分析与市场调研的途径和方法

饭店营销分析与市场调研要求具有全面、准确的资料和信息作保证,这些资料的获得可以通过多种途径和方法,其中主要包括饭店经营数据和信息的收集、统计,以及市场调研两种。

一、饭店经营数据和信息的收集与统计

收集和整理饭店现有的经营数据和信息,从这些内部信息中了解饭店目前经营状况、客源市场的形势是饭店营销调研信息获取的一种简便和直接的方法。这些信息属于饭店内部信息,它们在很大程度上代表了饭店今后可能的营运趋势和市场动向。同时,从这些信息中也能够发现问题以及顾客的期望,进而帮助饭店采取改进的措施。此外,还可以从未满足的市场需求中寻找可能蕴含的经营机会。饭店内部信息通常可以从以下途径获得:

- 宾客住店登记/预订记录
- 销售统计数据(这些数据可以以季节、地区和目标市场来分类收集)
- 宾客问卷调查表
- 投诉批评记录
- 询问记录
- 广告附赠券的回执
- 经营统计数据
- 饭店停车场汽车数量及汽车牌照号码
- 其他有用的统计资料和阅读材料

二、市场调研

从现有的经营数据中有时很难全面获得所需的信息,这时,饭店便需要开展直接的市场调研活动。市场调研的方法有两类:一为第一手资料的收集和分析,它包括收集他人未曾有过的资料和数据;另一类为二手调研,它是指借用现存的数据和资料。一手调研相对而言具有直接、及时、准确和针对性强等特点,但这种方法往往需要投入大量的时间、人力,费用也较昂贵。因此,只有在进行二手调研而又无法获得相应的信息后,方可进行一手调研。

1.二手资料的收集与分析

如上所述,二手调研包括对现有各类信息和数据进行收集整理和分析。现有的信息可以通过下列途径来获得:

(1)店内来源
- 日常报表报告,如销售数据。
- 与顾客经常打交道的人的记录。
- 各种非正式的沟通途径,如员工的意见、顾客的经历和感受等。

(2)外部出版物
- 各级政府的统计数据和调查结果。
- 指南和名录册。
- 普通出版物如报纸、杂志和新闻发布稿。
- 数据服务机构之出版物。
- 研究机构出版物。
- 商业贸易协会通讯、报告及简介。
- 旅游和会议。
- 工商、开发和规划部门。

(3)其他外部途径
- 顾客。
- 竞争对手。
- 广告公司和传播媒介。
- 旅行企业。
- 旅游产品供应商。

(4)专门研究组织
- 市场调研公司。
- 市场和管理咨询公司。
- 其他专门组织,如旅游研究机构。

饭店如果从现有的来源找到所需资料,将可省去大量时间和费用。但是,必须认真评估二手资料的质量,因为这种资料是在过去出于不同目的或在不同条件下搜集起来的,其实用性自然会受到限制。审查与评估二手资料必须遵循公正性、有效性和可靠性三个原则。公正性即指提供该项资料的人员或组织不怀有偏见或恶意。有效性是指研究人员是否利用了相关测量方法来收集资料。可靠性则是指所采用的标本资料是否能够准确反映其整个群体的实际情况。

2. 一手调研——原始资料的收集

当现有资料不能提供解决市场营销问题所需的资料时,饭店必须进行原始资料的收集,它是获得准确、直接和有用信息的最佳方法。然而由于费用较高,在进行一手调研之前,必须仔细权衡收益和支出得失。饭店往往很难抽出大量人力来参与这一调研,而高校为了让学生获得实践经验,通常希望寻求对企业研究的课题。因此,有必要通过与大学和科研院所进行合作来完成上述工作。借助高校教师和学生的参与,对双方均有益处。

开展一手研究,有两种基本方法:即定性分析研究和定量分析研究。

(1)定性分析研究

定性分析是指对所要调研的内容进行描述性的分析,它可以通过:

● 观察法　观察法是一种常用的重要方法,它是通过观察正在进行的某一特定的市场营销过程来解决某一市场营销问题。例如,饭店为了对顾客进行分析研究,采用对顾客的行为特征进行观察,倾听他们的评论和抱怨,观察他们在竞争对手处的表现及行为,从中了解其真实需求。

● 人员访谈　指研究人员通过同顾客、竞争对手、竞争对手的顾客、旅行业界人士等交谈询问,获取所需信息。

● 小组讨论　这种方法是指通过组织小型的座谈会、研讨会,征询和探讨顾客对饭店的印象、饭店存在的问题,以及其他创意等。参加人员既可以有饭店人员,也可吸收顾客甚至竞争对手的顾客参加。目前,许多饭店推出重点顾客小组(Focus Group)或总经理招待会(GM Party),便取得了很好的效果。

(2)定量分析方法

是指通过量化指标来收集和分析所需资料,主要包括下列几种方法:

● 邮寄调查　是指将事先设计好的问卷邮寄给先前的顾客或其他目标市场,邮寄名册可以通过查阅电话号码簿和工商企业指南或从对本区十分熟悉的企业处购得。

● 电话征询　采用抽样调查形式,通过电话对样本顾客、潜在顾客或其他公众进行调查。

● 店内顾客问卷调查　指通过放置于饭店房内的顾客意见征询表、批评卡、饭店前台的问卷、前厅人员的访谈等对顾客所进行的调查。

对于大部分饭店而言,店内顾客问卷调查是最现实的一种信息收集方法,它具有成本低和回收率高的优势,但要做好这项工作,问卷设计是至关重要的。拟定一份完善的问卷需要有相当的技巧和学问,并要特别注意所问问题的类型、措辞、形式以及次序。因此,在设计问卷时,必须注意:

● 避免太专业化的词句,如房间占用人夜次,尽量采用公众熟悉的字词。
● 避免居高临下或带有偏见性的口吻,所提问题应亲切自然,使人们愿意回答。
● 不使用具有多重意思的措辞,以减少歧义和误解。
● 问题要简洁明了。
● 减少太普通和一般化的问题,这种问题没有太大实际意义,也会使回答问题者感到厌倦。设计问题时应询问"必须了解"的问题。
● 每一问题表明一个观点,这样有利于统计分析。
● 避免涉及令人感到难堪的私人问题,这类问题客人会拒绝回答。

- 将困难问题和私人问题,如年龄、收入等置于问卷最后,以免回答者因产生厌倦而失去回答其他问题的兴趣和耐心。
- 设计问卷者切记,通过这些问题想要获得何种信息,其目的何在。问题设计要有明确的指向性。
- 确保可能的回答不重叠,以利于分析统计。
- 提供"不知道"或"不置可否"选择栏目,以使回答者能够回答有些难于确定的问题。
- 指出回答问题所需时间,以使回答者清楚是否值得花时间进行回答。
- 问卷尽可能简短,因为人们不可能花太长时间来回答市场调查方面的问题。
- 如有可能,可通过一些方式来刺激人们填表回答问题,如问卷后附奖券、赠送小礼品等。
- 提供单项或多项选择问题让回答者从中进行选择,而不要求他们将答案写出来,这样有利于统计和日后的分析。

表3-8是假日饭店集团所使用的顾客意见征询表,可供参考。

表3-8 顾客意见征询表

尊敬的顾客:

感谢您选择"假日"作为下榻之地,衷心祝您在此愉快!

	很好	好	满意	差	很差

1. 您如何评估本假日饭店
2. 您如何评估本饭店的服务
   - 友好
   - 帮助
   - 关心
   - 效率
   - 周到
3. 请评估下列各项
   a. 客房
   - 价格
   - 外观
   - 家具
   - 清洁
   - 设施功能
   - 卫生间
   - 房内用膳服务
   - 总体印象
   b. 餐厅
   - 食物质量
   - 价格
   - 服务

印象
　　　您所享用的是　早餐□　午餐□　晚餐□
　　　在哪个餐厅就餐？
　c. 酒吧
　　　总体印象
　　　酒水质量
　　　价格
　　　服务
　　　您在哪个酒吧？
　d. 前台
　　　入住登记
　　　离店结账
　　　效率
　　　友好
　e. 会议设施
　　　舒适
　　　灯光
　　　温度
　　　服务
　f. 饭店外观
　　　建筑物外观
　　　大堂/公共区域
4. 您是否使用本饭店的休闲设施？是□　否□
5. 在过去12个月内您是否住过其他假日饭店？是□　否□
6. 如果您返回本地,是否还会下榻本饭店？是□　否□
7. 促使您选择本饭店的最重要因素是
　　　地点
　　　服务水准
　　　员工热情友好
　　　休闲设施
　　　假日饭店的整体水准
　　　我未选择本饭店
　　　其他
　　　(如价格/广告/特别活动和赠与)
8. 请提宝贵意见
　　先生/女士/小姐
　　　　姓名　　　　　单位
　　　　地址
　　房间号　　　到达日期
　　下榻原因:公务□　　休闲□　　会议□
　请将此表投入前厅宾客意见箱中

　　定性分析和定量分析所采用的六种方法各有其适用范围和特点,也有各自的优缺点。表 3-9 列出了六种方法的优缺点。

表 3-9　市场研究方法的优缺点

方　　法	优　　　　点	缺　　　　点
1.观察法	不必得到被调查者的同意 不干扰顾客 现场观察费用少 迅速获得数据 现场信息	没有机会提问和解释 不能直接得到信息 无法观察诸如旅游动机、客人未来计划、过去经历等
2.人员访谈	答复率高 可以解答问题 可以采用开放式问题,允许有各种答案 可以观察被采访者的反应 获得完整的信息 经验丰富的采访者可以预先估计可能的答案	采访者的偏见 被采访者时间难以约定 费用高 被采访者不愿回答私人问题 被采访者可能较紧张 对方可能按你所期望的去回答,而非其真实想法
3.小组讨论	与人员访谈相同 比人员访谈更随意和放松 可以更深入分析和研究问题 比人员访谈的答案更真实	很难安排到合适的时间和地点 需要回答问题者花费时间和精力 有些人可能操纵整个讨论或使之跑题
4.邮寄调查	在一定费用下可以覆盖较高的市场区域 可以更直接到达被调查者手中 可以轻松地回答问卷 回答比较真实 不带采访者的偏见	低回收率 难以获得适宜的邮寄名录 如果回收率低,则人均回复费用高 填写问卷者可能没有代表性 没有采访者的帮助 无法控制对方的答复
5.电话征询	在市区费用低 不需要专业人员 迅速获得信息 资料是最新的 高回收率	被询问者必须有电话 无法见到被询问者 询问必须简单 难以与之建立长久联系 在大的市场区域进行则费用很高
6.店内顾客问卷调查（包括人员访谈）	在被调查者住店时调查他们的感受,方便快捷 被调查者会对你们倾听他们的意见以改进产品的努力留下深刻印象 可以容易地采访顾客,且费用低	问卷必须简练,数据必须简单和直接 局限于店内顾客

本章总结

　　市场营销分析和市场调研是饭店制定营销计划的第一步。它使企业清楚地认识到目前所处的位置、现在的经营状况,它帮助饭店了解其社区、竞争对手、企业经营环境、饭店自身的设施和服务、过去的市场营销活动、饭店的目标市场以及未来的市场机会等。通过进行市场营销分析和市场调研,饭店能够找到自己区别于其他饭店的独特销售点(USPs),从而制定正确的竞争策略。

　　市场营销分析和市场调研一方面是指现行经营过程中各种经营和市场信息的收集、整理和分析,另一方面是组织专门力量开展市场调研工作,它既包括收集各种二手资料,也包括开展调研活动,收集第一手的原始资料。资料收集可采用观察法、人员访谈、小组讨论、邮寄调查、电话征询、店内顾客问卷调查等六种方法,各种方法均有其适用的优点和缺陷,作为饭店营销调研人员,应仔细权衡和选择。

专业词汇

营销分析　市场经营环境分析　竞争分析　产品分析　客源市场分析
定性分析　定量分析

思考与练习

1. 饭店营销分析包括哪几个主要方面?
2. 饭店竞争分析的三个步骤分别是什么?
3. 一手调研可采用哪些方法来进行?
4. 定性分析和定量分析常用的方法有哪些?请分别加以说明。
5. 设计宾客意见问卷表时应注意什么?请自己设计一份饭店宾客意见表。

第三部分
计划：营销目标与策略

第4章

饭店总体计划

本章导读

营销计划与饭店总体计划密不可分。本章对二者之间的关系以及营销在实现饭店目标活动中的作用进行了分析。在介绍饭店计划程序时，本章展示了从目标的精选、确立到形成策略和政策的全过程。在这个过程中，准确的内、外部审计以及预测是制定行之有效的饭店计划的基础。

第一节 计划的内涵

一、计划的定义和意义

有关计划的定义多种多样。根据旅游饭店业的特点，计划就是使饭店资源的调配与饭店环境的发展机会达到并保持最佳吻合的一种管理过程。

计划不同于那种对经营环境的被动应付措施，它是经营者的超前决策。这种决策通过确立目标和系统地制定战略战术来组织、调配资源，以适应环境的变化，求得企业的发展。

计划是全局协调和长远发展的结合体，具有战略上的意义。称计划为一种管理过程，就是指既要规定出要达到的目标，又要确立行之有效的达标方案和手段。良好的计划是效益与效率的结合。效率涉及的是正确地工作，而效益则是做正确的工作。只注重效率的人是经营意识强的人，他们关心的是如何把手头的工作做得更好；而重视效益的人关心的是最终成效——如何使饭店的资源更好地服务于市场需求,以实现长远目标。计划在目标和效率之间架起了一座桥梁,使企业能够沿着明确的方向高速发展。

未来的竞争将不可避免的是战略性竞争。因此,缜密的分析研究、超前预测以及周密的策划是未来饭店业成功的基础。

世界上成功的饭店都毫无例外地重视精心策划的经营计划。计划的具体意义如下:

(1)计划有助于企业从宏观角度修正决策程序,统筹全局,适应环境。

(2)计划使企业充分利用预测技术及其程序进行超前决策,并对备选方案进行评估。

(3)计划展示出企业内各职能部门重要决策之间的关系,具有内部协调和控制功能。

(4)计划规定了管理人员日常决策的方向性,强调短期行为与长远目标的一致。

(5)计划有助于管理人员摆脱日常事务的干扰,提高工作效率。

(6)计划为衡量企业经营成果确定了准绳。

二、计划的种类

从管理层次看,计划分为饭店计划、职能计划以及特殊活动计划三种类型。饭店计划涉及饭店全局的发展,包括整体目标、策略和措施;职能计划为各部门而设计,如有关财务、人力和销售计划的详细目标和策略;特殊活动计划专为企业正常经营范围以外的活动而设计,如新产品计划、市场拓展计划,这种计划需要单独提供资金,专门组织实施。

从时间跨度看,上述计划又分别具有长期计划、中期计划和短期计划的特点。长期计划指3～5年的计划;中期计划指为期1～3年的目标和策略;而短期计划仅仅涉及未来12个月内的活动。与中、长期计划不同,短期计划更具体,更侧重于手段和措施。

以上论及的各种计划,虽然都有各自的目标、策略以及手段,但却构成了企业管理相互依存的整体。由于管理层次的原因,它们之间在管理跨度和时间跨度上相互制约、相互补充。例如,某一级别管理人员的目标可以是上一级管理工作的策略之一。由于看问题的角度和高度不同,越是高层管理,越要统观全局,以长远为重。比如一家饭店连锁集团,其饭店策略同时又是营销部门的工作目标,其营销手段(战术)同时又是销售人员的具体工作目标,依此类推,便成为企业自上而下的计划体系,以保证饭店目标得以顺利实现。

但是近年来人们发现,随着营销思想越来越多地影响饭店的中、长期政策,饭店总体计划与营销计划有合为一体的倾向。这是因为确定饭店未来计划所采用的主要参数——产品和市场参数也正是营销计划中的基本要素。所以,我们有必要对饭店总体计划以及其中的营销功能有一个详细的了解。

第二节 饭店计划

饭店总体计划是为饭店设定一个力求达到的长远目标,并据此设计出实现该目标所需采用的有效方法。各家饭店因规模、市场、档次等因素不同,制定饭店总体计划的程序和内容也不尽相同。图4-1力求将它们的共同点表示出来,以显示一个较为清晰的规律。

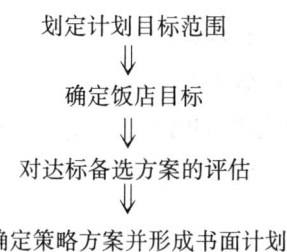

图4-1

从图4-1表示的全过程看,总体计划的制定是一个复杂的过程,涉及的范围和层次是任何其他计划所无法比拟的。总体计划是各部门各级管理人员制定职能计划的工作指南,关系到饭店的整体经营;同时,其目标方案和策略又不可避免地要跨越一个较长的经营期,因此,制定这种总体计划既要谨慎又要适度超前。

鉴于上述要义,在具体讨论饭店计划之前,我们预先要确定"计划前计划",即决定谁去做计划,如何做计划,以及计划的内容要求。首先,要确定计划的参与者及其计划职责;其次,要明确如何做计划,即制定计划的原则和要求;最后才进入到计划的实质阶段。

一、饭店管理人员的计划职责

饭店管理人员是制定计划过程中至关重要的主体。由于计划是全方位的管理工具,各级管理人员因工作性质不同,其计划职责也各有要求。需要特别指出的是,无论何种级别的管理人员,其计划职责都是饭店自上而下计划体系中不可缺少的一部分。

1. 总经理的计划职责

——确定市场圈;

——阐述饭店在市场中的位置;

——确定目标并制定行动计划;

——让属下了解饭店的期望目标;

——为饭店的业务经营制定相应的策略；
——衡量达标的进度；
——利用计划激发适时的决策；
——分析饭店以往的财务状况；
——预测本年度末财务成效；
——预测下一年度财务成效；
——分析趋势，对与饭店有关的因素进行推测；
——与饭店有关人员共同完成"工作绩效计划表"。

2．餐饮总监的计划职责
——分析以往的食品、饮料及宴会食品成本；
——写出食品、饮料及宴会的竞争分析报告；
——预测餐饮和宴会本年末的财务成效，即毛利率与实际利润；
——预测餐饮和宴会下一年度的财务成效，即餐饮营业收入占饭店营业总收入额度。

3．其他部门负责人的计划职责
——根据本部门工作性质制定相关的计划；
——与总经理一道完成"工作绩效计划表"。

二、制定计划的原则和要求

1．制定饭店计划的原则

计划关系各级、各部门的工作成效，更注重最终目标的实现。因此，在制定计划的过程中要注意以下几点原则：

(1)明确计划的目的。

为计划而计划导致人力、物力和时间上的浪费；计划须为某种目的或为解决某个问题而制定。

(2)充分利用各种必要的信息资源，信息越准确，计划就越完备，效果就越好。

(3)制定计划需要集思广益，挑选恰当的管理人员参与计划。

(4)反复对计划进行推敲。

计划不可能一蹴而就，要经过书写、修改才能最后形成简单明了的指导性文件。

(5)计划中需包括目的和企业任务概述。

(6)计划需客观分析本饭店的优、劣势。

(7)计划中需有对竞争的评估和分析。

(8)计划中还应包括以往财务经营状况分析以及对未来财务成效的估计。

(9)计划必须成为企业发展的持续性指导文件。

2.制定计划需要注意的几个问题

(1)计划应适时、可行。
(2)计划并非一成不变,应避免僵硬死板。
(3)不应将预算视为完备的计划,预算不代表计划。
(4)计划不应有不必要的限制——应适度超前,但不要可望而不可即。
(5)应当记住计划所为之服务的目的。
(6)计划要具体,尽可能涉及细节,不要用空泛之词。
(7)不要在完成计划后将其束之高阁,待来年预算期时才重新开卷。
(8)不应将计划局限在一年之中。要为可能预见得到的未来制定计划。

三、计划目标

饭店计划的起点是确定目标。这个过程受到两种限制因素的影响:利益相关者的需要和计划制定者——饭店管理人员的需要。利益相关者指所有在饭店业中具有财务或其他利益的个人、团体和企业。饭店管理人员需要协调利益相关者的需求和企业经营方的各种利益需求。在制定饭店计划时,他们既要尽可能满足上述各方的利益,又要最大限度地反映经营管理方的价值取向。需要解决的矛盾有饭店利润与客人利益的协调,员工参与程度与监督控制程度的均衡,增长还是求稳,投资还是尽快获利,短期利益与长远目标的平衡,创新还是求同以及兼顾饭店利益与所在社区的利益等等。

上述所有矛盾都对计划目标的圈定产生影响。因此,决策者必须对可能的目标进行权衡和选择,比如:

(1)最大限度地提高饭店的市场份额。
(2)谋求生存之道。
(3)获得满意利润。
(4)企业的全面发展战略。
(5)最大限度地提高销售额。
(6)保持高度的投资收益。
(7)提高饭店市场地位。

显然,决策者不能选择单一一项作为饭店计划的目标。计划目标应当既有质的要求又有量的标准,既保证短期利益又着眼长远利益,并且能够促成饭店各方利益的良性循环。

从上述饭店总体目标看,有两项与营销活动关系密切:即投资收益和发展战略。

投资收益的基础是良好的营业收入和总成本的控制。成功的营销是营业收入的保障。与此有关的营销活动有扩大市场规模(市场的广度)、提高市场份额(市场的深度)、调整价格和各种营销组合,即找准市场切入点。

企业的发展以投资收益为前提,主要指产品营销数量和市场的增长。产品发展需要产品的完善和新产品的开发。市场发展有两个方向:现有市场的挖潜和新市场的开发。企业的发展以规模的扩大化和多种经营为标志。

四、预测和饭店内、外部分析

由于饭店的环境对计划有着很大的影响,管理人员需要据此估计目标的合理性和达标所需的人力、物力资源以及可资利用的机会。

1. 预测

(1) 预测的意义

企业期望从预测中获得以下益处:

——推测企业在产品和市场条件不变的情况下达到计划目标的可能性;

——为企业更有效地分配自身资源提供依据;

——为部门或职能计划人员提供指导。比如各部门可根据预测制定部门预算;营销人员可根据预测结果发现营销机会,调整或修正营销策略;劳动人事部门可以计算劳务需求量等等。

(2) 预测的类型

有三种类型的预测可以满足饭店决策人员的上述期望:销售预测、利润预测和获利性预测。

饭店预测的起点是销售预测。销售预测指对产品或市场乃至对整个企业经营市场进行的预测。利润预测和获利性预测随后进行。三种预测中既有定性预测也有定量预测。

(3) 预测的原则

由于预测是对未来发展的大致推测,尽量切合实际是计划人员所力争获得的结果。预测的原则是:

——慎重确定销售预测的范围:进行总体预测还是进一步将预测力量对准目标细分市场;

——为预测确定合理的时间跨度:短期预测或长期预测,即为期半年、一年还是三年;

——力求预测的准确性;

——力争预测的良好效果:便于理解和利用。

(4) 预测的方法

饭店经常采用的预测方法有判断法、趋势分析法、相关因素分析法和调查法等。

2. 内、外部分析

饭店的预测工作是在假设经营条件无重大变化的前提下进行的。实际上,饭店内、外部的环境总是处于不断变化之中。这种变化对饭店的经营不可避免地会产生影响。为了提高计划质量,有必要对影响饭店经营成效的威胁和机会进行分析。

有关对外部环境的分析已于第三章进行了讨论。这里将简述饭店内部优、劣势的分析。内部涉及财务、销售、管理、员工、产品、企业形象和资源分配等内容。

饭店的财务分析指对饭店不同层次、所有部门的成本、费用和收入情况进行对比和分析,识别创利因素和经营不良的原因。最为有效的比较是将实际数字与预算数进行对比,并将本饭店各种比率数字与本行业通行的比率数进行比较。财务审计有助于管理人员根据目前的财务状况预测未来的机会和威胁,并对有关的政策进行调整和控制,以便及时抓住机会,避开不利因素。

饭店的销售分析指对与饭店产品销售有关的因素进行评价和分析。常见的指标有以下几种:

——客房销售指标:客房总数、出租率、市场份额、平均房价、可售房平均收入(Revpar)、客人总数、客人平均消费等。

——餐饮销售指标:餐厅饮食收入、宴会收入、酒吧收入、客人总数、平均消费等。

饭店对管理人员的分析和对普通员工的分析属于软件分析。对管理人员的分析主要针对决策能力、创新能力、组织能力和管理能力;针对员工的分析涉及饭店在人力资源各方面的优势和劣势。

饭店的产品分析指对软、硬件现状及其发展潜力的全面分析和估价。其他内容的分析涉及对饭店内部、外部总体状况的评价,即资源分配、利用的情况和饭店形象状况。

根据上述各项分析研究的结果,结合对外部环境的分析,饭店决策人员便可以最后确定饭店计划的目标。

五、对各种备选方案进行评估

饭店内、外部分析为最终确定饭店计划目标打下了基础。饭店各项目标所显示的是现状与未来成果之间的差距。要消除这种差距,饭店需要开展的工作有产品、营销、人力等计划方案的制定。饭店管理人员还需参照其他外部影响因素如新的立法、竞争状况、失业率等情况对各项方案进行评估。

六、确定各种策略并形成书面计划

实施饭店总体计划的策略有市场策略、财务策略和人力策略。这些策略是实现总计划目标不可缺少的三大支柱。本章只涉及与市场有关的各种策略,如市场增长(占有率)策略和饭店发展策略。

1. 市场增长(占有率)策略

市场增长(占有率)策略是美国波士顿咨询公司(Boston Consulting Group)采用的一种分析方法,见图4-2。

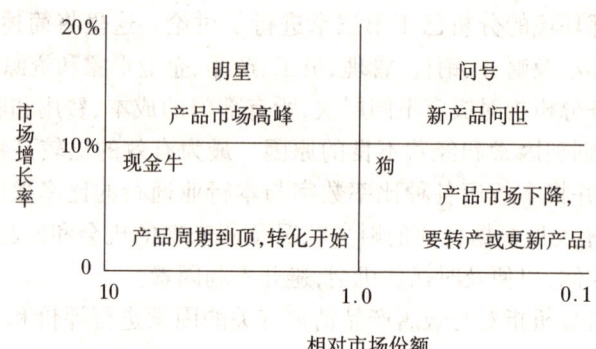

图 4-2

图的纵坐标轴显示出市场年增长率:发展快的市场(超过10%)在纵坐标轴的上半部,发展慢的市场在下半部。横坐标轴表示各饭店市场份额与本地区最大竞争对手市场份额之比:如果相对市场份额小于1.0(即最大竞争对手的市场份额大于对比饭店的份额),表明对比饭店的相对市场份额低,饭店位置在矩阵右侧;相对市场份额高的饭店(其市场份额大于最大竞争对手)则位居矩阵的左侧。由此,饭店的位置可以分为四种类型:

(1)问号(Problems)

位于这个区域的饭店有以下特点:

——饭店产品在初次投入此类市场时,多为问号;

——产品位于高速发展市场中,但是市场份额却很小;

——需要大量投资,以便与迅速发展的市场保持同步;

——"问号"的成功发展会使其转化为"明星"。

饭店所应采取的策略:

市场份额相对较少,意味着成本费用高于竞争对手,因此:

——加强促销活动,增加市场份额;

——寻找保险细分市场;

——视情况决定是否退出竞争。

(2)明星(Stars)

"明星"的特点是:

——在快速发展的市场中占有较高的市场份额;

——拥有主要市场份额;

——需要大量资金;

——"明星"的发展速度最终会减慢,转化为"现金牛"。

"明星"常采用以下策略:继续投资以便:

——保持现有市场领袖的位置;
——提高接待能力;
——加强营销促销活动。

(3)现金牛(Cash Cows)

"现金牛"的特点有:

——相对市场份额虽高,却处在增长率较低的市场中;

——能创造较高效益;

——由于市场增长较慢,需要较少资金;

"现金牛"需要采取以下策略:

——维持市场份额。

(4)狗(Dogs)

位于此区域的饭店有以下特点:

——"狗"是"明星"的反面:市场增长率低,相对市场份额低;

——获利少,甚至发生亏损。

此类饭店应采取的策略是:

——分析细分市场,发现可以获利的机会;

——实施成本控制计划,以加大短期现金流量。

以上各种方法有利于饭店确定自己的市场位置,挖掘自身潜力,重新组合资源,制定出切合实际的经营策略。除此之外,饭店还可分析店内经营区域,找出盈利区域和问题区域,以决定哪些区域应当发展,哪些区域应当维持,又有哪些应当收获或放弃。下面模拟一家饭店的市场位置分析:

本地区的总间天数需求量: 2年前 1年前
219 624 230 480

本地区各饭店的市场份额是:

	2年前	1年前	细分市场
本饭店	23.2%	22.9%	?
饭店 A	41.8%	42%	高档
饭店 B	16%	15.4%	中档
饭店 C	8.5%	8.6%	低档
饭店 D	10.5%	11.1%	中档

问题:如果本饭店定位于高档市场,在市场份额(增长率)矩阵中的位置何在?

答案:将前后两年的总间天需求量相比,增长率为4.7%,表明市场增长缓慢。

本饭店与饭店 A 之间的市场份额之比是 0.55(22.9/42),小于 1.0,表明相对市场份额低。

结论:本饭店应位于坐标图的右下侧,即"狗"产品下降的位置。

问题：如果本饭店要寻求"中档阶层市场"，那么饭店在矩阵图中将占何种位置？

答案：已知市场增长率为 4.7%，相对市场份额是相同划分市场中本饭店与最大竞争对手之比（与饭店 B 之比），22.9/15.4＝1.48 可列在矩阵左下侧，即"现金牛"的位置。

结论：本饭店在这一缓慢增长的市场中将占有较大的市场份额。

饭店随后可据此确定应当采取的策略。

2．产品（市场）发展策略

管理人员不仅要恰当地确定饭店的市场位置，还要根据饭店的实际确定饭店的发展策略。帮助管理人员确定发展机会的方法是产品（市场）开发矩阵模式，见图 4－3。

	现有产品	新产品
现有市场	市场渗透	产品开发
新市场	市场扩展	多种经营

图 4－3

饭店需要对下列问题作出决策：进一步挖掘现有产品的潜力还是开发新产品；进一步向现有市场纵深发展还是开发新市场；还是同时考虑几种可能性。可能的发展策略有四种：

(1)市场渗透策略：饭店力求在现有市场中进一步利用现有产品扩大市场份额。可以采用的手段有：

——进一步提高产品或服务质量，提高现有客人回头率；

——增强促销效果，吸引竞争对手的同类客人转向本饭店的产品。

主要方法

a．加强销售更赚钱的客房（Upsell）；

b．店内促销、食品饮料或特菜的广告以及折扣广告；

c．在特别周末，至少安排两至三夜的活动（使客人多停留 2～3 天）。

(2)市场扩展策略：饭店力求开发新市场以扩大现有产品的销量。常用的策略有：

——设法进入新的细分市场；

——着力开辟新的销售渠道；

——努力扩大销售区域。

主要方法

a．在旅游团的基础上开发公司生意。通过有选择的广告、推销访问、折扣和其他有目的的促销活动吸引这类客人；

　　b.在本地报纸上刊登附送赠品的产品推销广告,以增加地区晚宴生意；

　　c.参与社区事务——在饭店召开商会、俱乐部会议等等。

　(3)产品开发策略:饭店的产品开发策略指向现有市场,推出新产品,以增加销量。具体做法是:

　　——将现有产品分档定级,更新改进,强化它们的产品属性；

　　——增加现有产品的特色；

　　——对产品进行细分:把同种产品未能满足需求的分出来,在原有产品系列中增加新品种,以满足现有市场的需要。

　主要方法

　　a.增加套间客房和豪华单间；

　　b.在餐厅加设冷餐或沙拉台,用新鲜菜点取代不赚钱的老菜项；

　　c.推销具有地区特色的酒水。

　(4)多种经营策略:向新市场推销新产品,即兼营与饭店业务无关的行业产品。该策略的优点是:通过增加市场容量扩大知名度和影响面；通过综合经营实现各项产品之间的互补,降低成本。然而,这种策略也具有一定的风险性:一为资金分摊过大；另外,由于在非相关行业的经验不足,加大了失败的可能性。因此,在采用这种策略之前,饭店需要考虑自己的经济实力和市场综合状况。

　主要方法

　　a.收购其供应商实现后向一体化；

　　b.购并旅游批发商或零售商实现前向一体化；

　　c.购买一家或多家竞争企业实现水平一体化；

　　d.在当前业务范围之外寻找各种盈利机会。

　以上是制定饭店计划的全过程,营销功能是其间的主体。虽然近年来营销计划有同饭店总体计划合为一体的趋势,它们之间的区别仍需引起人们的注意。营销计划更具市场导向,它所强调的是通过满意的客人为饭店带来收益。客人的利益和需求是第一位的,而饭店总体计划在很大程度上受到利益相关者的影响,更侧重获利性。因此,营销计划是实施饭店计划的前提条件,它的完备程度直接影响饭店总目标的实现。

附录:计划步骤检查表

计划前阶段

　1.计划中要体现的具体目标

经营/财务/销售
　2.确定有关的时间限度
　3.确定计划有关部门
　4.收集以往的财务、经营以及其他相关信息数据
　5.收集相关的经济数据以作必要的推测

计划阶段

　6.分析本行业的确切业务情况
　7.确定目标市场
　8.识别并确定主要竞争对手的实力
　9.制定出组织机构图
　10.精心设计目标和策略,使之相互协调
　11.分析以往财务报表
　12.确定未来的财务报表
　13.根据推测列出调整意见
　14.编制出本—量—利分析图
　15.识别瓶颈影响因素(薄弱环节)
　16.完成敏感性分析*

成文阶段

　17.起草第一稿计划
　18.由一名内部人员和一名外部人员阅读计划草案并提出意见
　19.完成第二稿
　20.审定第二稿
　21.定稿并校对

呈报阶段

　22.计划正文前需附两页计划概要
　23.如呈报饭店外有关人员,文件须便于阅读(具有良好的阅读效果)

本章总结

　　计划是使饭店资源的调配与饭店环境的发展机会达到并保持最佳吻合的一种管理过程。成功的饭店都十分注重计划的制定与实施。计划可以分为饭店计划、职能计划及特殊活动计划。计划的层次不同,其目标、制定原则和要求也不尽相同。制定计划包括:确定计划的参与者及其计划职责,明确制定计划的原则和要

---

　* 敏感性分析——关于估计上的误差可能会对据此作出的结论产生何种程度的影响所作的分析。

求,以及计划的实质阶段如预测和饭店内外部分析、对备选方案进行评估、确定策略并形成书面计划等。

饭店计划及营销计划是当今饭店业经营成功的关键。计划既是饭店一切经营活动的指南,又是衡量经营活动成效的标准。饭店计划中的核心部分是营销。营销是达到饭店目标的重要手段。饭店计划中与营销紧密相关的因素是产品和市场。饭店计划的可行性取决于辅助性研究——预测,内、外部分析,制约因素分析——的准确程度。

专业词汇

饭店计划　职能计划　特殊活动计划　市场渗透策略　市场扩展策略
产品开发策略　多种经营策略

思考与练习

1. 试述饭店计划的意义。
2. 发展和获利性目标对营销有何种意义?
3. 饭店总经理、餐饮总监和其他部门经理的主要计划职责分别是哪些?
4. 简述内、外部分析的作用。
5. 请为一家位于某中心城市的四星级商务饭店设计一份经营计划。该饭店处于竞争性市场中,且经营环境面临较大的不确定性。

第5章

饭店营销计划

本章导读

营销计划在饭店经营活动中的作用越来越重要。营销计划不仅为饭店经营提供了方向,还为饭店实现营销目标乃至总体目标规定了具体的逻辑步骤。本章以营销计划为框架,对营销目标、营销策略和行动方案的含义进行了阐述,并分析了饭店定位及其作用,同时讲解了确定营销目标、策略和行动方案的方法。通过本章的学习,将有助于了解一个营销计划是如何产生并付诸实践的。

第一节 饭店定位

饭店定位阐述饭店的业务范围和欲求的企业形象。无论它被称作"企业任务",还是被称为"饭店定位",都是有效的营销计划的基础。该定位是在市场调研、确定市场的需求和愿望之后开始的。曾有专家为其定义:"定位是对您在客人心目中的形象做点什么。"而饭店定位则指"在目标市场的心目中树立并确保一种特殊形象。"

一、有效定位的关键

下列信息对有效定位十分关键:
——目标市场的需求及所追求的利益;
——本饭店与竞争对手各自的优势、劣势;
——客人对本饭店及竞争对手的评价。

正如我们所知,营销调研是获取这种信息的重要手段,但是有些信息需要专门的调查和分析。

二、定位的五个步骤

良好恰当的定位有三个因素:(1)创立形象;(2)展示客人利益;(3)显示与竞争对手不同的品牌。除此之外,定位要求先确定本饭店的直接竞争对手。要么区别一方,要么与所有其他饭店相比较。

要达到上述要求,比较简便的方法是记住定位的步骤:

(1)分析利益:确定服务对象(客人)所应得到的利益;

(2)决定形象:决定您所选定的目标市场所期望的企业形象;

(3)确认异同:列出直接竞争对手并显示不同之处;

(4)设计组合:提供异于他人的产品(服务),将其显示在文件中,并且体现在营销组合的其他方面;

(5)传递、实施:履行诺言。

三、定位方式

定位方式大致有五种。饭店要根据时间、地点、对象以及其他因素确定所需要的整体定位。

1. 具体产品特征定位

重点在于产品本身,是饭店提供新产品或开辟新市场时所采用的方式。

2. "解决问题、满足需求"的利益定位

针对某些特定市场,强调市场一方的利益,更具营销效果。

3. 具体使用场合定位

趋向于客人的心理因素,强调地点、场合的优异程度。美国希尔顿连锁饭店曾为自己定位如下:"如果美国企业家要携带家眷进行商务旅行,那么他们下榻的是希尔顿饭店。"

4. 使用者种类定位

这类定位着力于市场细分。为饭店的档次、服务水准、服务对象界定了一个范围和高度,如某些特定的客人类型:家庭旅游者、度假旅游者等。

5. 区别异同定位

营销理论中的一个重要概念就是要具有独特的风格。"与众不同"可以说是吸引力所在。有些定位力求达到这种要求,如一家饭店这样表达其定位:"在谁更努力这一方面,您是裁判。"

下面是我国一家四星级饭店所作的定位:

"×××饭店是一流的企业,价格合理,服务周到。我们已经为自己创立了这样的形象:×××饭店是本市综合服务设施最全、交通最便利的饭店。为此,我们以长住客市场和航空机组人员市场为基础,将目标对准商务散客和团队客源的中上等市场。"

第二节 营销目标

营销目标是一定时期内在饭店关键区域(Key Area)*所应实现的成果的清晰和精确的描述。由此可以看出,目标并非虚幻美妙的梦想,而是在一定时间和空间内应当完成的某项工作或应当取得的某种成果。这种目标是饭店要求营销活动应具有的水准:既有挑战性又并非不可实现。同时目标本身必须是可以衡量的,要有定性内容并有量性要求。因此,饭店对目标的准确性要求很高。

确定营销目标的基础是市场分析。市场分析中的环境分析为计划人员在市场趋势和限制因素之间勾勒出目标的大致起点和范围;市场分析中的竞争分析和市场份额分析为计划人员最终确定目标提供了定性和定量的信息;产品分析使计划人员了解本饭店和竞争对手的优、劣势,从而为目标的切实可行奠定了基础。

例如,某家饭店在确定其营销目标时,是这样参考市场分析作出决策的:第一步,列出包含自己和竞争方在内的同一档次住宿需求总量,然后估计本饭店对需求量的期望值;第二步,衡量目前本饭店在该类细分市场中拥有的份额;第三步,进行预测。预测未来可能出现的供给量上的变化(如客房数的增加,新饭店进入市场,改建装修项目);第四步,对自己的能力进行估计。饭店能否对竞争对手采取先发制人的做法,能否增加市场份额、扩大现有需求量;最后,评估本饭店能否获取未来增长的需求量中较大的比重。

一、制定营销目标的重要原则

营销目标具有双重功能。饭店各级人员一方面要以此为依据开展各项经营活动;另一方面,管理人员又要将其作为衡量工作绩效的标准。因此要遵循以下四项原则:

1. 列明不同关键区域的未来目标

对要达到的成果的描述尽量做到具体和定量。

2. 清晰简明

只需说明做什么、做多少和在何时完成,避免涉及遵循何种程序、应达到何种质量标准。

3. 方向一致、可以实现

工作目标应当围绕可能的未来成果而制定,既合乎实际能力,又具挑战性。目标应当与可供使用的或预测的资源保持一致。

---

* 关键区域——饭店内部能取得长远战略成果和短期经营效益,并使经营目标成为本年度目标的区域。

4. 应形成书面文件

营销目标应以文字显示出来。除归档供定期查阅外,还可提高饭店内部沟通效果。

二、营销目标的基本内容

基于上述原则,营销目标的组成应当是这样的:
- 具体成果(什么)

    明确说明要取得的市场营销成果

    例如:<u>宴会收入</u>
- 衡量(多少)

    准确地说明将用什么标准衡量营销成果

    例如:<u>比上一年度增加10%</u>
- 时间限制(何时)

    在哪一天衡量所获成果

    例如:<u>本年度的最后一天(12月31日)</u>

将上述各项内容合为一体,就可形成简明清晰的营销目标。请看下面范例:"在下一经营年度,将市场占有率从今年的20%提高到25%",以及"在下个年度获得15%的投资收益"。

下列目标都或多或少有些缺陷,须加以修正:

例1:我们的目标是获取最大的利润。

    其缺陷是:

    (1)无具体限量,含糊不清;

    (2)何为"最大"? 不科学;

    (3)无时间限量。

例2:目标是扩大市场占有率。

    其缺陷是:

    (1)扩大多少?

    (2)无时间限量。

例3:1992年的目标是将促销费用提高6%。

    其缺陷是:

    促销是一项工作,而非成果,不应作为目标;因而此项定量无必要。

(本章后面附有《营销目标标准练习》)

三、营销目标的表达方式

营销目标为企业规定了需要达到的经营期望值。期望值最常见的表达方式有:利润增长率、销售额增长率、市场份额扩大百分比等等。

销售额增长率反映饭店在本行业中的影响,即饭店的经营水平。销售额增长可以用数字来表示,也可用占总数百分比来表示。比如,可以说"在1990年底获得7000万元的销售额",也可以表示为"在1990年底前使销售额提高20%"。销售额增长目标是否切实可行,还要看制定策略方案时的反馈。因此,目标和策略的制定应当相辅相成,同时进行。

利润目标在很大程度上受到成本和资源的影响。尤其在想要开发新产品(服务)项目的饭店中,计划人员首先要估计实现营销目标所需的资源,从成本和销售额两个方面加以衡量,从而定出合适的目标。利润目标应当量化,如"在1991年12月底前获利2000万元",或"在1991年前三个季度使新产品创造20万元净利";不应使用"最大利润"或"可观利润"等类含糊用语。与其他表达方式不同,利润增长率目标需要附加说明,即将其与以往总的利润数加以比较,以便计划期末衡量目标是否已经实现。鉴于利润增长目标受到成本的影响,目标的确定必须与策略的制定相结合,因为决定成本的诸种因素多来自策略的具体内容。

市场占有率增长目标更侧重市场效果。市场目标的确定有助于饭店制定利润目标和销售额目标。市场增长率目标为营销计划中的促销策略提供了指导方向,即力求达到期望中的市场行为(态度)质量。

第三节 营销策略

营销策略是饭店为实现营销目标所拟定的具有政策性的、基本的实施方案。确定营销策略有两个要求:既要谨慎又要有创造力。谨慎指计划人员需全方位考虑饭店现有资源的潜力;创造力要求计划人员在理性的基础上大胆、灵活地利用现有资源(如人力资源、环境资源、财力资源和物力资源等等),对其进行合理调配,形成最佳营销组合。

一、营销策略的要素

营销策略是各种营销因素的组合体(Marketing Mix)。组合体包括:(1)饭店产品(服务);(2)饭店的定价方式和定价策略;(3)饭店产品的销售渠道;(4)销售方式;(5)饭店营销人力资源。营销因素组合即是针对某一细分市场而将上述五种因素科学地组合在一起的策略方案。策略方案应当是实现营销目标的最佳方式和途径。营销因素将在以后几章详细论述。

二、可供选择的几种营销策略

1. 接近市场的总体策略——供求导向策略

这种策略分为无区分市场策略、集中型营销策略和细分市场策略。

无区分市场策略基本上向所有市场提供一种类型的产品。采用这种策略的饭店可能承认不同细分市场之间的差别,但是并不将这种差别体现在饭店的营销活动中。其营销活动的重心被放在不同的细分市场的相同点上。这种策略只适用于小型的、拥有较低市场份额的饭店,例如招揽会议生意的度假型饭店。此种策略有四个益处:(1)节省促销费用,降低生产成本;(2)避免直接与市场领袖进行竞争;(3)比竞争对手更全面地、更优质地满足目标市场的需求;(4)提高饭店在专业上的声誉并改善饭店与市场的关系。

采用集中型营销策略的饭店将营销努力对准一至两个细分市场,集中全力将每件事情做好。独资饭店和度假饭店通常宜于使用这种策略。因为它能为饭店带来以下三方面益处:(1)壮大饭店的实力,直接与国内饭店集团竞争;(2)风格独特,能提供丰富的专业的服务项目和暖人细致的接待服务;(3)向某一两个细分市场的纵深发展,扩大市场份额。

细分市场策略也称为全方位营销策略。使用这种策略的饭店能识别出每一细分市场需求上的不同,并为自己所追求的各目标市场分别制定出不同的营销组合策略。换言之,这种饭店通常提供不同的产品以满足不同目标市场的需要。

细分市场策略是一种昂贵的策略。饭店需要为每一目标市场制定出独特的营销组合,并分别对其进行促销。因此,使用这种策略的饭店多为市场上的行业领袖和那些在各地拥有分支饭店的饭店集团。

雅高集团(Accor)是世界三大旅游集团之一、全球最大的酒店管理集团之一。在雅高短短 35 年的经营中已经形成了庞大的全球饭店网络,它在 90 个国家拥有 3700 多家酒店,涵盖了从经济型到豪华型的各个酒店档次,涉及商务和休闲旅游的各个领域,并且提供旅行社、餐饮以及博彩等服务。目前雅高集团在 140 个国家拥有员工 147 000 人,它提供的服务以当前人们的生活方式为依托,以人们的需求为出发点,都是按照顾客的偏好和消费水平量身定做。在 32 个国家里,每天有 1300 万人使用由雅高设计、开发或管理的服务产品。雅高饭店集团在近半个世纪的发展过程中,通过自建、收购等方式,迅速进行品牌扩张,实现了高中低档品牌产品的系列化,从而有针对性地满足旅游者的需求。尤其在经济等饭店市场,形成了自己具有全球影响力的品牌。

截至 1995 年底,雅高共有 14 个品牌。近年来,为进一步明确市场形象,雅高将 14 个品牌削减为 7 个核心品牌。现行主要品牌有:索菲特(规模最小的豪华品牌。四星以上;目标市场为商务游客;选址在城市、机场和旅游地;规模小,200 间客房以下;全服务)、劳沃特(先锋品牌。三、四星;统一设计;中档市场;全服务;标准设计,尤其是客房装修和卫生间设计;选址在城市、机场、主要高速公路和度假地)、墨奇尔(2~4星;但不像索菲特和劳沃特统一设计)、6号汽车旅馆、1号方程式、伊比斯及伊塔普。其他品牌地域分布面较窄,市场影响力有限。法国、比利时和德国有雅高的6个品牌,拥有5个品牌的国家为:澳大利亚、西班牙和荷兰。目前尚无哪个国家同时拥有其7个品牌。这表明雅高扩张的市场空间还很大。从地域分布来看,雅高的饭店存量主要集中在欧洲(59.4%),其中在法国饭店数和客房数比例分别为42.1%和33.7%,其他主要集中在德国、比利时、荷兰和英国等国家。由于6号汽车旅馆在美国,因此雅高在北美的市场份额也较高。在亚太地区,雅高进入较晚,但发展很快,市场份额已由1995年的3.5%升至1998年的5.3%。目前雅高集团经营的7个不同档次的核心品牌中,其优势品牌仍集中在经济档上,较知名的经济品牌有6号汽车旅馆(仅在美国开设)、伊比斯和伊塔普。经济等的成员饭店约1700家、16.8万间客房,分别约占总数的68.5%和60%。其中,在美国有近800座饭店、近88 000间客房,美国之外有900多座饭店、80 000间客房,分布于25个国家,拥有近2000万消费者。

以索菲特品牌为例,当前雅高集团在世界上160个主要的大城市里建立了该品牌的饭店网络,在不久的将来这个数字将达到一个新的200家水平,这个品牌得以长足发展主要借助于卓越的质量和选址的多样性。进一步拓展集团豪华型饭店网络具有很多财务优势。通过索菲特网络的大规模建立可以实现规模经济,无论是在采购、技术还是服务中心的建立上都有明显的优势。此外,索菲特可以充分利用雅高集团以及它名下的3800家饭店的所有可供使用的资源。通过资本回报率(ROCE:Return on Capital Employed)来测量的索菲特的收益率略低于集团的收益率(前两年为11.5%~12%),据推测经济的好转将有利于索菲特品牌的发展。

2. 竞争性营销策略——角色导向策略

这种策略为实现营销目标的总体行为方案。这种策略需要考虑的是饭店自身在市场中的位置。各竞争饭店在市场中所占份额之比显示出各方所扮演的市场角色。市场角色大致可分为市场领袖、市场挑战者、市场追随者和市场弥缺者。市场领袖指那些在相关市场中占有最大市场份额的饭店,其市场行为和价格手段对众多饭店具有支配性影响。面对来自挑战者的竞争,市场领袖若要保持优势地位,就需采取以下策略:保存实力,不断创新。具体做法有三种:(1)在产品(服务)项目以及客人类型上拓开新路;(2)在原有市场中挖潜;(3)强化营销手段,与挑战者竞争,保持现有市场份额。

市场挑战者是在相关市场份额上位居第二、第三位的饭店,但是其营业额和利润未必比领袖低。它们具有向市场领袖发出挑战并吞并其他饭店的实力。因此,市场挑战者也对市场中其他饭店产生相当的影响。这类饭店的惟一目标是:瞄准市场领袖攻其弱点,击败其他较小竞争对手,进而扩大自己的市场份额。这类饭店常采取以下策略:尽其所能扩大份额。具体有三种办法:(1)向市场领袖正面挑战,面对面竞争,如采取挑战性房价或更强有力的促销手段;(2)采用迂回策略,利用富于创意的策略手段吸引市场;(3)潜攻策略:利用从小型饭店截取的客源扩大市场份额。

市场追随者因自己实力(财力、资源及饭店规模等)不足而不能也不愿与市场领袖和市场挑战者抗衡。它们对自己目前的处境采取接受态度,常采取以下策略:(1)模仿市场领袖的策略;(2)根据市场领袖尤其是市场挑战者的策略调整自己的策略。

市场弥缺者是市场中的小型饭店。它们在某一地理区域和某种细分市场中经营,虽势单力薄,却具有小而灵活、自成一家的特点。它们的策略是:(1)以对市场的快速反应赢得客人;(2)利用独特的产品(服务)创造"人无我有"的特色。这种策略因而也被称为"钻夹缝"策略。

3. 定位策略——经营导向策略

如本章第一节所述,定位指将本企业或企业产品与处在同等经营档次、具有相似形象的对手或对手的产品加以比较,以确定自己在该类市场中的位置的策划活动。已知定位的基础是竞争双方对比分析和市场需求分析,前者是饭店的主观评判,后者是饭店的客观性评价。定位除为确定目标提供信息外,还可指导饭店的经营。

在竞争双方对比分析中,饭店需要明确:与同类竞争对手相比,饭店及产品在客人心目中的形象如何,比如是否管理有方,产品质量和客房条件是否良好,价格是否合理等等;市场需求分析要求饭店明确:客人心目中的产品(服务)利益,个人需要是什么。两种类型的分析定位必须相互吻合,才能确定符合实际的经营策略。

策略是饭店为实现营销目标所制定的实施方案。每个营销目标可以配备几种不同的策略。例如,某一饭店的经营目标是:"在今年的基础上使明年的营业费用降低15%",与之相对应的策略至少应有两条:"(1)减少库存,去除不受欢迎的产品;(2)减少对不太重要的客户的销售访问次数"。再如,一家饭店的经营目标是:"今年的销售量在去年的基础上增加10%",与之相配合的策略应有这样两种:"(1)加强国内市场的营销攻势;(2)向国际市场拓展"。

策略是每个饭店依据自身的优势和具体营销地位所确定的。因此,即使是两家具有相同经营目标的饭店,其营销策略也可能是不同的。例如,有两家饭店的营销目标均是"在3年时间内使市场份额增加20%"。为了实现这个目标,其中一家饭店的策略可能是"加强国内市场的营销攻势";另一家的策略则可能是"向国际市场进一步拓展"。反之亦然:有两家饭店可能拥有不同的营销目标,却采用了相同策略去实现各自的目标。比如,甲饭店的营销目标是"明年的销售量在今年的基础上增加20%";乙饭店的目标"在明年赚取20%的投资收益率"。但是,两家饭店所采取的策略都是"在明年开发一种新产品,并改建饭店一期工程"。下面是一家饭店的营销目标和策略样本表(表5-1)。

表5-1 目标和策略计划样本

目标:在1991年底使饭店客户用房从900间夜次增加到1800间夜次
策略——运用追踪体系和现有客人账目进行及时追踪
　　——每周对饭店进行7次实地巡视
目标:截至1991年6月30日前,使九、十月和十一月份的周末客房预订增加200个客人下榻夜次
策略——加强周末一揽子销售
　　——对所有潜在客户进行电话推销

第四节　行动方案

行动方案亦称手段,是军事上称之的"战术"。行动方案所涉及的范围及时间跨度较次于策略,是实施营销策略的具体的、详细的步骤计划。每一种策略可以有几种不同的手段。例如,一家饭店的营销策略可能是:"促销工作应当针对男宾,年龄在25岁到40岁之间",那么与之相配合的手段就可能是:(1)在这种细分市场所阅读的杂志上刊登广告;(2)在这类细分市场所喜爱的电视节目中插播广告。又比如,另一家饭店的营销策略是"增加对销售人员的激励",相应的手段有三种:(1)开展更多的销售竞赛;(2)在薪资计划中增加奖励成分;(3)增强人员监督作用。以上几例说明,策略和手段既然是营销目标的实施方案,三者就应当保持一致,而不能彼此相悖。

行动方案规定的是更具体、更细致的工作,涉及做什么、何时做、负责人和完成日期等细节。行动方案的内容是基层工作人员的工作目标,同时又是营销计划全部过程的具体落实点。营销计划如表5-2所示(详细的营销计划书请见第十三章结尾)。

表5-2　营销计划　　　　　　　　日期
　　　　　　　　　　　　　　　　修改日期
　　　　　　　　　　　　　　　　制定人

关键区域	工作目标	实施策略	达到	未达到

第五节 营销控制

营销控制是确保营销计划成功的关键。营销计划中的目标、策略和行动方案实际上是营销计划实施过程中各级管理人员、工作人员的工作标准。管理层在计划之时就要确定计划的完成日期和评估内容,以便将实际实施结果与预期的目标加以比较,分析产生差异的原因,并及时调整计划的细节或者实施步骤。具体的营销控制程序请见第十三章"营销控制"。

营销目标工作表

本工作表帮助您将所学概念用于实践。

前提
 1.您将制定哪方面的营销目标?(定性)
  利润?／销售额?／市场?／上述全部目标?

_____

_____

 2.您所期望的绩效?(定量)
  即您需要的利润水平、销售额增长水平或市场份额是多少?

_____

 3.您期望这个目标何时开始、何时实现?(期限)
  具体的完成日期?

_____

正文
 将上述3个问题的答案综合写成下列营销目标:
 目标1:_____
 目标2:_____
 …………

检查
 利用本章所列原则检查目标
 1.与饭店总体目标是否相吻合?
 2.是否扬长避短?
 3.是否切实可行?
 4.是否具有挑战性?

5. 是否可以衡量？
6. 期限是否明确？

营销目标标准检查表

下列目标中哪些符合标准？如不符合标准，请讲出理由。
（表中的英文 KA 意为关键区域：Key Area）

1) KA：客房
   目标：将 1992 年第一季度的客房收入提高 5%
2) KA：餐饮
   目标：在 1992 年增加餐饮销售
3) KA：市场
   目标：在本年度中保持现有市场份额
4) KA：现有市场
   目标：在 12 月 1 日前改进饭店××部门的工作质量
5) KA：促销
   目标：制定一份冬季促销计划

营销策略工作表

本表格帮助您将所学概念用于实践。

前提

1. 本饭店的营销目标是什么？
_____
_____

2. 本饭店的实力和强大的资源后盾是什么？（市场角色）
_____
_____

3. 饭店是否有能力或资源选择几种细分市场？（总体策略）
   饭店是否更应选择一种细分市场？
   这一细分市场的规模是否可以使饭店获利并保持增长？（供求关系）
_____

4. 饭店的实力（前提 1）决定了哪种（些）类型的细分市场？能否达到供求吻合？（定位或经营）

正文

将上述问题综合写成策略:

策略1:_____

_____

策略2:_____

_____

检查

利用本节所列原则检查:

1. 所列策略是否与目标相符?
2. 实施策略的财力基础如何?
3. 实施策略的人力资源如何?
4. 每项策略是否有专人负责?
5. 所定策略是否可以衡量?
6. 是否确定完成期限?

本章总结

营销计划是实施饭店总体计划所需的策略和战术,属于经营性计划,它以企业公文的形式说明要做什么工作,何时完成以及应遵循的程序等具体经营性问题。

营销计划包括的内容为:形势分析、市场定位、营销目标、营销策略、行动方案、营销控制。

制定营销计划的前提是形势分析和饭店市场定位;营销目标具体体现在利润、销售额和市场份额上;营销策略则着重不同层次的实施方针;行动方案是完成营销目标的落脚点;而营销控制则是确保营销计划成功的关键。

专业词汇

饭店定位　营销目标　营销策略组合　供求导向策略　角色导向策略
行动方案

思考与练习

1. 实现饭店定位成功的三大要素是什么?
2. 论述制定营销目标的原则。
3. 论述饭店营销策略的要求。
4. 市场中的企业主要有哪几种角色?各自适合采用何种营销策略?
5. 请为一家虚拟的饭店设计一份营销行动方案。

第四部分 计划：实施

第6章

饭店产品策略

本章导读

产品是饭店营销组合中的一个重要因素，产品策略直接影响和决定着其他营销组合因素的决策制定。本章讲述了饭店产品的功能和特征、饭店整体产品的观念、产品策略的选择，分析了产品生命周期及部分产品"未老先衰"的现象，同时还介绍了饭店新产品开发的原则与过程。

第一节 饭店产品的概念及其构成

一、饭店产品的概念与组成

何谓饭店产品？

向同一个饭店的在不同部门工作的人员提出上述问题，你得到的回答很可能大相径庭。餐饮部的厨师强调各式菜肴是向客人提供的饭店产品；客房部经理则强调客房及其服务是饭店产品。

每种产品都有两方面的内容：特征和益处。前者指的是产品本身的有形特征，如客房的大小、设施与装饰，面包的外形、重量等。后者指的是使用产品给顾客带来的益处。就饭店产品而言，它给客人带来的益处可分为四个方面：

1. 生理上的满足，指充饥解渴、休息安睡等。
2. 经济上的满足，指物有所值，服务迅速，位置方便，使用信用卡结账方便等。
3. 社会性的满足，指通过交友获得的乐趣，优质服务带来的满足等。

4.心理上的满足,指在高档饭店下榻和参加社交活动给客人带来的自尊感、优越感与安全感等。

饭店销售人员在工作中关注的往往是饭店产品两个方面的后者,即益处,也就是饭店产品能给客人带来的各种满足。

当然,在销售人员希望给客人带来的各种满足与客人实际上所获得的满足之间可能会有差距。如果两者之间没有差距,客人就会高兴而来,满意而去。

现在我们可以为饭店产品作一界定:饭店产品指的是客人在饭店下榻期间所获得的各种满足与不满足的总和。

梅德里克(S.Medlik)提出,饭店产品由五个部分组成,每部分都可能给客人带来满足或不满足。第一,地理位置。饭店地理位置的好坏意味着可进入性与交通是否方便,周围环境是否良好等。第二,设备与设施。包括客房、餐厅、酒吧、会议室、设施等。第三,服务。包括服务内容、方式、态度、速度与效率等。第四,形象,指客人对饭店设施服务、地理位置与内外环境等各种因素的印象的综合与总和。饭店设施、服务、地理位置对饭店形象极为重要,但店名、外观、氛围等对于形象亦能起到重要作用。形象可以通过宣传加以树立和改善,然而一家饭店的最终形象取决于客人——他们的印象,他们的评论,他们的口碑。第五,价格。价格既表示了饭店通过其地理位置、设施与设备、服务和形象给予客人的价值,也表示了客人从上述因素所获得的满足。

二、饭店产品的特征

饭店产品特征与工农业产品特征差异甚大。现将饭店产品的特征归纳如下:

1. 有形产品和无形服务的结合

客房、餐厅、菜肴、酒水、各种康乐设施都是有形产品。但是,客人在饭店住宿、用餐与活动,几乎时时刻刻都离不开饭店工作人员提供的服务——难以用尺量、用秤称的无形服务。常人的经验是,如果服务员的态度不佳甚至恶劣,菜肴再佳,客人食之也会索然无味。上等的菜肴须有上等的服务态度来匹配。所以人们常说,无形服务比有形产品更为重要。

2. 不可储存性

对饭店而言,这至少有两层含义。首先,客房、康乐设施、会议室、宴会厅等等,一天不出租,一天就不能创造价值。它们作为饭店产品的组成部分是不能像工农业产品那样储存起来,日后再卖。其次,无形服务同样不可储存。

3. 季节性明显

饭店产品作为旅游产品的组成部分,常常显示出明显的季节性:旺季需求旺盛,淡季需求疲软。我们在第一章中说到:在某种意义上来说,营销管理就是需求管理。许多旅游目的地的饭店经营者和销售人员面临的最大挑战之一,即创造和增加淡季需求。

4. 不可专利性（Impatentability）

饭店产品和其他旅游产品的组成部分一样，通常均具有不可专利性，即一家饭店不可能为自己设计的客房装饰、中西菜肴与糕点、服务方式等申请专利，惟一能申请专利的饭店产品也许只有饭店的名字及标记。这种不可专利性带来的直接结果是：某一新产品（如新菜肴、新服务）如果能创造良好的经济效益，其余饭店便会很快竞相模仿。因此，在产品设计方面，如何贯彻"人无我有，人有我优，人优我廉，人廉我转"的竞争战略，便成了饭店经营者尤其是销售人员必须煞费苦心加以应对的难题。

5. 品牌忠诚度低

这一特点与上一特点密切相关。不可专利性导致竞相模仿，产品雷同，这一家饭店提供的产品与服务，另外数家或数十家饭店同样可以提供。对于一般的客人来说，只认某一饭店未必有多大意义。何况从人们追新求异的心理而言，换一个新饭店、新环境，常能给人以愉快与满足。品牌忠诚度低也就不可避免了。

6. 对中间商信息的依赖性强

饭店产品的消费者主要来自外地，甚至外国。他们乍到一地，人生地疏，非常倚重旅行社提供的饭店产品信息，饭店营销人员需时时注意做好中间商即旅行社的工作，做好信息传递：一方面将由旅行社得到的客人需求信息传达给饭店，以便于为客人提供合适的产品；另一方面要将饭店产品信息告知旅行社，以使客人了解产品并进而产生需求。

7. 脆弱性

这一特点源于旅游业本身的脆弱性。旅游业若要迅速、健康地发展，当然离不开服务，离不开住、食、行、乐。然而，除此之外，尚有多种旅游行业无法控制的外部因素，如国家的政局、经济发展、汇率变动、签证方式、自然灾害、社会安全等，每个因素都能对旅游业产生重大影响。蓬勃发展的台湾旅游市场，1994年3月的千岛湖事件发生后，黄山—西湖"名山名水游"沿线的城市如杭州、淳安、桐庐等台湾客源骤减，便是旅游业及饭店脆弱性的典型例子。再如，9·11事件、SARS疫情使全球旅游业受到巨大打击。美国的航空公司大幅裁员，亚洲国家饭店业尤其是中国香港、中国大陆、泰国等饭店出租率减至二成以下。

三、饭店整体产品观念

整体产品观念率先由美国哈佛大学教授西奥多·莱维特提出。我们若把这一观念应用于饭店业，则一项完整的饭店产品应由基本产品、期望产品、延伸产品和潜在产品四个层面构成。

基本产品是消费者购买一种产品时所获得的基本利益。例如，客人在一家饭店下榻，客房可让其在晚间得到休息，餐厅则可让其免受饥渴之苦。期望产品是指消费者在购买某一产品时自然而然地随之产生的种种期望。饭店的期望产品包括安全感,受人尊重,良好的服务等。延伸产品是上述两项产品的延伸和进一步完善,是能够使一个产品区别于同类产品独具特色的产品。饭店的商务中心、体育及娱乐设施以及客房服务等均属此范畴。潜在产品是为了满足个别客人的特殊需求而提供的特殊的和临时性的服务。它通常是超越了顾客的期望和预料而额外提供的服务。一般地说,饭店即使不提供潜在产品,客人也没有理由抱怨或投诉。

饭店产品的上述四个层面相互独立、各具特点又紧密相连,共同构成整体产品的全部内容。在四个层面上,确保基本产品和期望产品的质量,是使客人满意的前提条件。延伸产品和潜在产品是产品灵活性的具体表现,同时也是基本产品在现有价值之外的附加价值。产品四个层面的全部意义在于提供一个具有质量保证和一定灵活性并且有竞争优势的产品。我们可以用3个等式来概括整体产品观念及其含义:

1+2=质量=客人满意

3+4=灵活性=附加价值

1+2+3+4=质量+灵活性=竞争中的优势

上述等式中,1指基本产品;2指期望产品;3指延伸产品;4指潜在产品。

饭店整体产品观念告诉我们:

第一,产品的竞争始于基本产品,更确切地说,始于核心产品的质量。

第二,满足或超额满足客人的期望,是饭店经营成功之道。如果一家饭店不能提供客人期望获得的产品,客人便可能不满甚至投诉。

第三,在激烈竞争的市场经济条件下,竞争即是延伸,即是产品差异化(见表6-1)。

第四,一家成功的饭店常以提供潜在产品为其特征。换言之,能为客人提供潜在产品,是饭店经营出色的标志。

第五,灵活性来自于敬业乐业的饭店管理人员和所有工作人员,来自于持续进行、卓有成效的培训,来自于适当授权,即让一线工作人员直接处理日常工作中遇到的麻烦与问题。

表6-1 饭店延伸产品一览表*

硬件(设施与设备)	软件(服务)
商务中心	信用卡服务
康体设施	宾客投诉处理
卡拉OK	折扣优惠
鲜花店	回头客优惠套销
书店	送房服务
按摩服务	保姆服务
中医专家门诊	叫早服务
小儿高脚坐椅	

*此表可不断延伸。

第二节 饭店产品策略的选择

我们在上一节中指出，饭店产品的第一特征是有形设施和无形服务的结合。从这一点来看，饭店产品策略的选择实际上指饭店用哪些产品和服务来满足市场的需求。这种选择在许多情况下表明了饭店经营者的战略性思想，亦即发展饭店的基本思路。

一、单一化产品和多样化产品策略

这里指的是饭店经营范围。一家饭店可以把自己的经营集中在较小的范围之内，如传统的食与宿两个方面，甚至仅提供住宿，配以必要而简单的服务。自然，如果条件许可，一家饭店也可以扩大经营范围，以食宿为基础，提供康乐设施与购物中心，经营与旅游有关的各种业务，如出租汽车、导游服务等。

饭店不能盲目着眼于旅游高消费项目。实际上，即使商务旅游者中，也有一部分由于种种原因而并不选择豪华饭店以便在商务活动之余打高尔夫球或网球。饭店客人对饭店的产品和服务的需求存在着巨大的差异。如果人、财、物条件有限，那么，只要定位恰当，经营有方，一家设备简单、经营范围有限的饭店同样能创造出良好的经济效益来。在美国的亚特兰大市，有一家名叫 Econo－Lodges 的连锁饭店，就属于这类饭店。它规模不大，不过数十间房间，设施简单，连餐厅也没有，客人便餐于客房内。但是它有许多优势：一是地处机场与城市之间，饭店负责提供客人往返饭店与机场的用车；二是早晨免费供应咖啡和一种简单的甜饼；三是费用低廉；四是预订方便；五是服务人员富有人情味。正是这些优势使该饭店的客房出租率一直保持在高水平上。

再则，北京丽都假日饭店凭借着自己的优势，不断扩大经营范围，取得了巨大的经济效益。1984 年开业后不久，丽都假日即率先推出商业公寓，同时提供 336 套外国驻华商社、大型公司在这里安置职员和家眷住所的海外公寓。随之，又先后设立会员俱乐部，创办丽都超级市场。1984 年建成的 20 个球道的保龄球场是迄今为止中国境内惟一一家符合国际保龄球联合会比赛场地标准的保龄球场。今天的丽都假日还拥有 15 家独具特色的国际风味餐厅、酒吧，包括意大利皮萨餐厅、德国啤酒屋餐厅、墨西哥餐厅、日本料理餐厅、泰国餐厅、印尼餐厅、中餐厅、粤式餐厅、潮州餐厅等。正是这些努力，使丽都假日成了一个名副其实的小社会。饭店经营中的传统观念，即一靠地理位置，二靠地理位置，三还是靠地理位置的传统提法，也因此被打破了。

究竟采取单一化产品策略还是多样化产品策略，取决于饭店的人力、物力、财力，取决于饭店的定位，更取决于市场需求。

二、升档产品策略和降档产品策略

所谓"升档产品策略",是指在现有产品的基础上增加高档高价的产品。所谓"降档产品策略",则指在高价产品中增加廉价的产品。两者手段不同,目的则都是为了适应市场需求,增加销售量,创造更多的利润。

美国假日饭店集团,今为美国巴斯公司所有,其英文原为 Holiday Inn。顾名思义,inn一词系供度假使用的"小饭店、小酒店(尤指乡村或公路旁的小旅馆客栈)"。即使今天,该连锁饭店集团在世界各地的 2886 家饭店中,大多数仍旧是三星级饭店,并不以豪华的设施见长。不过从 20 世纪 80 年代开始,该饭店集团考虑到高档次旅游市场需求不断扩大,参加这一细分市场的竞争有大利可图,便决定采取升档产品策略,在保持原有特色同时,在一部分旅游目的地兴建四、五星级的假日饭店。目前,假日的品牌已经扩展到 6 大类,它们是:(1)假日旅馆(Holiday Inns)。它是假日饭店公司的主体部分,早在世界享有盛名,是价格适中、服务全面的饭店;(2)大使套房与皇家大饭店(Embassy Suites & Granda Royale)。它是全套房型饭店,主要面对停留时间较长的公务旅游者市场;(3)汉普顿旅馆(Hampton Inns)。它是一种新型的经济档住宿设施,面向中档市场的最低层,平均房价比大使套房与皇家大饭店低 20%;(4)假日皇冠饭店(Holiday Inn Crowne Plaza)。它是一种大城市市区饭店,一般为四星以上的豪华级饭店,而且必须符合三个条件:开设公务楼层;有一个风味餐厅;有中、小型会议设施和宴会厅。其房价比一般假日饭店高出 40%,而比竞争对手的同类产品低 5%~10%;(5)假日旅店套房(Holiday Inn Suites)。它是一种全套房式饭店,面向居住时间较长的旅游者,每个套房内安装有全套厨房设施;(6)哈拉饭店(Harrah's)。它是专门的博彩饭店,到 1989 年,在公司的税后利润中,博彩业的收入占 30%~40%。今日的北京拥有 3 家假日饭店,即丽都假日(四星)、皇冠假日(五星)和金都假日(三星)。不同星级,可以满足不同档次的旅游者。

与上述升档产品策略相反,如果发现市场对高档产品需求疲软,或竞争过于激烈,那么,在高价产品中增加廉价产品,即实行降档产品策略,无疑是一种明智的选择。杭州香格里拉饭店是一家高档次饭店。早在 1988 年,饭店管理者经市场调研发现全市还没有一家像样的快餐店,而访问杭州的海内外旅游者却如钱江春潮,一浪高过一浪,一年总数达 2000 万人次。该饭店地处西湖之滨,离岳坟、玉泉、灵隐等旅游者必到的景点近在咫尺,于是决定傍街开设一家"怡口乐"快餐店,供应中西结合的各类快餐,一个人花十多元钱便能吃上泰国炒饭等异国风味的饭菜,加之环境幽雅,服务良好,很快受到顾客青睐。杭州居民有口皆碑,一时成为佳话。价廉物美,利虽小但积少成多。

应该指出,随着许多国家与地区经济发展,人们收入增加,来华旅游者相当大一部分确实愿意投宿高档饭店,他们期望这些饭店设施齐全,服务优良,期望在饭店逗留期间安全、舒适、方便、高效。所以,提高饭店档次,更新饭店设备,在许多情况下是必要的。但是,在采取升档产品策略抑或降档产品策略上,现在我国许多饭店管理者偏重考虑于星级、设施、硬件,对服务、软件、质量则所花力气不足,重视不够。另一方面,一部分管理者独立创新意识不强,随大流赶时髦,一见别的饭店推出什么能挣钱的新产品、新服务,便不考虑自己的条件,更不做任何市场调研,赶紧跟着推出。1993年北京一些饭店眼见北京演歌城搞KTV挣了大钱,便一拥而上,争相推出。谁知KTV却似昙花一现,曾几何时,便门庭冷落,亏了老本。我们应从中吸取一点教训。

三、标准化产品策略和差异化产品策略

1. 标准化产品策略

标准化产品策略不只是指饭店应该建立各种规章制度,加强培训与质量控制,以保证自己提供的产品与服务达到一定的标准与水平;更重要的是指饭店提供的产品与服务能够为国际旅游者所接受,亦即达到国际标准。换言之,我国饭店的产品与服务应与国际旅游业接轨。

近年来我国新建的许多饭店在硬件设施上已经达到或基本上达到国际旅游者的需求,但是相当一部分饭店的服务项目仍存在诸多缺陷,即使对于以国际旅游者习以为常的——因而期望在中国也能获得的——一些服务而言,也还有大的改进余地,譬如客房预订服务、信用卡结算服务以及像赫兹(Hertz)公司提供的租车服务等。到1993年底为止,中国约有3750家接受信用卡的饭店、商店。这乍看是一个不小的数字,但实际上,在中国购物或进行其他消费时只有17.7%的海外旅游者使用信用卡,使用现金的却多达45.6%。在同一期间,在香港的海外旅游者,使用信用卡的达到72.8%,使用现金的只占16.7%。赫兹公司1918年成立于美国芝加哥,当时不过十来个人、十几辆车,但经过75年的奋斗,到1994年该公司已拥有40万辆大汽车,在世界各地设点多达5000多处,年汽车出租达2500万次。该公司目前正在考虑在中国提供服务。它与一般的汽车出租公司最大的不同之处,是允许旅游者租车以后自己驾车从一个城市到另一个城市,在那里还车、结账。这一做法几乎使人人能驾车的外国旅游者感到极为方便:个人行动自由。一家公司提供的服务正好符合服务对象的思维与行为方式,它的成功与发展便是必然的事了。

2. 差异化产品策略

差异化产品策略与上一节中讨论的整体产品观念是完全一致的。整体产品观念告诉我们,在市场经济条件下,竞争即是延伸,也是差异化产品。差异化产品策略指的是,饭店在市场竞争中不断开发与提供新产品、新服务,强调自己的产品与服务不同于竞争者,优于竞争者,进而使旅游者偏爱自己的产品与服务。

实现差异化策略的关键在于饭店必须创造自己的"独特销售点"(Unique Selling Point)。在第三章我们讲到:独特销售点指的是一家饭店在同质市场上(如大家都是三星饭店或四星饭店)提供不同于其他饭店的产品与服务。可见独特销售点即是差异,而这种差异,就饭店产品与服务而言,可以是有形的(如客房装饰、菜肴糕点),也可以是无形的(如微笑服务、个别关照);可以是真实的(如信用卡使用、导游服务),也可以是想像中的(如宫廷菜点)。差异的形式可以是产品属性上的区别(如设施的多寡、优劣),也可以是销售环境上的区别(包括广告宣传,营业推广的技巧、范围等方面的差异)。不管何种差异,都必须具有两个特点才能真正成为独特销售点:一是对于旅游者来说,这种差异必须具有一定的重要性;二是应该使旅游者感觉到这种差别。

独特销售点是饭店销售人员手中的武器。一个饭店的独特销售点越多,越突出,该饭店在销售战中便多一分优势,多一分成功的机会。北京的王府饭店与中国大饭店都是五星级饭店,但两者拥有的独特销售点却不同,比如前者位于北京繁华的王府井大街附近,地理位置特别优越;后者则与国贸中心相得益彰,可以为大型会议和展览提供场所与设备,并为常驻外商及其家属提供公寓。两者的客源市场既有相同处(商务旅游者),又有不同处(后者可安排大型会议和展览会)。在旅游旺季,两家饭店都不必为客源发愁,但到了淡季,独特销售点的多寡、优劣、隐显,便会显示其重要性,产品差异化策略也会由此展示出其本身的价值。

第三节 饭店产品生命周期

一、产品生命周期

产品生命周期是指一种产品从投入市场开始,逐渐成长,不断成熟,最后被市场淘汰,企业停止生产此产品的全过程的时间。

产品生命周期不同于产品的自然寿命。前者表明的是产品在市场销售过程中的新陈代谢,它与商品的交换价值相联系,由顾客的需求变化来决定。后者亦即产品的使用寿命,它与产品的使用价值相联系,由其自然属性来决定。它指的是产品从投入使用开始,由于物质运动、变化、老化、损坏直至报废,丧失其使用价值为止所经历的时间。

根据产品生命周期理论,一个典型的产品在市场销售时,其销售量及利润都会经历介绍期、成长期、成熟期和衰退期这四个阶段(见图6-1)。

1. 介绍期

产品投放市场之初,许多人对其不熟悉、不了解,一般不敢贸然购买。只有少数人大胆试购,所以销售量较小,销售额上升缓慢。与此构成对比的是,厂商为使顾客了解并接受这一新产品,需要花费大量广告和其他促销费用,因此,利润多为

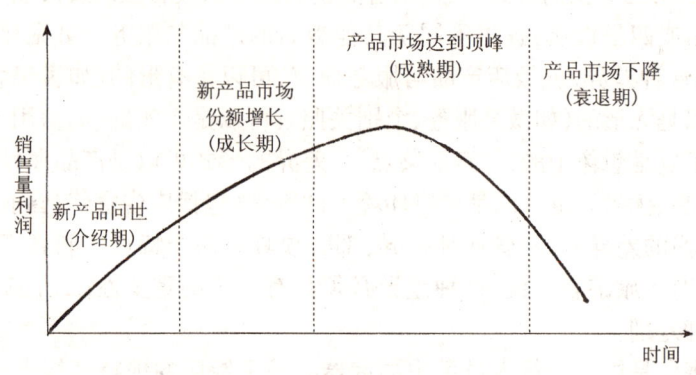

图 6-1

负值。

2. 成长期

随着时间的推移,了解和熟悉产品的顾客逐渐增加,早期购买者重复购买,晚期购买者也纷纷追随,市场需求扩大,销售量迅速上升。另外,产品已基本定型,具备了批量生产的条件,成本和推销费相应降低,企业开始获利并能迅速增加。但是,正因为新产品能够满足特定的市场需求并创造利润,竞争者也开始加入这一市场,或模仿,或改进。竞争的出现是产品成长期的显著特点。

3. 成熟期

竞争的加剧既扩大了市场需求量,也使市场需求量趋向饱和。谁想增加销量,谁就必须从竞争者手中夺取。产品品种不断增多,仿制品、代替品日新月异,特定企业的销售增长率减缓,企业生产能力过剩,市场供过于求,竞争十分激烈。价格战的出现,往往是产品成熟期难以避免的。与此同时,为占领市场,促销费用提高,因而利润由缓慢上升逐渐转为下降。

4. 衰退期

一方面消费需求在变化,另一方面企业竞争在加剧,两者所导致的必然结果之一是:一些竞争者会推出性能或规格品种较前有所改进或大不相同的新产品,购买者随之转移了市场需求,使原产品的需求量和销售量由缓慢下降到迅速下降,利润不断减少;一些企业停止了该产品的生产,用户越来越少,以至最后该产品被迫退出市场。

产品生命周期理论反映了市场经济条件下资源配置和商品生产的客观规律。它为企业制定产品策略及其营销策略提供了重要依据。企业必须根据产品在市场上销售变化情况,判定相应的市场营销策略,不断地改革老产品,开发新产品,才能牢固地占领市场,赢得客户,创造良好的经济效益。

下面,我们将产品生命周期的不同特征用表 6-2 列出。

表6-2 产品生命周期特征

	生命周期	主要购买者	销售量	竞争状况	供应状况	需求状况	利润状况
1	新产品问世(介绍期)	最先使用者	增长缓慢	不存在	短缺	开始增长	负值或无利润
2	产品市场份额增长(成长期)	早期采用者	增长迅速	开始出现	短缺,但迅速增长	迅速增长	开始赢利,并迅速上升
3	产品市场达到顶峰(成熟期)	早期大多数采用者	达到最高量,随后逐渐下跌	竞争加剧	饱和,供过于求	需求量大,开始下跌	达到最高点,随后下跌
4	产品市场下降(衰退期)	晚期大多数采用者	急剧下降	白热化	供应远超过需求	迅速下跌	枯竭

二、产品生命周期理论在饭店业中的应用

我们在前面讨论"饭店产品"时,曾指出了它不同于工业产品的特点。我们在考虑把产品生命周期理论应用于饭店业时,自然必须注意这些特点,这样才能应用得当,取得效果。

在介绍期,亦即饭店营业之初,一方面要加强内部管理,提高服务质量,务求旗开得胜,从一开始就在客户与旅游者心目中树立良好形象;另一方面又需大力加强促销,既做广告,又搞公关,并开始建立销售渠道,务使尽可能多的人了解本饭店的一般情况与特色。在确定价格时,避免出现价格过高拒顾客于门外,或价格过低难以回收投资,影响饭店形象。这一阶段应突出"快"字,经历时间越短越好,以便尽快地通过介绍期及早地进入成长期,取得较大的市场份额。当然,"快"不意味着追求速度,牺牲质量。纵观我国饭店业的发展史,常见一些饭店遵照首长旨意,赶在某某日期之前投入使用,结果基建工作匆匆收尾,"急就章"留下无穷的后患。这是应该吸取的教训。

在成长期,经过一段时间的经营,饭店产品已为市场所接受,客房使用率能保持在一定的水平上,销售渠道也开始建立。这时,饭店应该突出一个"好"字。这首先指的是保证产品质量,既要确保基本产品与期望产品的质量,也要注意提供延伸和潜在产品。与此同时,必须加强促销:从一般介绍转向培养顾客忠诚和提高品牌声誉;广开销售渠道,方便客人购买。惟此才能确保市场份额占有率的不断扩大,确保饭店获得更大利润。从定价策略方面来说,应注意竞争者动向,既不可轻易降价,也不能毫无灵活性。

在成熟期,饭店应该将激烈的竞争看做是提高产品质量、再创辉煌的动力。既然竞争意味着延伸,意味着产品差异化,那就应该在饭店产品的延伸和差异化上下大力气,力争做到"人无有我,人有我优,人优我廉,人廉我转"。同时可以考虑重新定位的策略,亦即为现有产品寻找新的市场、新的客户、新的客人。强化促销自然是不可忽视的另一重要营销活动。如果饭店在客人中的形象一直良好,这时可以大胆地打出自己的品牌,以求品牌效应,让人们感到能上"××饭店"住上一宿或吃上一顿是一种无上的光荣。就价格而言,也许需要适当降价吸引广大潜在顾客。

在衰退期,饭店应慎重考虑产品的"转"字:这是指饭店销售的个别产品,尤其指有形产品,而不是指整个饭店产品的转移或转轨。由于市场需求急剧下降,回升无望,或长期不旺,经营亏损,可以考虑采取抛弃策略,即退出市场,以求其他发展。一般地说,某一产品的衰退不会是在一个早上发生的,正常产品的衰退往往是逐渐发生的。饭店经营者的责任在于及早发现衰退的迹象,有计划地"撤退":广告可以不做,花钱不多的宣传促销仍可象征性地进行,而更重要的是抓住现有的那一部分市场不放,尽可能多地创造利润。

三、部分饭店产品的"未老先衰"现象

按照产品生命周期理论,一切产品,包括旅游产品在内,都会经历介绍期——成长期——成熟期——衰退期的过程。然而,我们在考察一部分旅游和饭店产品时,会发现它们在市场上经历了一个短暂的增长期之后,跳过成熟期,提前进入衰退期。这就是我们所说的"未老先衰"现象。

"未老先衰"现象的产生,原因可能不同:有的因为产品质量低劣或不稳定;有的因为追赶时髦,一哄而上;也有的因为推销不力或销售渠道不畅。自然,也可能是上述原因某几个的综合所致。从市场营销学的角度来分析,如果产品不能在合适的时间,合适的地点,用合适的价格,通过合适的销售渠道,向合适的顾客销售,则该产品的"未老先衰"便是注定无疑的。

W君是N市一家大饭店的经理,年富力强,精明能干,把饭店办成了该市最佳的旅游饭店之一。后来,他应邀来到Y市接管一家小型合资饭店的经营工作。为了拓宽经营路子,他在Y市办起了第一家西餐厅。从餐厅的装修设计、厨师的聘用到菜单的确定,他一项项亲自过问,不敢有半点疏忽。西餐厅开业了,西餐虽不能说十分正宗,但毕竟在Y市是惟一西餐供应者,服务也属上乘。但是,仅仅热闹数天以后,前来光顾者便明显减少,终于到了门可罗雀的地步。一个月后,西餐厅不得不停止营业。我们当然不能因此而否认W君是一位精明能干、事业心强的总经理,也不应该嘲笑西餐厅的失败,但教训则是深刻的:决定一项旅游或饭店新品是否成功,最重要的并不是经营者良好的主观愿望与努力,而是该产品是否能满足旅游者和顾客的需求,包括现实的和潜在的。换言之,是市场需求的旺盛或疲软决定

产品的成功或失败。Y 市第一家西餐厅的短暂生命周期说明，至少到那时为止，Y 市的绝大多数居民以及到 Y 市旅游的绝大多数海内外旅游者，对西餐并没有达到一定量的需求。当然，市场需求并非一成不变；相反，它处在不断变化的过程之中；市场需求也是可以引导的，宣传、广告等推销努力正是为了引导市场需求。也许在若干年之后，Y 市的居民会对西餐产生浓厚的兴趣。届时，哪一家饭店能够提供质量上乘的西餐，又能在推销上多下工夫，则可能一举成功。不过这是后话。

近年来，各地饭店出现了数量众多的朝鲜烧烤餐厅、歌舞厅、卡拉 OK 厅等，也有一些饭店耗资巨大，兴建保龄球场或其他康体设施，甚至附设饮料厂或别的或多或少和饭店业有关的企业。对于这些饭店来说，这些新产品有的获得了成功，有的则部分或彻底地失败。个中教训，无不与"未老先衰"现象有密切的关系。

应该怎样才能防止"未老先衰"现象的出现呢？首先，在设计一项新的饭店产品时，务必十分注意可行性研究。这里，最重要的不是总经理的决心与魄力，而是科学精神，尊重客观规律的精神。可行性研究不应只是长官意志的体现。可行性研究不能只用来证明某一新产品、新项目"可行"；如果调查研究的结果证明"不可行"，那么研究报告的准备者应该有勇气写上"不可行"三个大字作为结论。饭店经理则应该尊重科学的结论，绝不能采取"可行也可行，不可行也可行"的态度。

不言而喻，可行性报告的最主要部分应是市场调研，是旅游者和顾客需求。应该承认，要求可行性报告中的预测在以后的实践中百分之一百的兑现是不大可能的。但是，要求这种预测尽可能准确地反映市场和旅游者的需求却是完全必要的。在这之后，当新产品投入市场之后，最重要的则是努力保证产品质量。产品质量若不佳，或不稳定，则意味着旅游者和顾客最后用钱换来的可能是次品（我们知道，旅游和饭店产品的质量只有在消费过程结束时才能最后加以判断）。次品当然不可能受到市场与顾客的青睐。这是防止饭店产品"未老先衰"的第二个重要措施。

一项新的饭店产品在设计过程中，如果事先没有进行市场调研，对市场的需求没有真切的了解，那么产品虽可以做到"新"、"奇"，甚至"惟我独有"，但产品仍将不受欢迎，很快会被市场淘汰。同样，即使是适合市场需求的产品，若不作认真的推销，产品"藏在深闺人未知"，那么也可能长期打不开局面，所占市场份额不大甚至很快萎缩。市场，是一种客观存在，市场机制有其自身的规律。谁不尊重市场，不尊重市场运行的固有规律，谁最终将受到市场的惩罚，其产品将为市场抛弃，将早衰。树立强烈的市场意识，努力实现市场导向，是防止饭店产品"未老先衰"的第三个、也是最重要的措施。

此外，合理确定价格，扩展销售渠道，强化促销手段，也都是防止饭店产品"未老先衰"的必要手段。

第四节 饭店新产品的开发

一、饭店新产品的概念

一提起饭店新产品,有些人自然地联想到饭店的扩建与改造,新的娱乐休闲设备的购置或是创新菜的开发。这些人并没有完全错,只是他们对"新"这一字的理解偏窄,因而如果让这些人来主持饭店新产品的开发工作,往往事倍功半,投入多而产出产品能否成功则常常是未知数。即以创新菜的开发为例,凡在饭店餐饮部工作过的人都会知道,想要成功地创造出一个菜单,并使其持久地受到消费者的欢迎,是何等困难。

饭店新产品和其他新产品一样,未必是全新的产品。新产品在其形式上可分为完全创新的产品(如美国人创造的 MTV)、改进的新产品(如新潮苏菜、上海的现代海派菜等)和仿制新产品(如各地纷纷推出当地原来没有的日本料理、朝鲜烧烤)。

若能创造出人们前所未见的饭店产品——包括有形产品和无形服务——自然是一桩好事。比如现在受到许多海内外旅游者欢迎的卡拉 OK 这种自娱自乐的活动。但创造全新产品毕竟不容易。因此,在更多的情况下,人们对于产品的仿制与改进给予更多的关心。相比起来,仿制与改进产品具有以下优越性:投入少(从人力、物力与财力来考虑),产出多(从经济效益来考虑),收效快(以投资到获利的时间来判断)。

西安的唐乐宫把欣赏歌舞与用餐以完美的形式结合起来,一方面解决了许多访问西安的旅游者夜间文娱生活的需要,另一方面也创造了极高的经济价值。它已经成为西安这一旅游目的地为客人提供的旅游产品的有机组合部分:许多外国旅行社把它作为包价团队的活动内容,收费高达数十美元。

如果说像唐乐宫的兴建需要上千万元投资,一般饭店难以承受的话,那么,像昆明市一些饭店利用云南省少数民族能歌善舞的优势,组织晚餐歌舞演出则是投资不高而效益良好的典型,它会给众多饭店以启迪。一个能容纳数百人同时用餐的餐厅往往只需腾出小小的一角,便能上演一场场短小精悍、引人入胜的少数民族歌舞,加之想方设法吸引旅游者参与,整个餐厅的气氛热烈而又活跃,每个旅游者都会带着深刻的印象恋恋不舍地离去。在这同时,餐厅又能获得丰厚的利润。

前面说到,要创造出一个新菜来并非易事。也许正是这个原因,曾经在香港丽京饭店担任多年管理工作的罗伯特·伯恩斯先生——他现在是极有影响的世界旅游理事会主席——这样告诫人们:"别改变食物,只需更改菜谱即可。"我们可以从他的话中获得许多启发。改变食物,客人也许难以接受。西方人一般更容易接受西餐;中国人则往往最终决定用中餐。能为在华旅游的西方团队安排一两顿西餐,常常受到欢迎,原因即在此,这是一。同样是广东菜,宴会菜单大同小异,但只要既体现广东菜的特色,又略有区别,也能受到客人欢迎,这是二。创新,不必把原有的全部抛弃换上新的,这是三。

什么是饭店新产品?归纳起来,凡是在不同程度上对饭店原来的有形产品和无形服务进行增删、改动、延伸、扩充、改进、提高,从而能使客人在不同程度上感觉新意的产品和服务,都可以称做饭店新产品。

北京丽都饭店建成国内第一个充气大棚网球场固然是新产品,南京金陵饭店为商务客人提供管家式服务也是新产品。一家饭店新设韩国烧烤餐厅是新产品,另一家饭店新近为客人提供 Doggy Bags(装剩菜的纸盒)也是新产品。一家饭店扩建可以提供新产品,另一家饭店重新装饰其一部分客房也可提供新产品。一家饭店原来不提供送餐服务,现在提供这一服务,也可称增加了一种产品,另一家饭店过去早晨不给客房送进书面的"天气预报",现在则增加这种服务,同样可以说是增加了新产品⋯⋯

不断创新,不断改进,不断完善,这是饭店有形产品和无形服务升级换代、创造竞争优势,使顾客满意的保证。

二、饭店新产品开发的原则

在设计和开发饭店新产品时,必须遵循以下几项基本原则,这样,产品才能具有持久的生命力,不致出现"早衰"。

1. 独特性

求新是人们普遍具有的一种心理。从事饭店新产品设计和开发的人必须注意和利用这种求新心理。这样,新产品便可能因其"新奇"、"独特"而对客人具有吸引力。

这种新奇、独特的产品可以有其物质表现形式,如新楼的设计、房间的装修、餐具的式样、菜肴的外观等,它们都是看得见、摸得着的。同时,新奇、独特的产品又可以不具有特定的物质表现形式。如下榻南京金陵饭店的客人,每一次外出归来都会感到种种细微变化,鲜花已经更换,写字台已经整理干净,烟灰缸已一尘不染,零乱的房间焕然一新:这叫18小时背对背追踪服务。在许多管理得好的餐厅,客人酒足饭饱,结账之后准备离开时,餐桌上一定不会杯盘狼藉,服务员早已轻手轻脚地撤走所有杯盘碗碟,把桌子擦得一干二净,给每位客人面前摆上一杯清茶。

设计和开发具有物质形式的新产品不容易,设计和开发不具物质形式的新产品更非易事。

2. 针对性

这是设计和开发新产品原则中最重要的一条。

所谓针对性,就是新产品的设计和开发必须在调查研究的基础上,首先考虑客人亦即市场的需求。这种需求可以不是现实的,只是潜在的,但它必须是真实的,在许多时候是可以量化的。

前面介绍过杭州香格里拉饭店因开设"怡口乐"快餐厅而受益。当另一家同一档次的饭店看到这种情况时,他们也办起了一家沿街的快餐厅。菜肴质量完全可以和"怡口乐"相媲美,饭店还在当地报纸上开展促销活动。可是一段时间过去了,这家快餐厅生意冷清,门可罗雀。究其原因,是第二家饭店地理位置不佳,不像杭州香格里拉饭店那样地处西湖边、岳坟旁,游人如潮。

所以,饭店新产品的设计和开发不应该人云亦云,踩着别人的步子往前走;它也不应该是一个人或几个人闭门造车能获得成功的。

饭店新产品的设计和开发,常常涉及投资与风险,有时还涉及向银行借贷。这就需要决断和谨慎:前者使你不错失良机,后者则帮助你避免投资风险。涉及银行贷款时,须确保投资利润超过银行利息。

3. 合理的经济效益

经营饭店业的重要目的之一,是获取利润。设计和开发饭店新产品的目的之一也在此。为了保证新产品给饭店创造利润,进行可行性研究很有必要。大的项目(如扩建或新建)应该进行可行性研究,小的、需要投资的项目(如增设韩国烧烤、日本料理等)也不要把可行性研究看做可有可无。

在这方面,我国多年来的一个重要教训是:长官意志常常成为决策的主要依据。于是奇怪的现象就产生了:决策在前,可行性研究在后。可行性研究本来应该按科学精神进行,事实上可行性报告却常常充满了随意性。

讲究经济效益,要处理好近期与远期的关系。有时,新增的某一设施一定时期内未必能给饭店带来良好的经济效益,甚至可能造成亏损,如一些体育健身设施,包括游泳池和桑拿浴室。这里要考虑的是整个饭店的档次和形象。达到了一定的星级,这类设施便必不可少。短期的亏损经营也得用饭店的总盈利收入来弥补。

合理的经济效益,还意味着不要想一口吃成一个胖子。这一点不言自明,毋须赘述。

4. 适合中国的特点

作为一个社会主义国家,我国在发展旅游业的过程中要始终坚持社会主义方向,在发展饭店业的时候同样必须做到这一点。

20世纪80年代初期,我国许多城市的夜生活枯燥单调,海外旅游者中抱怨甚多,"白天看庙,晚上睡觉"集中地说明了这一问题的普遍性和严重性。从80年代中期开始,不少城市的饭店开始注意这一问题,采取种种积极措施加以解决。现在,上述抱怨已较少听到。然而,另一个问题在一些城市的一些饭店中却冒了出来,谓之"三陪",即是用色情来吸引旅游者与顾客。也有少数饭店变着法儿用赌博挣钱。这些都违反了我国旅游及饭店业的社会主义方向,国家旅游局已多次重申,在我国旅游业中坚持三个"严禁",即严禁赌博、严禁娼妓、严禁吸毒。市场经济要坚持一个经营原则,即突出企业效益,依法经营。

5. 不断完善充实

任何产品都不可能从一开始就是十全十美、毫无改进余地的,饭店产品更是如此。一项新产品在推出之初可能受到旅游者的欢迎,从而给饭店带来良好的经济效益,但我们不能因此而满足,以为万事大吉,只等客人上门即可。相反,应该不断改进,不断完善,不断创新,才能吸引越来越多的旅游者,创造出越来越好的经济效益来。

我们在前面介绍过北京丽都假日饭店如何使"西餐厅"越来越具体化的经验:从起初德国餐厅、意大利餐厅发展到墨西哥餐厅;针对亚太地区的旅游者先后开设日本料理餐厅、泰国餐厅和印尼餐厅等。更能显示丽都假日管理者良苦用心的是,15个国际特色餐厅的菜单、菜牌定期地更新换代。

与此同时,丽都饭店客房的客用品——客人在饭店住宿没有一天不和这些东西见面——也定期更新。加之其他设施的增加,丽都饭店给客人,尤其是那些回头客的印象便是"常见常新"。客人们重新入住饭店,即可重温许多熟悉的、温馨的经历,包括设施、服务、笑容、效率等,又会不时地获得一些意外的惊喜,即新的设施与服务项目等。这是饭店使客人满意、增加回头客的最可靠保证,也是饭店使自己的产品进入良性循环的重要保证。

三、饭店新产品开发的过程

我们首先考察一家饭店开发一项新产品的实际过程。

湖滨饭店坐落在沿海某开放城市的非繁华地段,开业已有两年。随着该市经济的进一步开放与发展,来饭店投宿的外商不断增加,后来约占客人总数的1/4。饭店餐饮部的管理人员在和客人及服务员接触的过程中,了解到一部分客人对早餐意见较多,一是花色品种缺乏,二是等候花时太多。有几位客人明确提出建议,应该增设自助早餐,这样既能解决上述问题,又能增加收入——如果定价适当的话。餐饮部经理把上述情况和客人建议向总经理作了报告。总经理指示可以考虑增设自助早餐,但为了确保这一新产品能获得成功,要求餐饮部进一步调查研究,包括到该市另一家已经提供自助早餐的饭店进行实地考察。总经理还指示对提供自助早餐所需的各种准备(包括人、财、物等方面)以及自助早餐的花色品种、服务方式、价格确定等都提出初步方案,并报请审批。经过两个多月的准备,湖滨饭店的自助早餐正式供应,不仅海外旅游者热烈欢迎,许多住店的国内客人也乐意光顾。餐饮部的营业收入与利润较原先有了明显的增长。

从上述实例中我们可以看出,饭店新产品开发的过程一般应包括收集信息、筛选信息、确定方向、进行可行性研究、投入市场等阶段。

1. 收集信息

一个好建议可以为饭店创造良好的经济效益。饭店各级管理人员须时时处处注意收集能改进饭店产品与服务的各种主张和意见。首先，客人的批评和建议往往可以成为开发新产品的起点，如上述湖滨饭店实例所示。第二，在第一线服务的工作人员对于一项产品或服务是否受客人欢迎最有发言权，同样，他们对于如何改进产品、改善服务也往往能提出最中肯的意见。所以，成功的管理者总是千方百计鼓励员工就经营与管理、产品与服务提出合理化建议。日本松下公司的创始人松下先生把建议的多少与质量看做雇员士气高低的最佳标志。松下公司对90%的建议实行奖励，大部分只是每月数美元，建议中最佳者则在全公司表彰并获大笔奖金。1979年，公司每个雇员平均提出25条建议。第三，了解竞争者，向竞争者学习。如前所述，这种学习不应该是机械的抄袭，而应该是创造性地模仿，两者的区别主要在于学习他人先进经验的时候是否充分考虑了自身的条件，结合了自身的特点。第四，从报刊的文章中吸取营养，激发灵感。我国的许多饭店管理人员都是实干家，这是他们的优点，但他们中的一部分不爱读书，不喜看报，这是他们的弱点。实际上，优秀的书刊常常能给整天埋头业务的人以启发。著名美国女企业家玛丽·凯说："杰出的医生每星期必然研读数小时的医学杂志，律师读法律杂志，教师念教育方面的文章，会计师看现行税率修正特刊。"同样，中国的饭店管理人应该阅读《中国旅游报》、《饭店世界》等一类报刊。饭店管理人也许从一本杂志中读到一篇好文章便可茅塞顿开，受用多时。第五，到外地进行实地考察，包括到国外参观访问，也能增广见闻，扩大视野，认识差距，奋起直追。

2. 筛选信息

在收集信息阶段，多多益善；不应吹毛求疵，横加指责。但接着便须对各种意见、建议进行比较和鉴别，分清哪些是可行的，哪些是不可行的，或眼下暂不可行的。如果是一个较大的新项目，需要投资较大，那么，可行性研究便是必不可少的。

对于饭店总经理来说，一个新项目上还是不上，常常是一个难题。艾科卡说过："如果一定要我用一个词来归纳一个好经理的素质的话，那就是果断。"他在自传中写道："许多经理，特别是那些受教育多的经理，往往优柔寡断……我曾经对我走后任福特公司总裁的菲利普·考德威尔说过：'菲尔，你的问题就出在你上哈佛大学。你受到的教育是，在你没有获得全部事实根据之前不要采取行动。你即使已经得到了95%的事实根据，你也还得再花上6个月的工夫去得到其余的5%。而当你得到100%的事实根据时，它们已经过了时，因为市场情况变化了。这就是生命含义——时间性。'"

艾科卡的话告诉我们，优秀的经理善于抓住时机，不让机会从眼前溜过。

3. 提出营销战略和进行销售分析

项目确定之后,一边进行试验或开发,包括基建工程,改造扩建,一边应抓紧研究营销战略,进行销售分析。如果是全新的产品,怎么办?如果是部分改进产品,怎么办?如果是仿制产品,又该怎么办?目标市场怎样定位?怎样打入市场?这些都要及早考虑。

4. 投入市场,了解反馈

新产品投入市场之后,应及时了解客人反映。赞扬固然可以增强管理者的信心,批评更能帮助管理者克服缺点。一般地说,新产品投放市场之初,管理者大多能兢兢业业,谨慎从事,对客人的批评也能认真对待。但在市场需求旺盛、利润源源而来的时候,少数管理者便以为万事大吉,只待顾客上门,对于批评的话也听不大进。这是需要注意的一种情况。需要注意的另一种情况是,由于种种原因,新产品不受客人欢迎,销售量长期(半年、一年甚至更长)上不去。这是一种凶兆,标志着这一特定的新产品可能会"早衰"。现实中的问题是,有的管理者在看到这种现象时,不愿正视问题,宁愿让问题拖着。他为什么会采取这种态度呢?重要原因之一,新产品的开发和设计正是由他负责的,耗去了他无数时日与精力,就像一位母亲不愿意抛弃自己的婴儿——虽然先天不足,无望长大,那位经理也不肯断然作出决定,让无望的新产品下马。这样做的结果是亏损日增,员工抱怨。正确的态度是正视现实,及时决断,不要因为要保全自己的面子而长期迟疑不决,给饭店造成巨大经济损失。

本章总结

产品是饭店营销组合中的一个重要因素,它由地理位置、设备与设施、服务、在公众和顾客心目中的形象以及价格五个要素组成。饭店产品具有有形性与无形性结合、不可储存、季节性明显、不可专利、品牌忠诚度低、对中间商信息的依赖性强以及脆弱性强等特点。一个整体的产品是由基本产品、期望产品、延伸产品和潜在产品四个层面组成的。产品四个层面的全部意义在于提供具有质量保证、灵活性及有竞争优势的产品。

选择产品策略是指饭店应用哪些产品和服务满足市场需求。饭店可在单一化和多样化、升档与降档、标准化与差异化的产品策略之间进行抉择。

饭店产品一般要经历介绍期、成长期、成熟期、衰退期这一生命周期阶段。不同阶段的产品市场不同,因而所采用的营销策略也应不同。饭店经营管理者还要注重新产品的开发。新产品的开发必须遵循独特性、针对性、合理的经济效益、适合国情、并不断充实完善的原则;另外,还必须注重科学的开发过程。惟有原则与过程的密切结合,才能开发出既能满足市场需求,又能为饭店带来经济利益的新产品。

专业词汇

基本产品　潜在产品　标准化策略　差异化策略　产品生命周期　新产品

思考与练习

1. 饭店产品具有什么特性？
2. 饭店的整体产品由哪几个层面组成？各有什么特点？整体产品观念对饭店有什么意义？
3. 饭店产品策略有哪几种类型？分别适用于哪些范围？
4. 饭店产品生命周期由哪几个阶段构成？各个阶段的特点是什么？
5. 饭店新产品开发过程包括哪几个阶段？

第 7 章

饭店定价策略

本章导读

价格是调节市场的重要手段,也是销售人员应掌握的平衡市场的措施。饭店既不能单纯强调创利而忽视市场和竞争形势,又不能为追求市场份额而陷入价格战。价格策略是饭店营销策略之一,饭店计划人员需要以成本为基础,按照季节为各个细分市场制定灵活的、层次不同的价格,以最终达到营销计划目标。本章简要介绍饭店价格变化的特点和不同类型的定价标准,并按照饭店两大产品系列介绍不同导向的定价方法。

第一节 饭店价格

价格是饭店经营过程中最为敏感的问题之一,其变化对饭店效益产生多方面的影响。饭店管理层关注价格对设施设备的利用及其产生的经济效益的影响;财务人员利用价格计算饭店经营的损益;营销计划人员则将价格视为占领市场的四大策略(价格策略、销售策略、渠道策略、产品策略)之一。

价格对消费者同样是敏感的问题。"价格合理"意味着"物有所值",即产品价格与消费者心目中该产品的价值互相吻合。然而,消费者的价值观念却因消费侧重点的不同而产生差异。消费过程中的利益需求、声望需求等都会影响消费者对产品价值的评判。

竞争环境也是饭店定价过程中必须考虑的问题。市场需求量的上升或下降、市场对价格变化的敏感程度、本饭店是市场领袖还是追随者等都对定价决策产生影响。

一、价格决策中的影响因素

1. 需求与价格的关系

价格效应是市场上不容忽视的一种规律。价格效应指价格变化引起的需求量(饭店产品的销售量)的变化。

客人对饭店产品的需求是受到许多因素影响的。其中除价格外,还有竞争对手的价格、客人的偏好、饭店的替代品、饭店内互补品的价格、客人的经济状况等等。在上述各种影响需求量的因素中,如假定其他因素不变,那么需求量与价格之间就呈反比变化,即所谓的价格弹性反应:价格上升时,需求量就会降低;价格下降时,需求量就会上升。如某些饭店因调整市场结构的需要,将某个档次的产品价格提高,原来消费这类产品的市场就会因价格的上升而转向其他饭店。这种价格与需求量的反比变化曲线见图7-1。

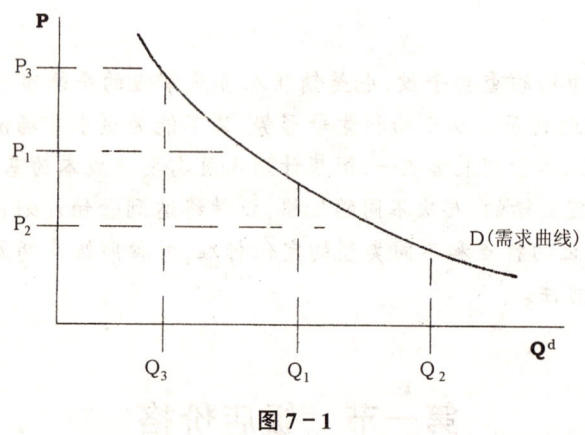

图7-1

图中纵轴上的P代表房间价格,横轴上的Q^d代表客房需求量。图中曲线所显示的斜率是一个负值,即需求随着价格的上升而下降。

在现实经营中,其他各种因素都会发生变化。可能的变化有以下几种:(1)在饭店价格不变的情况下,竞争对手价格的上升,客人经济收入上较大的改观,饭店产品对客人偏好的满足,客源国经济状况的好转,饭店内互补产品在质量上的提高等,均会引起需求量的增加;(2)在价格不变的情况下,如果竞争对手降价,客源市场的偏好发生转移,客人经济收入有所下降,客源国经济萧条,饭店内互补产品质量降低等,均会引起需求量的减少,这时,需求量曲线就会向下移动。

2.供给与价格的关系

市场上客房的供给总量会对价格产生影响。供给量同样受到各种因素的影响,其中有国家的政策法规、政局、经济状况、产品成本因素、供应方对未来需求的预测等等。在上述因素中,我们假定除价格外其他因素均无变化,那么供给量与价格之间呈正比关系,即价格上升,供应量就会上升;价格下降,供应量也会下降。此时的斜率是正值。这种关系见图7-2。

实际上,除价格变化外,还有其他因素在同时起作用,从而引起供应曲线的变化。如果国家政策明显对饭店有利,政局稳定,经济增长,生产成本和经营费用下降或供应者预测未来的旅游需求会有很大增长,在价格不变的情况下,就会有更多

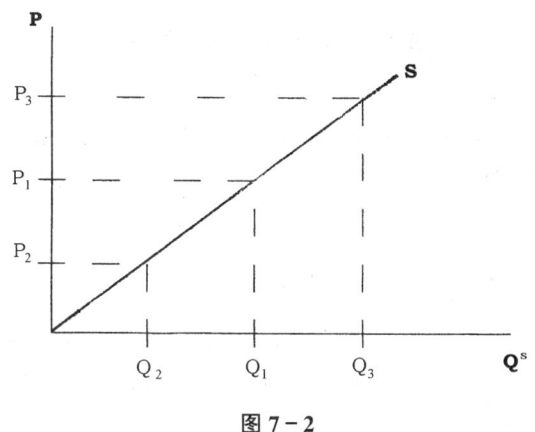

图 7-2

的产品投入市场(客房总量增加)。整个供应曲线向右下方移动,即供应量增加。如果生产成本和费用大幅度上升,生产者预测(由于政局不稳或经济形势不佳)未来的需求量会减少,在价格不变的情况下,供应量会减少,供应曲线就会向左上方移动。

3. 价值与消费者观念

众所周知,商品的价格是价值的货币表现。从这个意义上讲,价格在一定程度上反映了质量等级并因此而成为客人购买决策的判断依据之一。如果价格超出了客人认同的"合理限度",客人要么放弃这类选择,要么进一步了解产品的有关情况,以决定是否购买;当价格被认为是"可以接受"时,客人需要进一步了解产品和服务,以证实"物有所值"。饭店业与制造业不同,客人在多数情况下不能事先对产品进行判断,其消费与判断往往是同时进行的。因此,饭店业的产品价值包含更广泛的内容,如硬件产品、软件产品、形象、位置、互补性、客人的消费感受等。从这里可以看出,营销因素组合的另外三种策略与价格策略相辅相成,同时为提高产品属性的价值而发挥作用。例如舒适的客房为客人带来宁静、惬意的夜晚,美味佳肴让客人度过浪漫而美好的时光,员工的服务使客人体验到人间温情和自我价值,消费地点为客人带来方便,产品形象(广告促销)维护客人应有的社会声望等等。诸如此类的因素构成客人心目中的价值观念,形成了客人关于价格的"合理限度"。这里需要提请注意的是,不同的细分市场具有不同的价值等级。例如,商务市场将地点视为重要的因素,而将价格因素放在较次要的地位;度假市场则将价格放在重要的位置,而视地点为较次要的因素。因此,饭店在制定价格时应当权衡其他策略因素和各细分市场的特点,综合考虑其决策。

第二节 价格策略

综上所述，产品的价格应当以价值为本，反映供求关系和市场竞争状况。同时，作为市场营销的策略之一，定价还要与其他策略协调一致，既要兼顾长远和全局利益，又要灵活多变，具有竞争性。

一、确定定价目标

饭店价格策略要有一个目标。这个目标来自前期营销分析和营销决策。因此，定价目标应当是营销目标的具体延伸。定价目标为定价确定了明确方向和依据。

1. 营业额导向定价目标

营业额导向定价目标要求在一定时间单位内最大限度地租出客房。价格因而必须满足这一要求。

从最终目的看，无论是营业额还是市场份额，这种价格目标都将竞争因素引进决策。有些营销人员认为，竞争决定了价格的水平，经营成本又受劳务费、原材料成本等因素的影响，无论饭店如何提高经营效率以最大限度地利用各种资源，可获利润都是有限的。在竞争激烈的环境中，价格的被动性更大。饭店惟一可做的是扩大销量，也就是说，通过有效发挥营销因素中的非价格因素来提高销售额水平。

这一目标的基本原则是：价格要适应竞争需求。只有通过饭店的不懈努力和高效率经营，才会使营业额满足长远利益的需要。否则，一旦失去市场份额，很难重新建立市场地位。

北京假日丽都饭店不断地完善其综合服务设施，就是非价格竞争的绝好例子。这种高水平的促销手段无疑为其赢得了可观的市场份额。

2. 利润导向价格目标

利润导向价格目标要求饭店的价格在满足饭店经营档次和经营形式的同时，创造出所求的利润额。这种利润额可以是最大利润、满意的利润，也可以是投资收益率。

饭店营销的目标是创造满意的客人，但是同时也要使饭店获得适当的利润以利生存和发展。因此，利润目标是衡量饭店经营收益的最直接手段。饭店的利润目标可以分为短期利润目标和长期利润目标。

从营销角度看，利润应当是衡量饭店长远经营效益的尺码，而不应作为短期经营标准。只有在为新产品价格，特别是为产品寿命周期较短的新产品定价时，才应将短期获利作为定价标准以尽快收回投资。

采用这种价格目标的多为大型饭店。其市场地位和资金实力使其能够达到雄心勃勃的目标，并能够适时地施行其价格策略。

但是,利润目标并非要求最高价格,而是要求饭店长远的、全面的获利性。首先,饭店的经营具有很强的季节性和阶段性。营销战略要求饭店适时地牺牲短期利益,以便最终获取长远的效益。比如,饭店可以根据产品寿命不同阶段的特点调整产品的价格,以扩大市场份额,提高声望;其次,饭店接待行业,提供的是"全功能型"互补产品,集住宿、餐饮、娱乐和购物为一体,具有同向变化的特点。在市场的波动变化中,饭店可以将一种产品作为"诱饵",从而带动饭店全面的效益。利润导向定价目标具有很强的战略性。它既不容许忽略市场的接受能力,又不容许盲目地降价以追求销售量。利润目标要求饭店在价格的结构上作合理的内部调整。

二、选择合理价格方法

1. 饭店客房价格

饭店的主要经济收入来源于客房和餐饮销售,其中客房所创造的营业收入远远超出餐饮收入。因此,确定合理的客房价格是关系到饭店经济效益的大事。

确定客房价格远比确定菜单价格要复杂得多。首先,房价更多地涉及资本投入和固定成本比例;其次,有关房价的决策通常要考虑饭店的使用期限;第三,客房具有不可储存的特点。与餐饮产品不同,饭店不是在销售客房,而是出租客房。如果一天内客房出租率不足50%,那么未出租的客房的价值就是一笔绝对的损失;第四,需将住宿率、季节、类型、每房床位以及市场因素都考虑在内,以便尽可能合理地确定房价。

归结起来,恰当的房价应当坚持以下两条原则:

第一,客房价格必须足以负担各种费用、投入资本以及目标利润;

第二,客房价格必须足以吸引饭店的目标市场。

(1)成本导向定价

成本导向定价将重点放在生产与营销成本以及目标利润上。这种定价法可以分为两种类型:①盈亏临界法;②成本加成法。前者侧重总成本,而后者侧重单位成本,更多用于菜单定价。

盈亏临界分析法反映的是一定价格水平下总成本与总营业额的关系。这种方法常被用来分析价格与数量的关系,见图7-3。

图中的盈亏临界点 BEP(Break-Even Point)是总营业收入曲线与总成本曲线的交汇点,在此销量下收入和成本相抵,利润为零。在 BEP 左边是亏损区,总成本超出了总收入;BEP 的右面是盈利区,即销量超过此点饭店才能赚到利润。它的计算公式是:

$$BEP\ 销售量 = \frac{固定费用}{单位售价 - 单位变动成本}$$

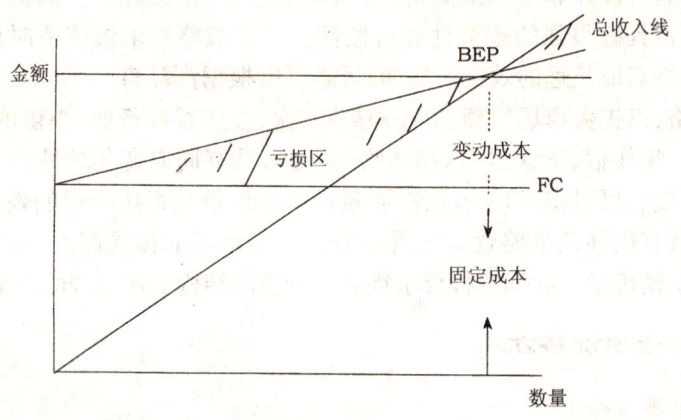

图 7-3

假设某饭店拥有 110 套客房,平均每日房价是 36 美元,变动成本为 12 美元/每占用客房,固定成本 34 000 美元/月。问需要出租多少客房才能保本? 利用上面的公式,可以得出产生利润的起点:

$$每月出租客房数 = \frac{34\ 000}{36 - 12} = 1\ 416\ 间/月$$

再举一个例子:

假设一家饭店拥有 175 间客房。周日公司类客房出租率为 72%。非折扣房价为 44 美元,变动成本(每占用客房)为 14 美元。如果给予公司类客户 4 美元折扣,问饭店要多出租多少客房才能保本?

$$增长的销售量 = \frac{175 \times 0.72 \times 4}{44 - 4 - 14} = \frac{504}{40 - 14}$$
$$= \frac{504}{26} = 19(客房额外销量)$$

利用盈亏临界分析法,可以预计提价的幅度、给予折扣的限度以及确定获得最大营业额所需的出租率(见本章后的思考与练习)。

将饭店业与其他行业相比,其成本构成有很大的不同。饭店业固定资产(包括土地、建筑物、设备设施、家具用具等)的投资占总投资额的比例很大,约 70%～80%。因此,许多饭店经营者认为,饭店建筑造价与客房房价有直接的关系。饭店业传统的经验定价法"千分之一法"就是以饭店建筑总投资额为基数,按总造价的千分之一来划定饭店的平均房价的。其目的就是获取合理的投资收益率。但是,"千分之一法"不能成为计划人员的最终决策工具,因为它没有考虑市场的变化和经营环境的变化,所以只能作为客房定价的基点。

赫伯特定价法也是成本定价的一种。所使用的赫伯特公式(Hubbart Formula)是由 20 世纪 50 年代美国旅馆和汽车旅馆协会主席罗伊·赫伯特主持发明的。这种方法套用盈亏临界公式,将"合理目标利润"作为成本的一部分来进行盈亏临界分析。具体而言,该公式分为三大部分:以经营成本和投资额为基础,以欲求利润额为目标,然后用预计年出租间天数除达标所需营业收入,便得出平均房价。其公式为:

$$平均房价 = \frac{所需营业收入(客房应获利润 + 客房经营费用)}{可供出租客房数 \times 365 \times 年平均出租率}$$

(2)需求导向定价

对成本导向定价而言,其最终利润目标是否令人满意还要取决于需求量的大小和竞争形势的变化。成本导向定价为饭店经营奠定了科学的基础,而需求导向定价却要求饭店策略地针对需求调整价格水平。

①弹性盈亏分析

需求导向定价的方法之一是弹性盈亏分析。这种分析方法对原始盈亏临界表做了两处改动。首先,在该图表上出现了数条反映不同价格的总营业收入曲线;其次,根据不同价格预测出不同的需求量。从图中可以看出,每条总营业收入曲线上都标有该价格水平可以获取的销售量;将这些点连接起来,就形成了不同价格时的获利区域,如图 7-4。

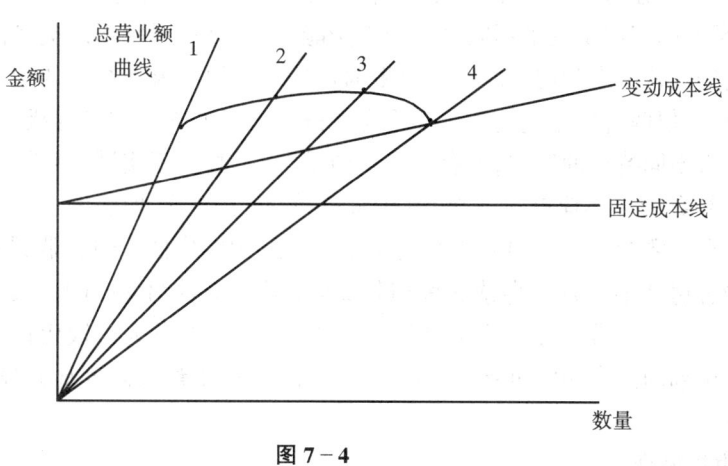

图 7-4

当饭店的定价目标不是获取最大利润时,可以利用这种方法计算最佳获利价格以及其他获利价格。比如,饭店经营季节反差较大,在定价时就不能采取短视的方法,而要做战略性决策。在淡季,饭店面临需求不足,而在旺季又出现超量需求

(见图7-5)。如何利用价格结构使这种大幅度波动转为平缓是饭店经理们面临的一个策略性问题。在旺季,饭店可以将价格提高。通常情况下,需求量越大,供给量相对越小,而价格也就越高;在淡季,饭店需要客源,可以将价格适当降低以吸引生意。这种作为整体的淡旺季价格结构可以通过盈亏分析来谨慎确定。

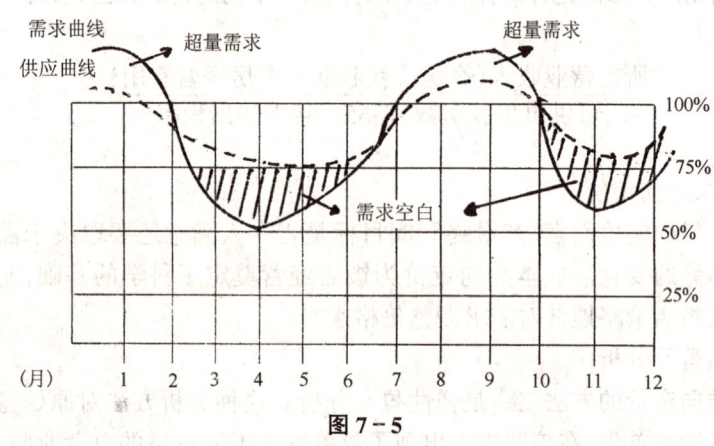

图7-5

② 等级定价法

任何饭店都有一至几个目标市场,这些目标市场的需求虽有或大或小的差别,但却是饭店的接待能力所能容纳的。为了更好地适应市场需求,最大限度地开发房价,饭店可将客房分为几个等级,每个等级具有不同的特色、档次和价格。可以说,每一层次的客房反映了不同水平的消费能力,而每一层次不同类型的客房又迎合了不同的消费需求和偏好。饭店可根据目标市场的需求和饭店的接待能力来确定阶梯级数,但两者应达到均衡。如果完全按照市场的需要划定等级,而饭店却无力提供具有不同特色的客房,就会给市场留下"货不真价不实"的感觉。无论如何,价格阶梯级数最多不应超过5级,其中最高价、中上价、平均房价、中下价、最低价按比例分布大致为:最高10%、20%、40%、20%、10%最低。现在假设本饭店有5种类型的客房(5种产品特色或5种细分市场),客房总数为400间。其中最高等级价格(100美元)与最低等级价格(50美元)的差价是50美元。饭店计划人员的任务是根据市场的需求趋向重新设置产品价格结构,以求最大限度地开发房价,具体步骤如下:

● 市场调查

市场调查的对象是饭店住店客人。这类店内调查应当每年定期进行。供决策用的统计数字必须以过去3年的调查结果为准。新饭店要凭借当地政府和旅游机构的统计数字以及竞争对手的经营情况进行分析。有两种调查方法:a.问卷调查;b.直接询问。问卷调查中的问题应当经由计划人员精心设计,既要有消费类型统计,又应有客人心理趋向调查。比如,客人下榻本饭店的次数,客人现在选择的客房类型及房价,客人选择这类房间的理由,客人所寻求的消费利益(如方向、楼层、安全、档次等等)。这类问题有助于消除单纯统计数字中的非真实因素,避免误导计划人员作出错误的决策。例如,客人目前所下榻的客房并非其最初(佳)选择,而是因为目前饭店没有这类空房。因此,为准确起见,饭店还需将此类调查与客房收入及住宿率加以对比,进一步分析差异,以获取最准确的数据。

- 确定供需差异

经过市场调查,我们获得的最终数据是:10%的客人选择房价50美元的客房,20%的客人选择63美元的客房,有30%的客人选择房价75美元的客房,另有两组各占总数20%的客人分别选择了88美元和100美元的客房。

另一方面,本饭店的客房价格结构实际为:最高价100美元的客房占总数的10%,而最低价50美元的客房占总数的30%,其他3类客房各占总数的20%,房价依次是88美元、75美元和63美元,将以上两组数字绘制出需求与供给曲线,便显现出清晰的供需差异,见图7-6。

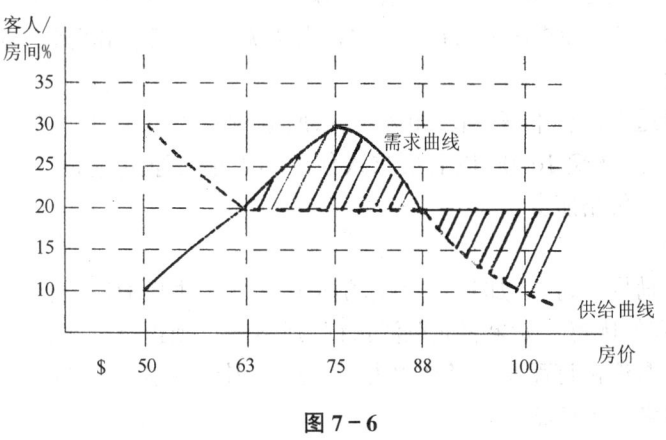

图7-6

从图可以看出,本饭店的产品不能满足市场的需要。100美元和75美元的客房供不应求,而50美元的客房却超出了市场的需要。饭店所需要的理想状况是需求曲线和供给曲线大致重叠。这是饭店营销人员的努力方向。

- 重新组合产品价格结构

经过细致、综合性的市场分析和产品分析,饭店需要按照自己的能力和条件,根据市场的需求来重新调整产品结构:a.结合本地经济发展状况、客源国经济状况、目标市场的潜力来综合决策;b.检查饭店所针对的细分市场是否合理,如有必要,对目标市场进行调整;c.根据目标市场的需求调整客房特色或客房价格,必要时重新装修某些客房;d.通过非价格手段刺激需求,引导客人消费。

(3) 不同类型的客房价格

① 季节房价

按照饭店经营淡旺季,分别确定高峰季最高(极限)价格、淡季最低(保本)价格、平季价格和旺季价格。

② 特别房价

特别价格专门针对某些特定的细分市场,如为常客、机组人员、政府官员、本饭店所属联号成员等订立的价格,还包括商务价格和团队价格。特别价格并非廉价、折扣价。饭店可以为某些重要客户提供最好的客房,甚至是豪华套间;也可以根据常客的偏好提供他喜爱的产品。

③ 免费住宿

这种免费消费是一种特优的档次。它的主要对象因饭店不同而各异。通常而言,饭店为记者、作家这类中立性宣传者提供此种优待。其他对象还包括诸如导游、名人、旅行代理等人士。

④ 日价

为白天下榻饭店的客人(会议类客户、误机客等)所订的房价。日价最长时限 6 小时。这类房价可以使饭店客房在一天内租出两次,因此旺季出租率可超出 100%。

⑤ 等待价

这类房价通常比标准牌价低 30% 左右,服务对象为未预订而需要等待空房的客人。除此之外,夜晚 10:00 以后要求入住的客人也可享受这种优惠。假日饭店联号就提供这类价格服务。

⑥ 预付价

饭店为鼓励尽早付款、加快现金流动而采用的一种奖励性价格。凡预付房租者,可享受一定的优惠。如果客人取消预订,则不会收到退款。这种价格虽然保证饭店不因客人取消预订而遭受经济损失,却为客人带来一定的风险。

2. 饭店制定菜单价格

同饭店客房定价一样,餐食定价的方法也分为两大类:一为成本导向定价;二为需求导向定价。

(1) 成本导向定价

餐食经营与饭店客房销售有很大的不同。其一,在竞争上饭店业的主要竞争对象是国际性的,而餐饮业的竞争对象主要来自本地;其二,餐饮产品的成本结构不同于客房,餐食价格中的变动成本比例较大;其三,餐食服务的特点是加工过程短,随点随做,随做随卖,销售与生产紧密相关;其四,品种、特色繁多,价格受季节影响。根据上述特点,我们可以看出,餐食价格一方面要紧随市场,另一方面需要以成本定价为主,注重单位成本与利润的关系。

成本导向定价法中最常用的是成本加成定价法。成本加成法指用实际成本加成或加固定数额,从而得出产品价格的方法。所谓实际成本指用以购买原料的支出,"加成"则指销售毛利百分比。这种定价法计算简单。更为重要的是,饭店可以掌握控制生产费用的主动权,从而确保获得预期利润。然而,由于这种方法未能考虑市场供求和竞争的因素,计划人员就必须结合需求导向定价法进一步调整餐食价格。

(2)需求导向定价

与成本导向定价相配合的需求导向定价,可使饭店在成本价格的基础上灵活运用价格策略,根据市场和竞争的需要以及客人心理的变化,对价格进行调整,最终达到客人、饭店双方获益。

需求导向定价有许多方法,适合于饭店餐饮业的有以下几种:

① 奇数定价法

根据心理分析,产品价格的最末位数是奇数还是偶数会影响该产品的销量。比如,某些菜肴定价为 1.95 美元、7.75 美元、12.95 美元,就要比 2.00 美元、8.00 美元以及 13.00 美元销量好,因此,餐饮产品标价的末位数应当是奇数。

根据分析,客人的心理反映有以下几种:

- 奇数给人细心核算的印象,没有"任意"感。
- 习惯上,消费者认为奇数价格比偶数要低一位数,不会有被"宰"感。
- 接近整数的奇数,给人一种让价的感觉,如 4.90 美元;反之,略高于整数的价格(如 15.20 美元)会使客人认为是额外的加价。当然,价格末位数的奇与偶也并非是绝对的。

② 菜肴特价

菜肴特价是饭店专门针对需求弹性大的那部分细分市场而采用的定价法。具体而言,就是饭店为招徕客人,故意将某些有名的菜肴短时间内降价,以接近甚至是低于成本的价格出售。客人受这种促销方式的影响而前来购买,同时带动饭店其他产品的销售,使饭店总体收益增加。

③ 声望价格

声望定价法同样利用市场细分,将目标对准市场中高消费层次的客人,饭店凭借信誉和客人的"地位、声望需求"以及"价高质则优"的心理,用较高的菜肴价格吸引这一档次的客人。这种定价法要做详细的市场调查:除细分市场的身份和消费实力外,饭店还需考虑年龄结构和客人所能接受的最低、最高价格限度。尤为重要的是,产品的价格必须与质量相吻合,这样才能符合饭店的信誉,不伤害客人的利益。

定价的方法有许多种,本章仅介绍其中的部分,意在展示一种思路。这种思路就是定价要以客人利益为原则,在精心确定的价格上、下限的范围内灵活运用价格策略,尽可能满足客人的利益需求,同时为饭店创造最大收益。

本章总结

价格是目标利润的产物,同时又受到市场需求量、价格弹性和竞争环境的影响。价格目标主要包括营业额导向目标和利润导向目标。前者的具体方法有:盈亏临界法和成本加成法;后者则包括弹性盈亏分析、等级定价法。在实践中还有许多具体的定价方法,如适用于餐饮业的需求导向定价法,其包括奇数定价法、菜肴特价和声望价格等。

价格是营销策略。饭店计划人员可以利用价格显示饭店的市场地位,可以利用价格吸引目标市场并且满足不同层次客户的需要,还可以利用价格平衡淡、旺季差异,或反映无形产品的价值。

价格策略只有同非价格策略良好结合,才能为饭店营销计划的成功打下坚实的基础。

专业词汇

赫伯特定价法　盈亏临界点　特别房价　菜肴特价　声望价格

思考与练习

1. 试述竞争对饭店定价的影响。具有不同市场地位的饭店应当采取何种对策?
2. 论述饭店的定价方法及其适用范围。
3. 请对饭店在市场竞争中的价格战进行评述。
4. 假如您是一家饭店的在职人员,请回答以下问题:
  (1) 饭店现在的价格策略是否符合饭店效益目标的要求?
  (2) 联系本章所阐述的内、外两类价格影响因素,分析本饭店价格有无调整的必要。
  (3) 如果需要调整,哪些产品的价格需要提高,哪些需要降低?价格调整的幅度应该有多大?为什么?请列表分析。
5. 计算题:(请在 A,B,C,D 中选出答案)
  (1) 拥有 100 套客房的一家饭店,其平均日房价为 35 美元,变动成本为 10 美元/每占用间,固定成本为 30 000 美元/月,问出租多少客房才能达到盈亏临界点?
     A. 690　　　　B. 857　　　　C. 1 000　　　　D. 1 200
  (2) 如欲重新装修 20 套客房,每套折旧费是 200 美元/月(30 天),按题(1)的情况,需要多租出多少套客房才能保本?
     A. 160　　　　B. 8　　　　C. 240　　　　D. 20
  (3) 参照题(2),假设出租率为 95%,并且预计不会继续增长,在增加了折旧费后,平均每日房价应提高多少才能保本?
     A. 0.95 美元　　B. 1.75 美元　　C. 0.30 美元　　D. 1.40 美元

第8章

饭店促销策略

本章导读

饭店促销策略是饭店营销策略组合中重要的组成部分,其目的在于扩大饭店在公众和目标市场中的声誉和影响,促进饭店产品销售。本章分析了饭店促销组合的作用及其构成,阐述了饭店制定广告计划的步骤和具体方法,并对饭店宣传品的作用与制作进行了具体的探讨,同时介绍了饭店销售促进策略、饭店公共关系、饭店的内部促销网络以及其他促销手段展示方法。

第一节 饭店的促销与促销组合

一、饭店促销及其重要性

1. 饭店促销的基本概念

饭店促销是指饭店向目标宾客宣传介绍饭店产品和服务项目及其配套设施,说服宾客前来购买的市场营销活动。

饭店的促销与其他市场营销活动有所不同。饭店的产品策划、定价、分销等市场营销活动,主要是在饭店内部进行或在饭店同其营销伙伴如旅行社、航空公司、商社等之间进行的。饭店在开展促销活动的过程中,要向宾客(旅游者、商务人员、机组成员、本地居民等)宣传介绍其产品和服务,说服宾客前来下榻饭店和进行其他消费活动,也就是说,促销活动是在饭店及宾客之间进行的。

2. 饭店促销的重要性

饭店促销的重要性是由饭店所处的市场经营环境条件决定的。中国有句俗语叫做"酒好不怕巷子深",这种经营观念在经营范围和市场面狭窄的小生产条件下,可以称为金科玉律。然而在现代化大生产市场经济条件下,饭店同消费者之间客观上存在着信息分离。一方面饭店不知道谁需要什么商品,何时需要,何地需要,什么价格宾客才会购买;另一方面,国内外广大消费者也不知道某种产品和服务由谁供应,何时供应,何地供应,价格高低等。客观上存在的这种产销矛盾,决定了饭店必须进行促销活动,把产品的生产和服务情况告诉消费者,以求得宾客了解和信任,实现潜在交换,扩大销售。饭店一旦树立了值得信赖的声望,它在现有宾客、潜在宾客及公众心目中就占据了比其他饭店更为有利的地位。而宾客的信任是通过饭店提供令人满意的产品和服务与有效的促销相结合而建立的,优质产品与有效的促销二者缺一不可。随着饭店市场范围的进一步扩大,饭店与消费者之间的空间距离越来越远。在这种条件下,饭店就更须加强和更应有效地进行促销活动,广为传播产品和服务方面的信息,增加国内外广大潜在宾客对饭店产品服务的了解,强化对饭店及其产品的信任,为实现交换、扩大消费创造条件。

此外,饭店业在越来越多的地方已转化为"买方市场",饭店之间的竞争进一步加强;而且,随着消费者收入增加和对饭店消费的成熟,他们对饭店的挑选性更广泛了,这种情况也要求饭店制定适当的促销方案,进一步加强促销活动。同时,在买方市场条件下,产品和服务的差异是卖主控制其产品价格、进行竞争的一个重要手段,而这种差异印象在公众心目中的建立必须依靠有效的促销。

威廉·斯坦顿指出:在不完全竞争的条件下,"一个公司利用促销来帮助区别其产品,说服其购买者,并把更多的信息引入购买决策过程,用经济学术语来说,促销的基本目的是改变一个公司的产品的需求(投入)曲线的位置和形状。通过运用促销,一个公司有希望在任何一定价格的条件下,增加某种产品的销售量。它还希望促销会影响产品的需求弹性,其目的在于:当价格提高时使需求无弹性,当价格降低时,使需求有弹性。换言之,企业管理者希望:当价格上升时,需求数量下降很少;而当价格下降时,销售量却大大增加"。图 8-1 即如此显示。

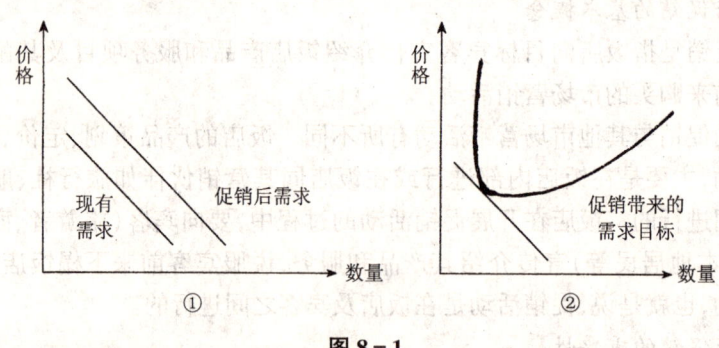

图 8-1

二、饭店促销组合

1. 饭店促销组合的构成要素

饭店的促销组合是指饭店为达到一定的销售和促销目标,将各种促销工具互相配合,以实现最佳的促销效果。这些工具通常包括各种形式的广告、包装、展销会、购买现场陈列、销售辅助物(服务指南、小册子、影片等)、劝诱工具(竞赛、赠品、赠券、奖励、免费样品)以及宣传报道等。其中最为重要的为广告、人员推销、销售促进和公共关系。

广告,指饭店支付一定的费用,通过各种媒体(如报纸和杂志、广播电台和电视台、直邮广告、广告牌、招贴、旅行指南)将饭店产品和服务信息传递给广大饭店宾客,以扩大在公众中的知名度,并带动饭店产品的销售。

人员推销是指饭店亲自派员与一个或多个可能的购买者交谈,为实现销售所进行的口头陈述活动。人员推销由于面对面进行,能够根据对方的意见作出相应的答复,往往可以取得毕其功于一役的效果。同时,人员推销对于发展和巩固与中间商和主要客户的关系具有特殊的作用。人员推销成本高,且必须具有高素质的推销人员才能取得预期的推销效果。

销售促进是指饭店所提供的能够鼓励购买或销售产品和服务的种种短期诱因,如特殊活动、价格优惠、有奖销售等。销售促进往往能够起到立竿见影的促进销售作用。

公共关系是指饭店在传播媒介上发布重要的商业新闻或通过传播媒介获得对饭店有利的报道、展示等,以树立饭店良好的形象,同时刺激人们对饭店产品和服务的需求,促进销售。

2.饭店促销组合的运用

每一种促销工具都有自身的特点,都有可互相替代的性质,也都可以刺激宾客前来预订,只是在使用范围和程度上不同而已。因此,饭店市场营销管理人员必须努力协调各种促销工具的使用范围和程度,以不断提高饭店的促销效益。一般而言,饭店在确定促销组合时,须考虑以下几个因素(见表8-1)。

表8-1 饭店促销组合

促销工具	目标市场		
	宾客	团队	旅行社(中间商)
信息中心	✓	✓	✓
人员推销		✓	✓
广告			
——报纸	✓	✓	
——杂志	✓	✓	
——旅行指南	✓		
——旅行出版物			✓
——电话号码簿	✓	✓	✓
——户外广告牌	✓		

续表

促销工具	目标市场		
	宾客	团队	旅行社(中间商)
——电台	✓		
——电视	✓		
——直接邮寄	✓	✓	✓
——联合广告	✓	✓	✓
小册子	✓	✓	✓
其他销售促进材料	✓	✓	✓
饭店推出主题活动	✓	✓	
接待/研讨/展示		✓	✓
旅行博览会			
——旅行业			✓
——宾客	✓		
——合作			
——旅行业界人士	✓		✓
——旅行作家	✓		
出版	✓	✓	✓
公共关系	✓	✓	✓
客户关系/内部促销	✓		

第一,促销的市场层面。饭店产品的最终客户虽然都是消费者,但消费者预订饭店产品的途径和渠道却不尽相同,这样便形成了普通散客市场和通过中间商的团队市场。在散客市场和团队市场以及中间商市场方面,促销组合手段所起的作用也就存在差异。表8-1分别列举了各种促销工具所针对的市场层面,从中可以看出,广告是针对由散客和团队客人所构成的消费者市场的主要促销工具;而人员推销则是中间商市场的主要促销工具;销售促进和公共关系在各类市场上具有同等重要的程度。

第二,饭店的促销策略。饭店选择推式策略还是拉式策略来创造销售,对促销组合也具有重要影响,图8-2表明了这两种策略。推式策略是指利用推销人员与中间商促销将产品推入销售渠道。饭店将产品积极推向中间商,中间商再将产品推向旅游者。拉式策略是指饭店针对最终消费者,花费大量的资金从事广告及消费者促销活动,以增进对饭店产品的需求。如果做得有效,旅游者就会向中间商要求购买该饭店产品,于是拉动了整个渠道系统,而中间商又会向饭店要求预订其产品。饭店由于其产品类型不同,对推式策略和拉式策略的偏好也各不相同。这种策略选择显然也会影响各种促销工具的资金分配。

推式策略

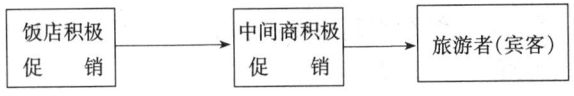

拉式策略

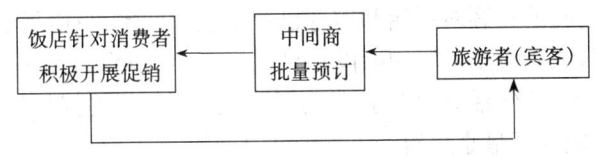

图 8-2

第三,促销的任务和目标。确定最佳的促销组合,还需考虑促销的任务。相同的促销工具在实现不同的促销目标上,其成本效益也会有所不同(见图8-3)。饭店的促销任务主要是使宾客知晓、了解、信任和购买饭店的产品和服务。广告、销售促进和公共关系在建立宾客知晓方面,比人员推销效果要好得多。在促进宾客对企业及其产品的了解方面,广告的成本效益最好,人员推销居其次。宾客对饭店及其产品的信任,在很大程度上受人员推销的影响,其次才是广告。宾客尤其是团队是否预订以及预订多少,则主要受推销访问的影响,销售促进则起协调作用。根据不同的促销目标正确运用促销手段,便可以使饭店克服促销工作中的盲目性,以有限的投入取得最大的产出。

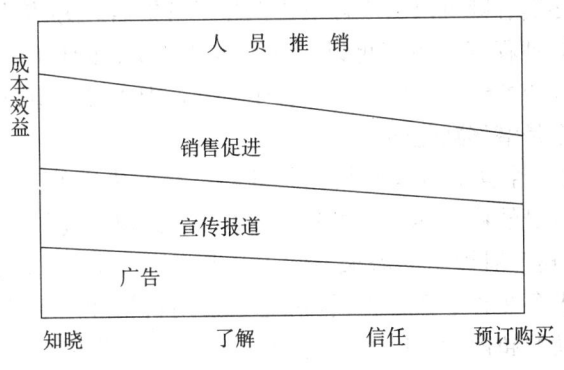

图 8-3

第四,产品的生命周期(此概念详见第六章)。饭店产品由于处于生命周期的不同阶段,其促销支出的效果也不同。

在介绍期,由于新产品初上市场消费者对其不了解,因此,广告和销售促进的配合使用能促进消费者对其了解和认识。

在成长期,饭店如想继续提高市场占有率,就必须强调人员推销以取代广告和销售促进的主导地位,以降低成本和费用。

在成熟期,由于竞争对手增多,为了与竞争对手相抗衡,保持已有的市场占有率,稳住客源市场,运用赠品、重复购买鼓励等销售促进手段比单纯的广告活动更为有效,因为这时的宾客对饭店和服务已留下较深印象,只需提醒式广告即可。

在衰落期,饭店应把促销规模降低到最低限度,以保持足够的利润收入。在这一阶段,只用少量广告活动来保持宾客的记忆即可,公关宣传活动可以全面停止,人员推销也可减少至最小规模。

总体来看,在介绍期和成熟期,促销活动十分重要,而在成长期和衰退期,则可降低促销费用,缩小促销规模,以保证足够的利润。

第二节 饭店广告计划

一、饭店广告的概念

如前所述,饭店广告是指饭店通过各种大众传播媒体如广播、电台、报纸、杂志等以支付费用的方式向目标宾客传递有关饭店信息,展示饭店的产品和服务。通过广告,可以帮助消费者了解饭店;广告还可以辅助饭店销售人员的亲自推销,使宾客有可能接触到饭店的推销力量。一般来说,饭店销售人员往往无法接触到最终宾客,但这些最终宾客则可以从广告中认识和了解饭店。另外,好的广告能够引起公众的兴趣,在某种程度上不仅可以引导宾客的购买,而且还可以激励需求,创造需求,从而扩大饭店的销售。广告是饭店促销组合中重要的组成部分,它的作用是长期的,有时甚至是潜移默化的。

饭店广告的重要性也是由其产品和服务的特性所决定的。在前面章节中提到,饭店产品具有自身的特点,第一,宾客对饭店品牌的忠诚度较低,他们很容易转向其他饭店;第二,宾客对饭店的需求不同于一般日用消费品,作为一种替代性极强的消费,它的需求存在着不稳定性、季节性,以及对价格和经济环境的高敏感性;第三,宾客购买行动的超前性,他们通常是在无法看到实物产品的情况下,提前预订和登记,而后才进行消费;第四,宾客对饭店产品的购买行动有时是非理性的,在很大程度上受同事、亲友等外界影响。此外,饭店产品作为一种服务型与设施型产品,相比较于技术密集型的产品具有可模仿性强和竞争程度高的特点。所有这些都说明,宾客在购买饭店产品时,如果对某个饭店和其产品没有印象,便不太可能购买该产品。换言之,广告在宾客购买决策中具有举足轻重的影响作用。

也有一些饭店对广告的作用持怀疑或者否定的态度。事实上,这些并非广告的过错,而在于没有进行有效的广告促销活动。而要开展一项成功的广告活动也并非易事,它需要事先做好广告计划,并进行有效的控制。

二、饭店广告计划

饭店广告计划是广告促销活动有效性的前提,它必须建立在整个市场营销计划的基础上。一个成功的广告计划包括以下几个步骤:

1. 确定广告的目标受众

饭店开展广告促销活动,首先必须对市场进行分析,确定其促销的目标市场,以保证广告在促销中的主题、媒体的选择、促销地理区域上的针对性,从而以最少的广告预算,取得最大的广告效果。

2. 确定广告的目标

广告的目标多种多样,既有建立饭店形象的形象广告,也有直接促进饭店销售的销售广告,而目标不同,必然带来方法的多样性。因此,广告计划中必须事先确定广告的目标。

可供饭店选择的广告目标很多,大致包括三类:

(1)提供饭店产品和服务的信息,即饭店通过广告活动向目标公众提供种种信息,诸如告诉目标市场饭店即将推出新式菜肴、主题活动以及价格变动的消息等。这种以提供信息为目标的广告,叫做提供信息广告,又称为开拓性广告。这种广告适宜于饭店新开业和推出新的产品和服务时采用。

(2)诱导购买,即饭店通过广告活动建立本饭店的信誉,改变宾客对本饭店品牌的态度,宣传自己的优越性,以鼓励宾客放弃竞争对手饭店转而购买本饭店产品,劝说宾客立即购买。上述以诱导劝说为目标的广告,叫做诱导性(或说服性)广告。这种广告的目的在于建立宾客的选择性需求,即使目标受众从需要竞争对手的产品转向本饭店的产品。这种广告适用于饭店处于比较激烈的市场竞争形势下。

(3)提醒使用,即饭店通过广告活动提醒宾客在特定的时间中使用饭店的某种产品,如各种节庆活动前饭店推出广告活动,以扩大节日用餐量。这种以提醒为目标的广告,叫做提示广告,其目的在于使宾客在非高峰营运季节,尤其是淡季,时刻不忘记本饭店。

3. 制定广告战略

广告战略是指饭店开展广告活动时所突出的重点特征以及广告信息展示的方法。饭店广告战略主要有以下几种:

(1)产品导向型广告。这种广告战略在于重点宣传饭店产品的特征,强调饭店产品的优势,以及较之于竞争对手的独到之处。

(2)宾客导向型广告。这种广告战略较少强调产品,其重点放在宾客的态度、兴趣和需求方面,其目的在于刺激和引导宾客的消费趋向。采用这种战略,广告必须能够迎合宾客的消费观念和价值取向,让其感受到饭店的舒适、物有所值以及家外之家的温馨。

(3)企业形象导向型广告。这种广告战略在于帮助饭店建立鲜明的企业形象,从而树立本饭店良好的企业形象,并使之区别于其他同类饭店。这种战略适用于新建和新开业的饭店,以及大型饭店集团。

(4)市场定位导向型广告。这种广告战略在于确立饭店在特定细分市场的地位,从而建立其细分市场优势。中小饭店和独立经营的饭店适于采用此种战略。

4. 选择适宜的广告媒体

饭店广告可供选择的媒体主要包括以下几类:

(1)印刷类

印刷类媒介包括报纸、杂志、旅行手册、旅游出版物、电话号码簿等。饭店采用印刷类传播做广告,可以展示较多的信息,而目标受众可以控制阅读时间,因此,印刷广告通常可以长期保留在宾客的心目中。此外,印刷类广告可以附带奖券和回执,它还具有很大灵活性,例如,饭店既可以展示图片、复印菜单,又可列出包价的详细信息。

- 报纸

优点:a.读者面广,地理分布区域广,有助于吸引既定的目标市场。
      b.调查表明,宾客认为报纸是收集旅行信息的良好来源,许多报纸辟有旅行、度假区、餐厅、饭店信息专栏。
      c.报纸适于浏览,不必专门占用时间阅读,因而读者众多。
      d.报纸广告时效性强。
      e.报纸广告成本低。

缺点:a.报纸广告保存时间短,通常只有一天,且读者只是浏览。
      b.广告展示质量差,尤其是采用图片时。
      c.报纸篇幅大,小的广告容易淹没其中。

- 杂志

优点:a.读者针对性比报纸强。此外还有专门性杂志,对于吸引特定市场层面十分有效。
      b.杂志广告保存时间长,并可以广为传看。
      c.杂志的印刷质量好,尤其是彩色图片。

缺点:a.出版周期长,因此广告必须提前做。
      b.杂志很难针对某一地区市场。
      c.杂志广告成本高。

- 旅行指南

优点：旅行指南如饭店城市(区域)旅游景点指南、饭店指南等通常针对特定的目标市场和地理区域，因此，其市场针对性强、效果好，况且有时列入旅行指南无需付费。

缺点：a.旅行指南出版周期长，价格、设施、服务等资料或指南尚未出版已改变，可能导致滞后宣传或无效宣传。

b.大部分政府出版的指南不允许做广告，宾客只能看到信息的罗列，信息含量少。

- 旅行出版物

优点：这些出版物免费发放给旅行行业，发行量有保证，因此可以保证饭店广告传递到适宜的公众手中。

缺点：a.与其他杂志相比，很难针对特定的市场地理区域。

b.旅行业界人士通常因业务繁忙，不太可能注意到单个饭店广告，因此，广告必须与人员推销配合起来使用。

- 电话号码簿服务指南

优点：a.对于饭店吸引本地宾客或临时到本地旅行的宾客有很好的效果。

b.由于保存的时间长，广告的重复暴露率很高。

c.由于广告按行业分类，有助于宾客查阅。

缺点：a.纸张质量差，不可能采用彩色图片。

b.由于更换频率低，因此很难对广告加以更换或做新的广告。

(2)直接邮寄

如果事先进行有效的策划和选定目标市场，直接邮寄广告可以起到与人员推销同样的作用；尤其适用于介绍新的产品和服务，宣布新的企业动向以及提供特殊惠赠等。直接邮寄广告成功的关键在于要有高质量的邮寄目标，最好的方法是根据饭店内部资料而建立的目标。这些内部资料包括：

- 过去曾下榻过的宾客
- 过去宾客的亲戚和朋友
- 与过去宾客有关的生意来源
- 询问记录
- 取消预订记录

此外，也可以根据外部资料来列举邮寄目录，如：

- 电话号码簿
- 城市旅游景点及购物指南
- 工商企业名录册
- 旅行指南

- 杂志和报纸订阅名册
- 协会和俱乐部成员名录册
- 政府机构、旅游组织、商务部门和地区旅行协会出版的名录指南
- 信用卡持有者名录册
- 邮政系统发行的名录册
- 参与旅行展销会和旅游会议的代表名册
- 旅行指南名册

优点：a.市场针对性强。如果对名录册仔细筛选，饭店便可以保证只有潜在的宾客才能接触到饭店广告。因此，饭店不仅可以控制广告的内容，而且还可控制广告所要到达的市场层面。

b.灵活性大。邮寄的内容十分广泛，凡能插入信封的，如小册子、地图、会议就餐赠券等，都可以用来邮寄。

c.邮寄广告既可以寄到潜在宾客家中，也可以寄至办公地点。

d.它不用同竞争对手的广告同时阅读。

e.可以使广告针对个人，使之感到亲切。人们对列有本人姓名的信件感兴趣。此外，它们对与个人的接触有反馈，如饭店通过给过去的客户邮寄手写的生日贺卡，可以使之成为回头客。

f.通过采用赠券、回执卡或其他反馈卡，可以对邮寄广告进行正确的评价。

缺点：a.直接邮寄广告成本较高。由于邮寄到个体客户，往往邮资很高。如果能与邮政公司合作，采取大宗业务，便可享有一定的邮资优惠。

b.直接邮寄的反馈率通常较低，多为1%～2%。

(3)户外广告

户外广告的形式很多，如广告牌、电汽车站牌广告，也包括饭店招牌。户外广告一般设立在行人较多的马路上、交通工具经过的线路两旁和闹市中心。它主要是为了建立饭店的声誉，而不是为了眼前的推销。此外，户外广告还对宾客起到指路标的作用。

优点：a.它对于强化其他类型广告以及吸引过往行人具有显著的作用。

b.户外广告展示时间长，其暴露次数多，能在公众心目中留下较持久的印象。

c.由于其尺寸大，因此它们可以采取各种形式和格式来制作。

d.如果周围没有其他陈列展示，则广告视线不会或较少受到其他的干扰。

缺点：由于户外广告包含的信息量有限，传递的信息必须简短明确。因此，它适合已建立起信誉的企业使用。

户外广告的制作必须做到清晰易读,醒目美观,反映出饭店的鲜明特色,并明显地标明饭店的名称和具体地点。

(4)广播电视广告

广播电视广告主要指广播和电视广告,这类广告真实感强,对于潜在宾客影响很大。

- 广播

在电视出现之前,广播是一种大规模的广告工具。

优点:a.在特定的节目有特定的听众群,且广播往往针对某一特定区域,因此在广播做广告针对性很强,能够吸引固定的市场层。例如,目前北京京广中心、长城饭店就经常在北京音乐台和中国国际广播电台做广告,以吸引年轻的宾客群及收听外语节目的宾客。

b.广播是一种传播功率极大的媒体,电台广告可以用来强化广告作用,获得立即的反馈,并可以通过重复播放以加强目标公众对饭店产品和服务的了解,加深听众的印象。

c.广播的费用较低,且收听者不受时间和空间的束缚,随时随地收听。

缺点:a.广播展示时间短,且稍纵即逝,因而,听众往往印象不十分深刻,甚至忽视最重要的信息,且日后无法查阅。

b.广播广告以听为主,无法形成视觉效果,像饭店的许多设施与服务便不可能通过画面和图片展示出来,从而削弱了广告的效果。

- 电视

电视是目前发展最快、使用最广的一种传媒手段,通过电视做广告是建立饭店良好形象的最佳途径,其广告效果可以通过声像最好地展现出来。

与广播一样,电视在特定的时间、节目和地域有固定的观众群,因而可以大规模地吸引消费者。随着电视的普及,电视广告的作用也将愈来愈大。

然而,电视广告也有与电台广告同样的缺点,如暴露时间短暂,无法持久保留等。此外,电视广告费用昂贵,除播映费外,广告的制作成本也很高,因而,饭店较少直接通过电视来做广告。

(5)交换广告(Contract Ads)

是指饭店不直接付费给做广告的媒体,而是允许对方使用饭店产品和服务作为交换。这一方式可以减少饭店的广告支出,提高饭店产品和服务设施的使用率。但是,这一方式应选择在饭店营运的淡季和非高峰时期进行,否则将会增加旺季和营运高峰时的压力。

(6)联合广告促销

是指饭店同其他企业和组织机构如航空公司、旅游企业、信用卡公司等联合开展广告和促销活动。例如,凯悦饭店集团同美国运通公司和美国联合航空公司共同推出特别优惠促销项目,对持有运通卡乘坐联合航空公司的乘客,当其乘机里程总计达到10万公里时,可享受一次性免费旅游、下榻任何凯悦饭店。三家企业共同推出这一项目,并共同在《幸福》和其他世界著名报刊上刊登广告大力促销,收到了很好的效果。联合广告促销可以在不增加饭店广告费用的情况下,增强整体广告的声势和暴露率,以扩大广告的影响,提高广告的效果。然而,联合广告促销也可能因为促销的产品太多,而使饭店的信息被淹没。另外,饭店无法对整个广告的质量和信息量进行整体的控制,也可能达不到饭店所期望的目标市场。此外,联合广告因涉及多家企业和组织机构之间的协调,其准备时间和周期有时会很长。

饭店到底选择谁作为联合广告促销的伙伴,取决于它要到达的目标市场。表8-2列举了饭店可供选择的联合广告促销机会(不仅包括广告,还包括其他促销手段)。

表8-2 联合广告促销机会

目标市场	促销类型	合作伙伴
1. 散客	小册子 媒体广告 直接邮寄 营业推广 旅游展览会	航空公司 旅游批发商 旅游经销商 旅游代理人 旅行协会 政府旅游市场部门和机构 其他旅游企业
2. 团队客人	小册子和特殊印刷品 特殊杂志广告 直接推销访问 针对公司和团队客人的印刷广告	航空公司 入境旅游经销商 旅行代理人 其他旅游企业
3. 旅行社与航空公司	小册子和针对旅行业的印刷品 直接推销访问 直接邮寄 营业推广 产品发布 代理人的培训和接待 旅行业印刷广告 知晓旅行	航空公司 旅游经销商 旅游批发商 旅游协会 政府旅游市场部门和机构 其他旅游企业

表8-3显示了万豪和万代两家饭店公司使用广告媒体状况的差异。

表8-3 万豪(Marriott)与万代(Wendy)使用广告媒体费比较

(单位:美元)

媒 体	万 豪	万 代
杂志	4 261 000	5 000
周末杂志	471 000	0
报纸	20 279 000	0
户外广告	295 000	1 915 000
联网电视	0	41 954 000
点播电视	10 094 000	39 518 000
联合电视	0	8 424 000
有线电视	2 955 000	2 386 000
有线广播	3 594 000	0
点播广播	6 175 000	215 000
上述各媒体支出总和*	48 911 000	94 416 000
未列入统计的媒体支出总和	90 800 000	29 700 000
总计	139 711 000	124 116 000

* 指直接邮寄、销售促进、奖券、特殊活动和其他活动费用。

资料来源:Philip Kotler, John Bowen, James makens, Marketing for Hospitality and Tourism, Prentice Hall, 1996

广告媒体多种多样,且各具有自身的优缺点,饭店在制定媒体计划时必须加以选择,在选择广告媒体时应注意以下几个方面:

第一,广告媒体必须与饭店产品的性质相配合,如果饭店所提供的是纯休闲度假的产品,就不适于在纯针对商务客人的杂志等上做广告,而应当选择休闲度假类的旅行杂志。

第二,选择媒体必须考虑所争取的细分市场,将广告做在其目标市场可以接触到的媒体上。例如,国内饭店如欲争取欧美商务散客,其中最为有效的媒体之一便是在《中国日报》(China Daily)刊登广告。

第三,必须考虑哪种媒体能够适合饭店的广告费用预算,且能达到预期的广告效果。

第四,饭店要想达到良好的广告效果,必须考虑到媒体的发行量或传播范围,以此作为对该媒体评价的基础。

5. 确定广告的主题

广告的主题就是饭店通过广告向公众宣传的中心内容。广告成功的关键在很大程度上取决于其主题以及对主题的展示是否为目标受众所接受和认可,是否与其需求相一致。饭店在确定广告的主题时,必须遵循 SIRIT 原则。

S—Simple,即简洁明了,突出一个重点。广告必须言之有物,向公众提供有关饭店产品服务等信息。但如果信息量过多过杂,不仅不能有效地帮助目标公众加深了解,反而会适得其反,使其忽略最重要的信息。

I—Impactful,饭店的广告还必须具有感染力,能够引起情感上的共鸣和心理上的亲切感,并能够刺激其消费欲望。在现今广告充斥的市场上,平淡的广告很难吸引公众的注意力和兴趣。

R—Relevant,饭店广告在内容与形式上还必须与其提供的产品和服务以及经营风格特色一致。豪华的饭店和餐厅应突出其品质,而各种饭店节庆活动则应强调其意义和气氛。

I—Interesting,饭店广告应该能够吸引公众并引起广告对象的兴趣。因此,广告在内容和形式上必须新颖出众、独具特色,切忌缺乏创造力,成为陈词滥调的翻版。一则好广告必须能使读者慢慢读下去,并"消化""吸收"广告信息。

T—Truth,真实性。信誉是饭店的命脉,广告作为一种促销手段,直接关系到饭店及其产品在宾客心目中的形象,因此,广告必须真实,不能夸大其词欺骗公众。有关饭店特殊荣誉的宣传还必须有权威机构的证明。

6.选择广告代理机构

小型饭店常指定专人负责广告工作,某些大型饭店则设立专门广告部,由一批专业技术人员负责广告工作。但多数饭店的广告是由饭店广告部和广告代理机构共同负责完成的。广告代理机构是一种外界的、通常是独立的商业公司,它们为各种企业和机构设计、制作和传播广告,并从中获取相应的报酬,报酬比例通常为广告成本的15%。

选择广告代理机构代理饭店的广告活动,较之饭店独立从事广告工作具有许多优越性。这是因为,广告代理机构通常由广告专业人才组成,具有较为丰富的广告设计制作知识和经验,他们往往可以比饭店本身制作出更富于创意的广告作品;他们与广告媒体有更多的联系,这样便可能使饭店更方便、更经济地进行广告活动。

由于广告代理机构众多,饭店在选择时,应考虑:

(1)广告代理机构的规模,了解它们是否希望代理本公司的广告业务,以便增加其营业收入。

(2)广告代理机构的地址,如果可能应尽可能选择饭店附近的代理机构,以节省联络时间和费用。

(3)广告代理机构的服务对象,了解它们是否同时为竞争对手服务,它们是否会利用自己对本饭店的了解,为竞争对手服务。

(4)广告代理机构的实践经验,饭店并不一定要选择实力最强的广告公司,但必须选择那些熟悉饭店广告业务的业主来代理。

在饭店与广告代理机构的关系中,最重要的是保持相互之间的信息交流。广告代理机构在创作广告前,必须了解饭店经营、建筑、设备、客史、服务等方面的情况;饭店应提供市场、销售计划、产品、竞争、销售、预算等方面的信息,以及通过广告所要达到的目标。通过双方密切合作,广告便能体现饭店经营意图,使饭店获得最大收益。

表8-4是广告代理机构问卷调查表。该表可以帮助饭店在选择广告代理机构时作出正确的决策。

表8-4 广告代理机构问卷调查表

1. 公司背景
   a. 公司何时成立?是否为大公司的附属机构?如果是,属哪家大公司?大公司的控制权有多大?
   b. 列出公司主要成员的名单及其简历。
   c. 贵公司目前是否为饭店代理广告?如果是,请列出参与代理的程度。
2. 人员
   a. 请列出公司组织机构及部门。
   b. 列出可为本饭店工作的人员名单及其才能。
3. 公司规模与成长
   a. 过去5年在下列方面的增长率:
       ——每年代理业务量逾20万美元的客户数。
       ——年增长率。
       ——业务量来源,新老客户的比例。
   b. 列出主要客户:
       ——客户代理的时间。
       ——地区或全国性的业务。
   c. 公司主要办公地点位于何处?分部位于何处?
   d. 公司客户类型(按比例细分)。
   e. 公司上一年广告分布状况:

金额	比例	
—	—	报　　纸
—	—	消费者杂志
—	—	电　　台
—	—	电　　视
—	—	户外广告
—	—	其　　他

4. 公共关系
   a. 公司为客户提供哪些公共关系服务?
   b. 公司是否有专人负责此类活动?如果有,请列出主要负责人背景简历。

> 5. 销售促进
>   a. 公司是否有专门负责销售促进的部门？
>   b. 公司为客户举办何种销售促进活动？
> 6. 市场营销与调研服务
>   a. 公司代理人在市场调查的计划与组织上具有哪些能力？谁是市场调解部门负责人？请列出其背景。
>   b. 列出你认为最有效的市场调研技巧。
> 7. 服务体系
>   a. 你公司采用哪种服务体系？
>   b. 请提供公司代理合同复印件。
>   c. 请提供联络报告样本和其他日常报告。

7. 评估广告的效果

饭店广告计划的另一步骤是对所进行的广告活动的效果进行评估，以确定是否达到预期的广告目的。评估广告的效果是十分复杂的工作，因为广告的作用有些并不可能立即显现出来，它们是一种长期的潜移默化的作用过程。有些广告尽管心理效果极高，但如果最终的销售效果不好，也不能视之为高效率的广告。

从理论上来说，广告发挥效果的顺序为经过视听觉，刺激心理作用，唤起目标受众的购买行为。因此，测定广告的效果一方面在于它产生的心理效果，另一方面是它所带来的销售效果。

第一，对于心理效果的测定。主要包括以下几种方法：

(1) 知觉度的测定。广告首先要诉诸于人的视听觉（使人们看、读、听）。因此，对于报纸、杂志广告的读者调查或对广播、电视广告的视听调查，首先要了解读者、听众或观众是否接触过这一广告，是通过何种媒体接触的。这便是第一阶段上的心理效果测定：知觉度测定。但此种调查如不在广告后立即或同时进行，就会因记忆不清楚而使所做的调查结果不准确。

(2) 记忆度的测定。调查公众对于饭店名称、餐厅名称、产品特色等广告有何种程度的记忆。人们的记忆度由于广告媒体、广告内容、广告时间和地点不同而出现差异：一般对于有兴趣的或专门性的记忆较好。因此，必须特别注意饭店产品名称的选用。记忆度测定代表性的方法为知名度调查，了解饭店产品在公众中的知名度。

(3) 理解度的测定。了解广告内容是否如饭店所希望的能使看到的人理解。这种测定对于判断广告表现手法和方式是否适当有很大帮助。如果公众未能理解或者曲解广告的内容，则可能给他们带来错误的信息。

(4) 购买动机的测定。在公众的购买动机中，测定广告的力量有多少能够支配购买动机。由于购买者有时自己没有明确的动机,有时是无意识中购买,对此很难查出明确的购买动机。解决这一问题的途径是从各种角度进行综合分析,如深层面谈法,它是通过有心理学知识的调查员对各购买者进行详细的询问,从多方面进行综合性判断。

采用上述方法需要专门的广告和市场调研公司的协作方能得以完成。在实际工作中饭店还可以采用简单的方法,如对住店客人和有意住店客人进行调查,以测定饭店广告的效果;使用广告回执卡或广告附赠券,通过回执者的反馈数量来判断广告的效果;计算征询电话数量,了解通过广告而带来的电话征询量;也可以请宾客填写问卷调查表,从而掌握他们通过何种途径了解并下榻饭店。这些方法都有助于了解广告在宾客购买决策中所起的作用。

第二,销售量的测定。指饭店对旅行社、公司或个人购买量作动态性调查,然后与这期间投下的广告量作比较,以测定广告的效果。广告效果高低可以通过广告成本效率指数体现出来,其计算公式为:

$$广告成本效率 = \frac{广告引起销售额增加数}{广告费}$$

广告成本效率越高,则表明该广告的商业价值越大。

第三节 饭店的宣传手册

一、饭店宣传手册的重要性和作用

饭店宣传手册是饭店为了介绍饭店的产品和服务及其他信息而印制的宣传品,它是饭店进行促销的有力手段。在饭店产品的销售中,由于宾客与饭店之间通常存在较大的空间距离,因而宾客在作出购买决策时,在很大程度上依赖于间接信息,而宣传手册便是间接信息的传递者之一。此外,由于饭店产品在销售上的超前性,宾客不可能在看到实际产品后再预订,他们预订决策往往依赖于事先在宣传手册上读到和看到的一些服务项目、服务设施与价格标准。由于宣传手册是宾客作出购买决策的依据,饭店必须重视宣传手册的制作和发放,使之成为饭店有力的销售工具。

总体来看,饭店宣传手册的对象主要有最终消费者和旅行中间商两类。针对不同的对象,饭店宣传手册所起的作用也不尽相同。针对中间商,主要作为预订和销售指南,而对于散客和团队客人,除此之外,还可以作为供亲友参考和个人留念的资料。表8-5简要列出了饭店宣传手册对于不同对象的作用。

表8-5 饭店宣传手册的不同作用表现

作用	散客和团队客人	旅行中间商
销售产品和服务	√	
提供预订与价格信息	√	√
提供产品和服务信息	√	
作为销售和预订指南		√
提供旅行计划信息	√	
作为旅行前后供亲友参考资料	√	
用于比较	√	√
用于旅行后的纪念	√	

二、饭店宣传手册的设计和制作

饭店宣传手册的设计和制作并非越复杂越昂贵越好，一份设计良好、文字精练、两页对开的黑白册子，也许同印制精美成本昂贵的"艺术品"一样有效，关键在于它是否能够达到传递信息、促进销售的目的。

设计和制作成功的宣传手册，饭店必须考虑以下几个方面的问题：

第一，饭店因所针对的目标市场不同而需要不同的宣传手册，例如，饭店可以为家庭和度假类客人提供促销性的手册，而对团队客人和会议客人则可提供信息性的手册。同时，还要考虑目标市场的总量，以决定宣传手册的印制份数。

第二，饭店宣传手册的内容。通常情况下，饭店宣传手册主要由以下内容所组成：

- 饭店设施的名称和标志；
- 饭店产品、设施和服务项目描述；
- 饭店具有竞争优势和对宾客有吸引力的设施图片；
- 饭店地址、电话和电传传真号码；
- 饭店所处地点的交通图，指示如何到达饭店以及地理位置的方便程度。

除此之外，有关价格、折扣、预订程序和术语、定金要求、取消预订条件和退款等详细情况，可作为插页放入手册之中，这样饭店在需要时可以随时变更。

在设计饭店宣传手册时，同样应遵循 AIDA 模式，即吸引读者的注意力(Awareness)，提高其兴趣(Interest)，刺激和创造需求(Demand)，并促使其付诸行动(Action)，进行购买。

一份四页纸宣传手册的版面设计，其封面必须能够引起读者的兴趣，以使其继续往下看，这就需要引人注意的标题和图片。里面的两页应采用图片和文字说明以激发其兴趣，内容要强化饭店独特竞争优势，并列举饭店主要的设施和服务项目,以帮助读者了解饭店整体情况。封底则应包括促成销售的信息,如饭店名称、地址和电话、电传和传真号码,以及如何进行预订等。

第三,宣传手册图片的选择。图片是饭店展示其设施的最有效手段,好的图片对于宣传手册的成功具有重要作用,它具有真实可信和直观的特点。饭店最好采用客人正在使用饭店设施时的图片,如游泳池、舞厅、网球场、会议厅、餐厅、酒吧。但是,不应因人物在背景中而破坏其应有的印象,如过分拥挤的餐厅和杂乱无章的游泳池等。

此外,图片的选择还应注意:
- 选择专业摄影师所摄图片(至少应选择专业水准),以保持图片的品位和质量。
- 采用系列图片展示饭店产品和服务,以帮助读者全面了解饭店。
- 必要时采用饭店所在地的旅游景观来衬托饭店设施,以加强对饭店所在地的印象。
- 避免使用太多太杂的图片,少量的大幅照片其效果往往比零乱的小幅图片更为有效。
- 图片必须真实,如果饭店没有游泳池,千万不可用游泳池的图片。同样,饭店客房中平时不提供鲜花和果篮,便不可用这样的图片。
- 保存饭店图片,以供需要时使用。促销是长期和连续的工作,宣传手册的印刷虽然不是经常的,但为了确保需要时使用方便,必须随时拍摄下饭店设施的图片,以利于选择。这样便可避免因急需而匆忙抢拍,达不到预期的效果。
- 拍摄时避免使用容易过时的背景,如汽车、人们的服饰和发式等。
- 将销售信息作成简洁字幕附于图片之中,比附加文字解说有时效果更好。

第四,在设计和制作宣传手册时,还应注意下列细节问题:
- 标题应简洁、清楚,并采用不同的字型将标题和副标题区分开来。
- 尽量避免各种各样的风格集中在一本宣传手册之中。宣传手册的风格可以通过图片、背景色彩等多方面体现出来。
- 在白纸上使用黑色字,以加强感观效果。
- 彩色图片避免印刷色彩太重,色彩主要用于区分不同类型的信息以及强调重要的销售信息。
- 色彩的使用不能太多太杂,保持色彩上的简洁。
- 安排好各种信息,不要将不同类型的信息混杂在一起。
- 在安排宣传手册版面时,遵循 AIDA 原则。
- 留出一定的空白,尤其在销售信息部分,这将有助于强调销售信息,确保读者不会遗漏最重要的信息。
- 宣传手册的尺寸应为 $8\frac{1}{2}'' \times 11''$,以便于插入旅行信息架上。
- 将封面主要内容安排在上 1/4 部分,这样宣传手册插入旅游信息架上时它

- 保持宣传手册的连贯性，并尽可能简洁，不要过于夸张而缺乏真实感。

三、饭店宣传手册的印刷

饭店宣传手册的印刷成本有时非常之高，因此，有必要寻找到降低印刷成本的方法。影响宣传手册成本高低的因素主要包括纸张的类型、数量多少和页数多少、色彩的种类、折叠形状、印刷份数、印刷过程以及特别剪裁和插页等。

不同质地的纸张成本差异很大，新闻纸非常便宜，而彩色胶印纸价格却贵得多。选择纸质的原则应是在保持印刷质量的前提下，尽可能使用较低规格的纸，以降低印刷成本。假如你想使印刷图片精美，则必须使用高质量的胶印纸，而想使宣传手册能自己竖立，则应使用硬质纸。

纸张的大小同样十分重要，它们决定了需要剪裁的次数以及损耗量的多少，购买标准型号的纸张有助于节省成本。

显而易见，印刷张数越多，则成本越高。宣传手册的页数最好是4的倍数，因为一张大纸可以折叠成4面。

每一种颜色都需要单独上色，颜色越多则成本越高。

折叠次数也是影响成本的重要方面，因为折叠通常由人工来完成。

印刷质量同样十分重要，在信息不过时的情况下，尽可能一次印刷较多份数，以节省印刷单位成本。

不同的印刷过程也会导致成本的不同，饭店应尽可能对多家印刷厂家进行比较，以选择对饭店最为有利的厂家。

特殊的剪裁要求，例如不规则的形状和大小也会增加成本。

插页也会增加成本，但预订卡和价目表等都不可因为节省成本而省去，因为它们都是十分重要的销售辅助信息。

四、饭店宣传手册的分发

饭店宣传手册必须分发至合适的公众手中，以确保其不被浪费。因此，饭店应该注意宣传手册的分发途径。一般而言，饭店可以通过下列方式将宣传手册分发出去：

- 邮寄给潜在的客人和过去下榻过的宾客。
- 政府旅游组织、旅游协会、商业部和旅游信息中心。
- 饭店的餐厅和大厅以及客人可以触及的其他地方。
- 俱乐部、协会等饭店目标市场均可以接触到的地方。
- 相关的大型活动、博览会和节日等。
- 交通枢纽，如机场、高速公路服务中心、铁路、航运和公共汽车站。

- 旅行社、旅游批发商。
- 旅游博览会。

第四节　直接推销技巧与推销计划

面对面推销是饭店销售最为重要的工具之一。销售人员通过与客人面对面的接触向其推销饭店的产品和服务。推销的最终结果取决于推销前计划和推销过程中的技巧运用。

一、面对面推销计划(Face-to-Face Sale)

面对面推销是营销活动的一个组成部分,因此必须以营销目标为依据,按照营销的基本原理展开工作。推销计划要围绕三个要素来制定:首先是推销对象的特点和需求;其次是推销目的和推销方式;最后是饭店产品和服务的特点。

1. 推销对象及其需求

了解需求和满足需求对销售工作同样重要。推销人员对推销对象的了解是打开成功之门的钥匙。首先,推销人员要确定推销对象;其次要通过各种可能的渠道对推销对象进行详细的调查。推销人员应当了解:(1)个人方面的信息:姓名、职务、个性、偏见和癖好等;(2)工作方面的信息:他(她)所面临的问题以及(个人、部门或企业的)需要、是否是最终决策者等;(3)他(她)的购买需要是什么? 与此有关的其他信息还有:推销对象可能的态度和抵触力、所在单位的购买政策等等。对推销对象的了解可以使销售人员有针对性地提供产品和服务,达到供需统一,既提高工作效率又保证推销效果。获取此类信息的渠道有以下几种:推销对象的秘书、过去或现有的客人、推销对象所在机构的其他部门、与推销对象有业务往来的所有关系、饭店前厅部工作人员等。如果无法获得详细的资料,推销人员应当在面谈的头几分钟内迅速捕捉有关的信息,形成大致的印象,以便顺利地达到目的。

2. 推销目的和推销方式

从营销的观点,推销的目的是通过满足客户的需要进而满足自己的需要;从推销的实际出发,每次推销因人、因时不同,要满足的需要也就不同。无论如何,推销人员都要始终把自己看做是为客人解决问题的能手。这种先"给予"再"收获"的"拉式"推销是营销导向推销,而"推式"推销往往会引起客人的反感。既然推销的最终目的是使客人购买产品,在确定每次推销目的时,就应考虑层次问题:除确定主要目的外,还应当准备几个次要目的。在推销过程中,一旦无法达到主要的目的,推销人员就应当稍作妥协,争取达到某个(些)次要的目的。推销的目的可以是"使客人对产品发生浓厚的兴趣",也可以是"消除客人的疑虑甚至是戒备心理",或者"让客人全面了解饭店的产品和服务"。有时推销人员可以直接达到最终目的,有时推销访问仅只是"使双方互相了解、建立关系"。

推销方式与推销目的有直接的关系。常用的推销方式有以下几种：

(1)贸然访问：指在较小的地理区域内对潜在客户的短时间的访问。通常情况下，推销人员对访问对象及其公司了解甚少。因此，这种访问是一种探察式访问，访问的目的不是促成购买，而是收集信息资料，以便日后制定销售方案，进行后续的推销访问。

(2)公关或服务性访问：这类访问的对象是已经成为饭店客户的公司和个人。访问的目的是进一步提高服务质量，并为将来可能出现的新的需求做好准备。

(3)预约式访问：是对客户进行预期的访问。这类客户一般是打算购买饭店产品，但是需要同推销人员进一步确定细节的客户。因此，推销人员除对本饭店的产品了如指掌外，还要对客户可能的要求有所估计。

(4)展示性访问：通常是在前期访问后进行。目的是使客户做出有利于饭店的决定。这类访问的有利工具是视觉性材料及其他辅助性宣传品。访问的对象应当是企业或机构中的真正决策人。

(5)内部推销访问：是对饭店内的"未预订客人"所做的推销。目的是询问他们对饭店的评价及意见。

3. 饭店产品和服务的特点

在对推销对象进行分析并确定了推销目的之后，推销人员便应当开始准备推销材料。饭店对推销人员的基本职业要求是熟知产品和服务的特点，更高层次的要求是能够根据产品利益准备推销材料。

推销人员对产品的了解包括产品的生产、分销以及服务的各个细节。除此之外，还应包括饭店的广告和促销内容。推销人员更需要了解市场需求类型、产品的特殊属性以及产品优于竞争对手的特色。

在这个意义上，推销产品本身并不重要，重要的是推销"主意"，即产品所能解决的问题或达到的目的。比如，设备齐全、现代化的会议室能够提高会议质量，显示主办人的精明强干；饭店的综合娱乐设施可以提供全新的感受和经历；高档套间华丽舒适，显示客人的地位，是事业成功的标志，等等。推销人员根据访问对象选择恰当的推销材料：或视觉效果良好的彩色图片，或具体说明性材料，或广告宣传品，或客观性较强的数字文件。

总之，推销人员需要根据客户的特点组合推销文件，尽量做到有的放矢，供需一致。

二、推销技巧

1. 情景推销

许多销售人员在推销产品时有其独到的方法和熟练的技巧,但是他们也不可避免地受到自己毫无觉察的态度和习惯的影响。在推销过程中,销售人员的行为和态度不外乎受到两种心态的支配:第一种是推销导向心态:"我必须尽全力推销成功";第二种是营销导向心态:"我到这里来是帮助您解决问题并且满足您的需要的"。无论哪一种心态,都对销售人员的言谈、举止以及同客人的关系产生影响。第一种心态以自我为中心,采取形式上的主动,即强调产品的各种特点,滔滔不绝地夸耀饭店的产品是最优产品,并向客户全盘推出产品和服务项目;第二种心态则以客户的利益为前提,提出问题,聆听并与客户进行讨论,强调产品为客户提供的利益并向其推荐购买机会。营销导向心态是动态式推销的基础,使销售人员能够根据推销过程的实际情况灵活应用推销方法,以达到推销的目的。

推销过程可以分为四个阶段,即:

(1)培养阶段 在这个阶段,客户对产品一无所知,销售人员最为适宜的推销方式是适度地向客户介绍自己饭店以及产品并稍加引导,目的是"培养"客我双方的信任感,建立良好的沟通关系。具体做法是:

——提供信息:销售人员本人、所代表的饭店以及产品特色;

——告之访问目的;

——提出过渡性问题,问题应具体、易答,与推销目的有关,较易获得满意的回答。

(2)诱导阶段 在此阶段,客户对产品仍不了解,但是却开始发生兴趣。销售人员的相应策略应当是通过双向沟通探察客户的需要,给予大量的产品介绍和辅助性引导。销售人员要做的是:

——开始试探客户的需要和面临的问题;

——鼓励、诱导客户提供信息;

——向客户提供解决问题的"良方",解释饭店产品可以提供给客户的利益。

(3)清障阶段 在清障阶段,客户已经对饭店的产品有了相当的了解,但是还心存疑虑。相应的推销方式是:

——进一步强化产品利益;

——与客户展开积极的讨论,通过解决问题,消除"成交"的障碍;

——如果客户表示出购买意愿,及时抓住机会。

(4)善后、巩固阶段 处于这个阶段的客户对产品有了相当的了解,并且给予了购买承诺。销售人员应当不失时机地巩固成果:

——追踪服务:在客人消费的最初时期,及时询问对服务质量的感受;

——利用满意的客人宣传饭店,扩大生意;
——处理新出现的问题,满足需求。

情景推销四个阶段反映推销过程的一般规律,忽略任何一项活动都会导致推销失败。例如,有些推销人员长于"教育"客户,却不善于识别客户的需求,其结果必然是"空手而归";有些销售人员不去"培养"关系就直接进行推销,自然屡次碰壁;另有销售人员"一路顺风",却不善于及时抓住机会,结果还是拿不回订单。实际上,推销活动并非一成不变,推销人员应当视具体情况灵活掌握。如有些客户已经对同档次的各家饭店做了一番调查,对情况相当了解。此时推销人员面临的是客户"选择谁"的问题,而不是推销人员如何"教育"客户的问题,如果不调整推销方式,同样不能成功。情景推销以营销原理为依据,提倡销售人员随机应变,时刻以客户的利益为中心展开各项活动,变以往的"硬性兜售"为理性的准备和艺术的发挥,从而达到推销目的。

2. 非语言推销

非语言的沟通是体态语言的交流。在推销人员与客户的交往中,语言、语气和体语的交织使用,能够达到不同的效果。据体语专家的研究,作为沟通工具的语言是最易掌握的,但是在沟通过程中只起到7%的有效作用;而最不易掌握的体语却能起到55%的有效作用。

体态语言具有五种沟通渠道(即五个表现部位):面部、躯干、臂膀、手和腿。在推销过程中,销售人员不仅应当注意对方的体态反应,更应注意调节自身的举手投足。实际上,推销人员的体态在很大程度上决定了推销的成败。推销人员的体态会使客户获得积极的印象,也会使其得出消极的结论。

通常而言,导致推销失败的因素有:交谈时无目光接触,坐立不安,紧张,双手紧握,姿势不当。能够营造轻松自然气氛的姿态是:目光直视,大方自然的举止,坦然的手势,身体端坐等。

推销人员的体态与客户的体态相互作用、互为因果。推销人员应当根据客户的反应随时做出调整。一般而言,客户的体态大致有以下几种表现:

——交叉双臂:(防卫性动作)面对这种消极反应,推销人员不应急于成交;
——手指敲击桌面:(不耐烦)应当及时引起对方兴趣;
——点烟:(积极动向)可以要求对方成交;
——以手托脸:(积极动向)客户很注意所听到的信息,并且表现出极大的兴趣;
——手放在嘴的上方:(消极动向)客户在说谎;
——指捏鼻梁:(考虑作出决定)推销人员此时应静等对方作出决定,沉默会给对方一种压力;
——面部向下:(消极动向)客户不感兴趣,此时不宜进行下一项内容;

——紧皱眉头,声音提高:(消极动向)此时应采取措施消除客户的极度紧张感,不应再继续推销。

在推销过程中,对客户体态的观察犹如驾驶员注意交通信号灯的变化。遇有积极动向(绿灯),推销人员可以继续实施推销步骤;遇有一般消极动向(黄灯),推销人员应当考虑适当的变通办法,灵活应变;遇有极度消极动向,推销人员就应考虑终止推销,转而建立良好的沟通关系。总之,推销过程是销售人员的感官集中调动的过程,其中的非语言交流是指引推销人员与客户进行语言交流的向导。推销技巧是实施推销计划的保证,只有将二者相结合,才能最终达到推销目的。

第五节 饭店的销售促进

饭店的销售促进是指饭店所进行的除了直接推销、做广告和公共关系以外的、刺激消费者购买和中间商经销饭店产品和服务的各种短期的和非经常性的营销活动,其目的在于短期内迅速刺激和扩大需求,取得立竿见影的效果。

一、饭店销售促进的作用

由于饭店数量大大增加,饭店之间的竞争更加激烈,因此,除继续加强广告、公共关系和人员推销外,还必须利用销售促进来刺激购买,促进和扩大销售。饭店采用销售促进手段,主要有以下作用:

1. 饭店可以利用销售促进手段来吸引客人

这些客人包括新宾客以及竞争对手的宾客。饭店也可以向现有客人提供某些额外利益,如价格优惠、赠品等,以争取回头客或促使住店客人消费饭店其他产品和服务。

2. 销售促进是饭店推广新产品,如新菜单、特别活动、主题晚会等的最有效方法

前一节讲过,广告在沟通饭店和宾客之间情况中起着十分重要的作用,饭店可以通过广告将新产品信息传递给广大潜在宾客。但是,当购买时间到来时,广告的效果可能消失。在这种情况下,饭店如果及时采取销售促进手段(如新产品展示、价格优惠等)来通知、提醒、刺激可能的宾客,就可以促使他们立即购买,实现潜在交换。换言之,销售促进比广告在销售上能产生更快的反应。如果饭店能将销售促进同广告促销手段配合使用,便能产生更大的积极作用。

3. 通过销售促进,饭店可以扩大淡季或非营业高峰时的销售

饭店产品的一大特点在于其季节性时间性,而饭店产品的接待能力通常是以其营业高峰最大接待能力来计划的,因此,淡季和其他非营业高峰期必然出现接待能力的闲置。为了尽可能避免因闲置设备而带来的浪费和低效益,饭店必须采取相应的促销手段,以提高饭店设施的利用率。而各种形式的销售促进如价格折扣、

特别赠送以及饭店活动便成为吸引宾客尤其是本地居民的最有效方法。因为对于大部分远程宾客而言,由于客观上存在的消费频率低,不可能经常到某饭店下榻和消费。吸引远程宾客下榻的因素更多的是饭店设施和产品、服务的质量,以及所处位置的便捷程度。而吸引饭店当地的客人则必须有特色和新意,这一点只有通过各种临时性推出项目和服务内容,形成饭店"活动中心"的形象。此外,通过淡季价格优惠,可以吸引对价格敏感的市场层面,使饭店做到淡季不淡,低谷不低。

二、饭店销售促进的方法

饭店销售促进主要是针对最终消费者即宾客和中间商而进行的。由于二者之间的需求有一定的差异性,前者关注自身的消费利益,而后者关注自身经济利益,销售促进的方法在两类市场上也不尽相同,表8-6列举了销售促进方法在两类市场的不同使用。

表8-6 饭店销售促进方法

方　法	散客和团队客人	中间商
价格优惠	√	√
奖券和抽奖	√	√
样品(试住)		√
退款和折让	√	
优先照顾	√	
红利		√
鼓励重复购买		√
饭店俱乐部	√	
特殊活动	√	√
赠品	√	

1.价格优惠

当价格是激发宾客购买行为的主要因素时,使用价格优惠往往能收到很好的效果。目前各大饭店均在淡季或特殊时期推出优惠价格项目,以期招徕客源。价格优惠的方式多种多样,第七章中已有阐述,此处不再赘述。

2.奖券和抽奖

发放奖券和抽奖都是刺激宾客消费行为的工具。奖券可以附在报纸或杂志广告中,也可直接邮寄给客人,或在宾客消费时奉送以吸引其下次光顾。抽奖的形式也多种多样,目前许多饭店如北京长城喜来登饭店、麦当劳快餐厅在宾客就餐时均采取幸运抽奖方式。奖品既可以是实物,也可以是一次免费用餐或旅行。

3. 提供饭店产品样品

如先让客人试住或品尝,再下榻饭店或旅行,也是一些饭店的竞争高招。这种方法对于消除宾客不了解饭店的顾虑有很大帮助,尤其对于中间代理商和大宗宴会的经办者,是十分有效的方法。

4. 退款和折让

给予未得到满意服务的宾客以全部或部分退款和折让,是使客人对饭店服务质量充满信心的一种保证,同时也是吸引客人的一种方法。美国饭店业规定,如果客人所送洗熨衣服未能在规定的时间内送回,饭店将不得收取客人洗衣费用。在我国有些饭店也有类似的规定,如果房内用餐或餐厅点菜未能在限定的时间之内送达,则客人将获得免费用餐。

5. 优先照顾

饭店对特殊客人,如重要贵宾、饭店俱乐部成员、长期客户等实行特殊服务,如优先订房权、特别礼品和支票兑换现金的特权等。

6. 红利

饭店为了刺激中间商经销积极性,有时采取销售分红的形式,使之共享一定比例的红利。通过红利形式,将饭店与中间商的利益紧密地联系在一起。

7. 鼓励重复购买

这是对经常下榻本饭店的和与饭店有长期业务关系的客户所给予的各种优惠和激励形式,以提高宾客对本饭店的忠诚度。例如王府饭店对于下榻6次以上的客人给予特殊对待,其中包括按其特殊要求安排房间,以及在所在房间物品如浴巾、文具、床上用品等上印上该客人的姓名,供其专用。有些饭店按照客人每次住宿房间天数累积分值,给予十分丰富的奖励,以刺激宾客在本饭店住宿和消费。

8. 饭店俱乐部

饭店举办俱乐部是稳住客源的一种有效手段。目前饭店俱乐部形式多种多样,如中国名酒店俱乐部、健身中心俱乐部、高级管理人员俱乐部、秘书俱乐部等不一而足。宾客参加饭店俱乐部既可以是缴费形式,也可以是饭店给予某类客人的特殊优惠。饭店通过为俱乐部成员提供特殊服务和专门服务,如不必排队等候办理登记手续或结账、推迟离店,以及俱乐部成员专用餐厅和酒吧、免费使用康乐设施等,来提高宾客对饭店的忠诚度,使之成为饭店的常客。

9. 特殊活动

举办各式饭店活动,形成饭店"活动中心"的形象,是饭店进行促销的又一形式,也是饭店促销的一大优势。例如饭店食品节、美食月(周)、特别节日庆典、冬日赏雪、夏季消凉、啤酒节、烧烤周等,林林总总,层出不穷。

10. 赠送礼品

向客人和中间商赠送特别礼品也是加强与宾客感情交流和联系的有效途径。

设计精良的赠品同时也是饭店的促销手段,它能够使礼品接受者了解饭店,并对饭店留下深刻的印象。赠品并非越贵越好,作为业务赠品,主要应为带有饭店标志的物品,如公文包、充气枕头、店徽胸针、T恤衫、筷子、刀叉等。

三、饭店开展销售促进活动应注意的问题

由于销售促进活动大多为饭店临时性和短期性的活动,是促进销售的相应手段,若处理不好,往往会给饭店的长期收益和声誉带来负面效应。因此,必须对销售促进活动进行有效的计划和管理。在进行销售促进活动时,必须注意:

第一,必须保证该活动不给饭店整体形象带来消极作用,所进行的活动、所推出的产品和服务必须与饭店本身的声望相一致。例如,一家豪华五星级饭店不能因为要获得短期的经济效益而大幅度降价和降低宾客消费档次,因为这样只会降低其在公众中已形成的高档产品的形象。

第二,销售促进活动必须能够为饭店带来相应的经济和社会效益,尤其能够扩大饭店在淡季和非营业高峰时的销售,并开发新的市场和增加市场层面。同时,也能帮助饭店在公众中树立产品丰富和质量有保证的形象。

第三,选择适宜的促销对象和规模。饭店因自身客房数以及场地等条件限制,不可能希望占有所有的市场。在进行销售促进活动时,应仔细地选择和确定参加者条件,以限制那些不大可能成为常客的人参加,以使促销收到最大效果。当然,如果限制过严,也会带来参加者过少而无法实现预期规模和影响力。

第四,选择适当的促销时间。同广告和其他促销手段一样,销售促进的时机选择也十分重要。在通常情况下,销售促进活动应选择在旅游淡季、营业低峰时间以及节假日和具有特殊意义的日期举行。销售促进活动的时间长短也是应引起注意的,因为,时间太短,许多潜在的客人可能因为各种原因而没有参加;但时间过长,则会使宾客产生误解,使之对饭店活动的意义和真实性产生怀疑。

第六节 饭店公共关系

饭店公共关系是指饭店为了增进与社会公众和内部员工之间的了解、信任和合作而作出的各种审慎的、有计划的、持久不懈的沟通努力。通过各种有效的公关活动如宣传报道、大型活动、捐款赞助等,帮助饭店建立良好的企业形象,提高饭店知名度,减少或消除对饭店不利的影响,加强饭店员工的凝聚力,并密切与新闻界、宾客、客户、竞争者及社区居民和组织的关系,创造良好的企业经营环境。

饭店公关宣传与广告不同,它不是商业性的宣传,而是其自身形象宣传,且其可信度更高,因而在促销中往往能达到广告所不能达到的效果。

一、饭店公共关系的主要特征

饭店公共关系不同于广告、销售促进等手段,它具有以下基本特征:

第一,饭店公共关系的主要对象是与饭店有关的社会关系,如饭店内部的全体员工、外部的生产协作者(如设在饭店的银行、航空公司售票处、邮局以及饭店食品饮料和其他用品的供应厂商等)和竞争者、广大消费者和用户、政府主管部门、新闻界以及所处社区的各种社会关系。这些关系影响和制约着饭店的经营活动,成为饭店生存和发展的人事环境、社会气候。因此,饭店公共关系实际上是指饭店赖以生存和发展的整个社会关系网络。

第二,饭店公共关系注重处理全方位的社会关系,尤其注重处理好各种横向关系。饭店不仅应注意处理好自身同上级主管部门的关系,而且注重处理好同内部职工的关系,特别是注重处理好同外部公众的横向关系,如饭店同客户、消费者、社区居民和组织。同行企业以及新闻媒体等的关系是饭店公共关系的主要内容。

第三,饭店公共关系的基本目标是在社会公众中树立起本饭店的良好形象,为饭店创造成功的人际关系、和谐的经营气氛、最佳的社会舆论,以赢得社会各界的了解、信任与合作,追求"人和"的饭店经营氛围。

第四,饭店公共关系的主要手段是信息沟通。饭店要想建立并维持与社会公众的良好关系,创造最佳的社会环境,必须运用各种大众传播媒体,如新闻、事件特写、新闻发布等进行宣传报道,建立饭店与外部的信息沟通网络,在外界树立饭店良好的形象。如通过新闻记者采访报道、出版有关饭店的书籍或像丽都饭店、金陵饭店十周年店庆的经验总结和其他宣传材料对于公众了解饭店是十分有益的。需要注意的是,饭店与社会公众之间的信息沟通是双向的,即一方面对外沟通,使公众认识、了解自己,另一方面吸取舆情民意,为改进和完善自身形象提供依据。根据宾客需求和公众意愿去设计自身的形象,使自己的方针、政策、产品和服务等更加符合公众的利益,这是建立良好公共关系的基础。

第五,饭店公共关系的基本方针是着眼于长远打算,着手于平时努力。饭店与公众之间的良好关系,不可能一朝一夕建立起来,更不能急功近利,靠零敲碎打突击组织一两场活动所能完成的。它所需要的是长期的、有计划的、持续不懈的努力。为了长远的利益,饭店要舍得付出眼前的代价,用平时点点滴滴的努力去建立一定的关系,并时时加以维护、调整使之不断发展,只有这样,才能在需要时得到对方真诚的支持与合作。

二、饭店公共关系在市场营销领域的主要职能

由于公共关系在市场营销实践中能够弥补传统的广告和推销的缺陷,20 世纪 70 年代以来,西方许多企业日益重视使用公共关系。作为促销的重要手段,饭店的

公共关系在市场营销方面主要执行如下职能：

1. 宣传报道

美国市场学者菲利普·科特勒教授在《市场学纲要》一书中指出："宣传报道是公共关系这个大概念的一部分，而企业公共关系的目标有若干个，包括获得对本企业有利的宣传报道等。"饭店应注意密切与新闻界的关系，将有新闻价值的信息通过新闻媒介予以传播，以吸引公众对饭店、饭店产品和服务的注意和了解，促进饭店产品的销售。饭店宣传报道切忌流于形式和一般，避免成为那种花钱请记者所做的吹捧性的"有偿新闻"，而必须要具有新闻价值和可读性，使之客观、公正，以增强读者的信任感。由于公共关系不仅仅是向潜在宾客提供信息和进行劝诱式的宣传报道活动，而且还包括使社会广大公众了解饭店的方针政策和各种措施，在社会上树立饭店的整体形象和声誉。因此，饭店可提供给新闻界的素材范围十分广泛。一般说来，下列事项可作为新闻的内容：

- 关于本店管理人员和员工的富有人情味的事迹，他们的故事可以成为新闻上的有价值的素材。
- 饭店经营方面突出的成就和经营管理经验，如快速的营业增长、饭店的历史、饭店所具有的竞争优势等。在这方面，饭店可以采取连续跟踪报道的形式，以保持宣传的连续性，使之发挥持久的效果。
- 名人的下榻和惠顾也是引人注目的新闻题材。但刊登这类新闻，必须事先征得当事人的同意或认可，否则容易引起不必要的争端。
- 来自显赫人物或者机关团体的表扬信和赞誉，这是十分有利的宣传内容。同样，这也必须经来函者事先同意方可。
- 饭店所获得的各种嘉奖。
- 本饭店所举行或参与的各种活动，如时装表演、名厨推出的拿手名菜都是饭店见报的新闻题材。

宣报道材料应该按照以下格式设计，并按顺序提供下列信息：

- 准备组织信纸或新闻发布表格。
- 名称、地址、电话号码、传真号码以及电子邮件地址。
- 左面：对公众发布的日期或以黑体字印刷的"立即发布"。
- 右面：(要获得更多信息：联系人姓名及电话)。
- 黑体大写的短标题。

第一段，以发布日期和地点作为开头。第一段应该清楚说明"五 W"（谁、什么、哪里、为什么、什么时候），并在下面的段落中介绍附加的背景和信息。

- 双倍行距（以便编辑在其中加注释），单面打印。
- 如果发布材料超过一页，在每页底端以"——见下页——"标明。后面每一页开头都应该注明页码和节事或组织的名称。

在最后一页结尾处,用"结束"或"＃＃＃"提醒读者发布材料的结束。

材料的内容应用最重要的信息开头,按照重要性由高到低的顺序给出其他信息(见图8-4)。

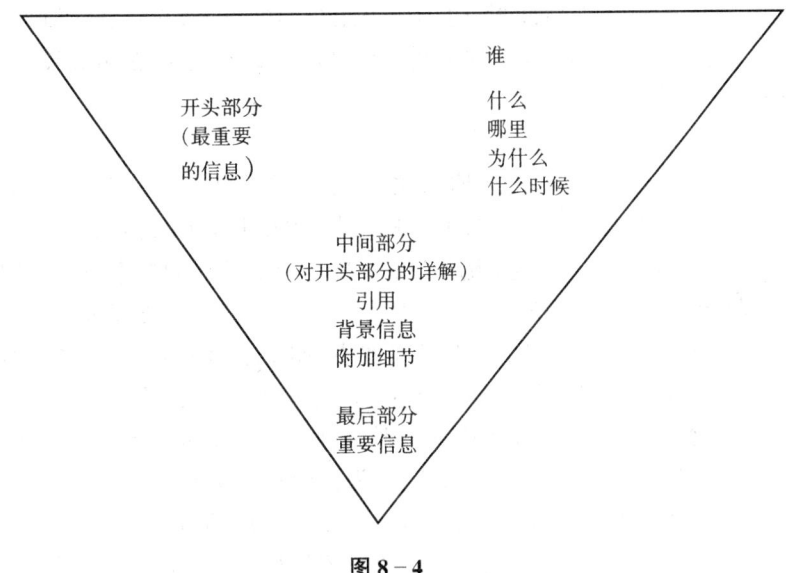

图8-4

宣传资料应置于专门的宣传资料袋内,一个典型的宣传资料袋应该包括如下内容：

- 宣传报道材料。
- 图片。
- 媒体提示。
- 版面要求。
- 媒体发布会信息和邀请函。
- 演讲。
- 新闻背景故事。
- 录像带。
- CD或DVD。
- 组织信息。
- 历史介绍。
- 文件夹、宣传册、海报。
- 特殊广告物品。

在很多方面,宣传报道与广告相似,尤其是内容的设计或拟撰均需竭尽巧思,稍有不慎便会导致不良后果。但是做广告是用钱买的,本店有关人员可以全权处理,而新闻发布其一切过程或处理均操之于新闻记者或编辑手中,因此,饭店与新闻界建立良好的公共关系基础是宣传报道得以成功的前提条件。要想获得新闻媒体的支持，必须了解他们对宣传报道的兴趣和需求，提供适宜的素材。同时，帮助他们解决在新闻采写过程中的困难和问题，要以平等的态度与记者和编辑人员交往，不要用虚假的手段愚弄新闻界，也不应采用行贿的方式，靠花钱买到与新闻出版界的良好关系。提供真实、客观的新闻素材以及真诚的服务，是赢得新闻媒体支持的最有利手段。

2. 社区关系

饭店的经营离不开当地各种政府机关、企事业单位及其他社会团体的支持与帮助，当地社团对饭店的态度、看法的好坏，直接影响到饭店的客源，尤其是餐饮、会议等设施和服务的销售。因此，饭店必须重视与当地社区的关系，使本地居民感到饭店的经营会给公众带来好处。这便需要饭店除了自身为宾客服务之外，还应在自身条件许可的情况下，尽可能为当地做实事，如将本店的空地提供给社区作为活动集会场所，为居民提供价廉物美的外卖服务，积极参与社区的公益和赞助、慈善募捐活动。虽然这些做法有悖于成本原则，但其社会效益却是十分巨大的。

北京假日丽都饭店开业十多年来，本着"为社会多做贡献"的宗旨，在取得良好经济效益的同时，不忘社区居民，积极参与社区活动，为当地做贡献，为饭店创造了一个良好的企业形象。如饭店响应北京市政府美化社区环境的号召，投资3000万元，在饭店旁建造一座占地90亩的丽都公园，为社区公众享用。又如，考虑到饭店地处市郊，周围居民缺乏娱乐活动的场所，文化生活贫乏，饭店每年秋季都组织大型庙会，在露天舞台免费举办文艺演出，使饭店的宾客与当地居民有个联欢交流的场所。这一活动尽管并不会为饭店带来多少经济利益，却受到了当地社区的欢迎。

在国外，企业参与的社区活动包括：

(1)为艾滋病患者的治疗而发起的长跑比赛；(2)为当地的男童或女童俱乐部筹资而发起不记名的拍卖或招待会；(3)为城市儿童举办"运动日"活动；(4)为社会公园发起"大扫除"活动；(5)为了向警察和消防员表示敬意而设立致谢日；(6)为无家可归、生活贫困的人举办感恩节筹款会；(7)为学校筹集资金购买教科书和教学设施而策划和发起的活动。

3. 搞好饭店与宾客的关系

饭店作为服务性行业，搞好与宾客的关系，不仅能使现实的客人满意，而且还能影响潜在客人对饭店产品的购买作出选择决策。目前，许多饭店的公关部或前厅部设有客务关系主任一职，负责饭店与宾客的关系。饭店要想搞好与宾客的关系，一方面要积极主动地为宾客服务，如在饭店负责客务关系的工作人员要与大堂经理、销售、前厅、餐饮等部门密切配合，做好重点宾客的接待工作，并给住店客人写公文信，向客人介绍饭店的设施、服务、饭店的活动等。遇到客人在住店期间过生日时，向他们赠送生日蛋糕、祝贺卡等，以此密切与客人的关系，使之感到宾至如归。另一方面,饭店必须密切注意、高度重视并慎重处理宾客的投诉。事实上,任何饭店无论多么有名望,付出多大的努力,都永远无法使所有的客人全部满意。也就是说,宾客的抱怨是不可能避免的,他们或写信,或打电话,或亲自找上门来投诉抱怨,这些抱怨可能是合理的,也可能是不近情理的。饭店处理客人投诉必须遵循下列原则:

第一,开诚布公。饭店在接到投诉后,应同被投诉者一起讨论宾客的投诉,使被投诉者了解客人抱怨之所在,这样有利于其今后提高服务质量。

第二,必须考虑宾客和饭店双方的利益。处理投诉应尽可能让宾客满意,但这并不等于一味迁就客人,丧失饭店的原则,在许多情况下,应耐心向宾客解释饭店的政策和做法,得到他们的理解。事实上,许多投诉是因为误会而产生的,只要消除误会,抱怨也就迎刃而解。例如,有些服务项目费用的收取,客人因不了解容易与服务人员发生争执导致投诉,这便需要饭店服务人员或投诉处理人员进行耐心解释。

第三,必须对投诉迅速作出反应。饭店在处理投诉时,不应让宾客长时间处于尴尬的境地,宾客不满意时间越长,投诉便越难于解决。对面对面投诉,应尽可能当场解决;实在不能解决的,也应向客人解释清楚,并立即上报有关人员及时处理。对于信函投诉,必须及时回复并将解决结果尽快通知客人,而不应置之不理或拖延推诿。饭店可以采取限定处理投诉时间的做法,并使之制度化,从而增强宾客对饭店产品和服务质量的信心。

第四,对所有的投诉(无论是面对面、电话或信函)都必须记录在案,并记下处理的情况。这些资料可以作为评估饭店服务质量以及对宾客进行追踪调查的原始凭证。

第五,对饭店的投诉必须认真分析,并按投诉性质进行分类。这样有利于发现和预防服务过程中的主要问题,完善服务设施和改进服务程序,使饭店服务质量得到提高。

第六,对投诉处理进行反馈调查,定期检查宾客对投诉处理是否满意,以及他们是否成为饭店的回头客。在进行反馈调查时,有效的方法之一是让宾客携带饭店的回信免费下榻饭店,这封信和宾客的账单应保存在客人投诉档案之中。

第七,如果投诉是通过第三方如消费者协会或集团饭店总部等出面进行的,饭店对此应予以高度重视,尽量接受他们提出的建议或解决的办法。

处理好宾客投诉,变不满意的客人为满意的客人,甚至成为饭店的口碑宣传者,这样便会使坏事变为好事,用西方的成语即为"变负债为资产"。

4. 信息收集

信息是企业经营管理所必不可少的一种重要资源,现代企业不仅要靠市场营销信息系统来收集、分析、加工、处理各种信息,而且还必须充分利用公共关系活动来搜集与本企业形象声誉有关的各种信息。饭店公共关系所须收集的信息主要有两大类。一是饭店产品和服务形象信息。饭店公关人员必须十分注意了解本饭店产品和服务在各类公众特别是在客户和宾客心目中的形象,包括他们对于价格、质量、特色等方面的反映,对于某产品优点、缺点的评价以及如何改进等方面的意见。二是企业形象信息,包括公众对企业经营管理水平、企业人员素质等方面的评价。收集上述信息渠道多种多样,其中最为重要的是宾客和客户,其次是新闻媒介所反映出来的社会舆论。有的饭店甚至采取公开征集批评意见的做法,并对提出批评者给予奖励。此外,政府有关部门、上级主管部门以及同行竞争对手的意见也是十分重要的。

5. 咨询建议

饭店公关人员要向饭店最高管理者及各管理部门提供有关公众意见或企业意见、企业地位与形象等的劝告和建议。公关人员咨询建议的重点有以下三个方面:第一,关于本饭店知名度和可信度的评估。事实上,饭店在自己心目中的形象与在公众心目中的形象并不完全一致,有的甚至相去甚远。作为饭店社交决策智囊,必须本着实事求是的态度,采用科学的方法,对各方面的意见进行认真比较和综合判断,以使企业的知名度和可信度得到准确的判断。第二,公众心理的分析预测和咨询。饭店公关人员必须分析和研究公众的心理活动,把握公众的各种消费心理、需要和态度,并将这方面的研究成果及时提供给最高管理人员,作为制定战略决策的依据。第三,评议本企业方针、政策和计划。饭店最高管理人员和计划部门制定的方针政策和计划,有时往往只是出于利润方面的片面考虑,而对公共关系方面的利害可能考虑不周,如果实施下去就会损害公众利益,进而破坏自己的形象。例如,有的饭店自行规定店内高额的公共电话收费标准,有的饭店茶座收取与其规格和等级不相称的高额座位费等,引起公众和宾客的不满。饭店公关人员应当从公共关系角度进行评议,评估该项决策是否危害公众利益,并在分析的基础上,提出改进意见,以弥补企业决策的缺陷,获得公众的信任和好感。

6. 危机处理

一旦发生危机事件,如火灾、食物中毒、重大盗窃案等,饭店应通过一系列公关活动,来避免或减少对饭店声誉的不良影响。由于这些事件都是突发性的,且极易损坏饭店的声誉,必须予以高度重视,并冷静地处理,从而将消极影响降至最低。此外,突发性事件极易成为新闻热点而被广泛传播,因此对饭店而言,能够得到传播媒体的理解和合作便显得至关重要。掩盖事实并非好的方法,相反,公开接受记者采访或召开新闻发布会,一方面可以让公众了解事实,澄清谣传,同时也可以增强公众对饭店处理上述事件的信任和理解,对饭店管理者留下深刻的印象。另外,有关善后处理结果也应及时见诸报端,消除公众的疑虑,重新树立饭店的良好形象。对于有些默默无闻的饭店,如果危机处理得当,往往会成为扩大知名度的一个契机。

7. 处理好与店内员工的关系

饭店的各项工作最终都是由职工来完成的;市场营销的重要原则是使宾客满意,而没有满意的员工,就不可能有满意的宾客。因此,搞好与店内员工的关系,增强企业的凝聚力,是饭店经营管理成败的关键,也是饭店内部公共关系的重要职能。饭店内部公关的形式主要有以下几种类型:第一,出版饭店内部刊物。目前,许多饭店都办有自己的店报,其内容包括饭店经营管理情况、方针政策、饭店大事、重要宾客下榻记录、员工奖励情况、员工家属代表与员工联欢、员工培训、员工心声等。店报对于沟通管理层与员工的关系,具有十分积极的作用。如南京金陵饭店的金陵饭店报,每半月一期,内容丰富多彩,分析饭店经营管理状况,宣传饭店的各项重要活动,刊登员工心声,既深受员工欢迎,也是十分有效的宣传工具。第二,办好职工宣传栏。宣传栏一般设在职工上下班的必经之地。栏内有如下内容:报道饭店管理层的通知,外界的感谢信,店内经营措施的调整,优秀员工的照片等。例如,美国旧金山的希尔顿饭店,为了体现其多元文化的企业文化特征,在饭店员工宣传栏上,特意挂上一幅世界地图,每当有某一族裔的员工加入时,便在地图上插上代表其民族的一面国旗,使员工具有自身民族的荣誉感。再如,在香格里拉集团的饭店,员工宣传栏中将企业的宗旨一一张贴在醒目之处,使员工在不知不觉中接受企业文化的浸润。第三,搞好员工生日聚会。生日聚会大都每月一次,晚会的参加者有高层管理人员、各部门经理以及当月过生日的员工。第四,加强工会作用,组织各种员工喜爱的活动,如旅游、晚会以及集体参加电视台或其他组织机构组织的文体活动,丰富员工的业余生活。第五,注重情感投资,增强员工对饭店的忠诚度,逢年过节,为饭店员工和离退休员工送温暖,平日代表饭店看望重病在家的职工。通过以上各种活动,使员工对饭店产生归属感,提高忠诚度。

第七节 饭店的内部促销

如果说广告、人员推销、销售促进和公共关系的重点在于宾客购买前的促销的话,内部促销则是针对宾客购买后在饭店内所做的促销,其作用在于尽可能扩大销售的领域和提高宾客人均消费水平。饭店开展内部促销相比较而言具有自身的优势,因为客人在住店期间停留时间较长(相比较于到商场购物),抗拒推销心理便自然减弱,因此,容易接受推销。此外,内部促销并不需要花费专门的人力和大量的物力财力去组织推销,它更多的是日常性的展示和服务工作,费用节省,且能够带来良好的收益。因此饭店必须充分发挥内部促销的作用。

一、饭店内部促销的手段

内部促销主要是利用内部宣传资料和服务设施促销以及前台人员服务过程中的促销。

1. 通过内部宣传资料和服务设施进行促销

饭店应该充分应用各种陈列在店内的宣传资料和服务设施进行促销工作。可被利用的宣传资料包括：

(1)服务指南

饭店内部最简单但最有效的促销工具就是放置在客房中的服务指南。这些服务指南列举了饭店的各种服务和设施，以及这些服务设施所处的位置、行走路线、营业时间、电话分机号，使客人对饭店一目了然。目前一些饭店采用电子化的服务指南如置放于大厅的电脑服务设施终端。

(2)菜单和饮料单是餐厅和酒吧内部促销工具，而不仅仅是菜名的罗列。一份设计科学的菜单和饮料单，可以增加宾客平均消费金额，有助于销售利润较高的菜肴，且有利于饭店工作安排。

(3)店内指路牌。它指出酒吧、预订服务台、宴会服务台、报刊亭、健身房、网球场、游泳池、商场等出售商品和服务的场所。

(4)饭店走廊和电梯内的图片陈列。图片必须经过精选，不仅用于推销，而且美化走廊和电梯内的环境。

(5)客房中的闭路电视节目。这类节目不宜太长，也不仅仅是服务设施的罗列，必须具有艺术性，能反映出饭店独有的主题与气氛，一般以 5～10 分钟为宜。在这方面，尚未引起国内大部分饭店的足够重视。

(6)其他内部宣传资料如房价单、明信片、房内用膳菜单、艺术标签、防火图等。另外，饭店所有的客用品，如浴巾、浴衣、火柴盒、杯垫、纸张、信封、信笺、圆珠笔、箱贴等都应印上饭店名称和标记，使之成为饭店的无声推销员。有的大型饭店具备齐全的会议设施，经常承办各种有影响的会议，并成为重要的新闻，饭店可以在主席台桌前或麦克风等上印上饭店的名称和标记，借新闻播出进行无声宣传。

2. 前台人员服务过程中的促销

前台人员和客人有比较多的接触机会，前台人员的服务过程实际上也是推销过程。在服务管理中，这种接触又称为"关键服务时刻"(Moment of Truth)，它不仅可以通过服务给顾客留下良好的印象，同时也是很好的销售时机，如面对疲倦的客人推荐饭店的健身娱乐项目，对商务客人推荐附加值高的高价客房等。此外，他们还可以对已经订房的客人进行"升档销售"(Upselling)，以提升饭店的销售额和赢利水平。他们的促销意识、促销技巧、促销态度，对于饭店的销售额和利润具有很大的影响。

前台人员要做好推销工作,首先必须对所推销的产品和服务十分熟悉,对诸如客房类型、朝向、面积、房内各种设备和价格,菜肴种类和价格,宴会、会议、健身、商务等设施应有较详尽的知识,这样,推销起来才能得心应手。同时,前台人员还必须掌握相应的推销技巧,在推销中注意观察不同客人的心理需求,提供不同类型的选择。此外,作为饭店各服务环节的员工,不仅要推销好本部门的产品,同时还应具有全局的观念,积极主动地推荐其他部门的产品和服务。例如,前台服务人员在办理客人入住登记手续时,可顺便介绍餐厅、酒吧和其他服务项目;行李员在引领客人进房间途中,也应向客人介绍饭店服务设施以及特别促销活动和项目。这些推荐和介绍,既是一种推销活动,也是优质、热情和细微服务的体现。

二、全员营销观念

有效的内部促销不可能靠临时和随意性工作来完成,它需要饭店树立全员营销观念,使所有为宾客服务的员工都意识到自己是饭店产品的推销人员。

美国饭店大王斯塔特拉(Statler)曾说:"谁是饭店的销售人员?是所有员工。"这句至理名言影响着一代又一代的饭店经营管理者。美国迪斯尼度假地对所有新入店的员工首先向他们灌输服务和销售思想,并使他们认识到自身是企业形象的代表,每个人无论从事什么工种,都有推销和宣传企业的责任和义务。这一观念的形成和深入企业员工人心,为迪斯尼带来了巨大的声誉和利润。

全员营销观念具有以下几层涵义:

第一,将营销作为饭店的经营哲学和观念,而非仅将它视作一个部门的工作。营销不仅仅是饭店市场和销售部门的工作,它贯穿于饭店经营和为宾客服务的始终,每一项经营决策,每一条制度规定,每一个服务规程,每一次服务过程都必须考虑宾客的需求,以客人为中心(见图8-5)。

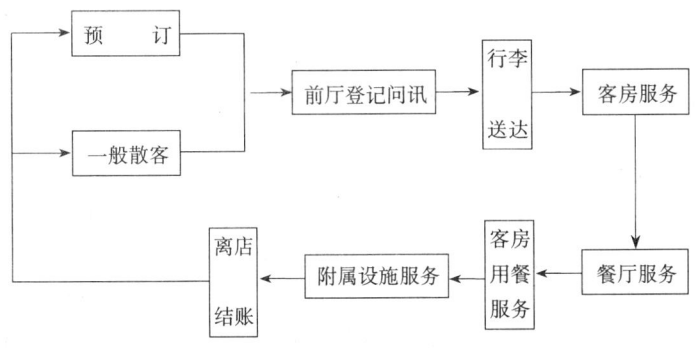

图8-5

第二，树立"服务即推销，推销即服务"的思想，将饭店前台人员的为客人服务纳入到饭店整个销售环节中。饭店服务人员不仅仅为客人提供程序化和机械性的服务，还必须积极、主动并创造性地销售饭店产品和服务。要做到这一点，除对员工进行相应的知识和技巧培训之外，还必须为其进行销售创造条件，并从制度上赋予其一定的权限，如规定一线服务人员一定的价格折扣和给予其他优惠，以及处理服务过程中遇到问题的权力。另一方面，还必须认识到推销饭店产品的过程也是为客服务的过程。这一服务包括回答客人购买前的各种询问（如有关预订、价格方面的咨询，帮助对方消除购买的障碍和疑虑，为其购买提供方便和增强信心），客人购买过程中帮助其选择（如客人点菜时的推荐介绍），客人购买和消费后的追踪服务（如征求意见等）。因此，我们所讲的服务过程也包括销售服务，这一阶段既容易导致客人的不满也容易给客人留下深刻的印象。

第三，全员营销强调推销是持续和日常性的工作，而不是某个部门或某些人在淡季和经营不景气时临时和突击性的任务。所谓全员营销并非要求所有的员工放下本职工作去从事销售访问和招徕客源，而是指每个员工在日常和本职服务过程中抓住时机，进行积极主动的介绍和推荐。当然，必须讲究销售艺术，而不要硬性兜售，以免引起客人反感。

第四，全员营销注重饭店营销工作的统一性。它要求饭店所有部门和人员能够树立全局观念，顾全大局，相互协作和支持，通过各自不同的工作创造共同的饭店形象，并为共同的推销目标而努力；而不是各自为政，内部倾轧。遗憾的是有的饭店不同部门、销售人员和服务人员为了自身的利益，相互拆台，争抢同一客源，导致肥水外流，客人不知所措。

饭店全员营销观念是现代营销观念在饭店实践中的具体体现，它绝不像少数企业管理人员所片面理解的那样每个人都去跑推销、抓客源；它强调更多的是日常工作中持久不懈的积极推销、善于推销以及与其他部门和同事的协同推销。

第八节 饭店其他形式的促销

除前面几节提到的广告、人员推销、公共关系、销售促进、宣传手册以及内部促销之外，饭店还可以采取其他方式促销饭店产品。展销会是饭店进行促销的又一有力手段，它不仅有助于饭店同旅游界交流信息，而且有助于进行谈判和签订生意协议。有些饭店对展销会的作用不够重视，只是把它们作为礼节性的拜会机会和发放宣传品的一个时机，因而促销效果不佳。目前，可供饭店参加的旅游博览会、展销会等很多，饭店要想通过参加这些促销盛会达到促销的目的，必须做好以下几方面的工作：

第一，事先做好充分参展准备。饭店必须准备足够的宣传材料，除了饭店宣传手册和名片之外,还应该有针对性地为光顾饭店展台的代表精心设计使之感兴趣的材料,否则,他们可能出大门之后便将宣传材料随手扔掉,因为对他们来说,这些材料太多,或许他们认为毫无用处。假如饭店参加的是会议计划的展销会,饭店必须提供本饭店接待会议能力的资料,如接待会议的设施、宴会菜单以及其他相关信息;参加旅游交流会,饭店则必须带上能使旅行商感兴趣的饭店包价等资料。另外,如果饭店对展台布置有特殊要求,则必须事先安排好所需的辅助设备如能源、灯光、音响、大屏幕彩电等;如果饭店展台需要电力、特殊设备或家具,事先准备好这些设备则是至关重要的。为了达到参展成交的目的,饭店应尽可能采取事先邮寄等形式,给可能的参展客户留下印象。一般而言,饭店可以事先获得一份参加展销会单位的名单,这样饭店可以给每个参展单位或选择一些可能的客户邮寄有关本饭店的资料,这是客户叩开本展台大门的有效途径。当然,所邮寄的资料必须富有新意,避免流于一般形式。

第二,注意展台的布置和展销会期间活动的安排。展销会期间每个参展单位一般都设有展台,而展台布置风格、形式对于吸引参展代表的注意力和兴趣具有重要作用。因为参展单位较多且集中在狭小的空间,人们不可能光顾所有的展台,而富有新意、不同于一般的展台往往能够达到良好的效果。展台可以设置食品饮料和饭店模型、客房或健身设施实物等展示。另外,为了避免参加展销会只是纯粹与人们交谈和发放宣传品,饭店有必要安排一些特别促销项目参展,如现场献技、食品品尝、歌舞表演等。采用特别展销项目时,必须事先获得展销会主办单位的同意,因为出于安全考虑,有些项目如用明火烹饪是不允许的。

第三,充分利用参展时间,尽可能多地接触客户。大部分卓有成效的展销会都采用"市场表格"。在展销会开始之前,用计算机打出的表格被送至买卖双方,以询问其在展销会期间要交往的对象。这些要求又反馈至展销会主办单位,并通过计算机为买卖双方安排洽谈约会。这种安排可以节省时间,且有针对性,对买卖双方均有好处:有助于进行谈判签订合同,提高参展效率和效益。

第四,注重展销会后的反馈追踪。参加展销会可能使饭店结识许多可能的客户。然而,要想通过展销会带来生意,最为关键的工作是会后追踪。经验证明,让客户预订的最好时间是当你的名字以及形象在购买者头脑中还很新鲜之时,展销会后连续的销售努力是获得生意的成功所在。因此,饭店必须高度重视追踪工作,通过信函、电话、销售访问等手段对可能的客户进行连续促销,而不要使参加展销会变成无果之花。

本章总结

饭店促销是饭店通过各种手段和途径向目标宾客宣传介绍饭店产品和服务,促进其购买的市场营销活动。饭店促销的重要性是由其经营环境、自身特点以及市场形势所决定的。

饭店促销手段主要包括广告、人员推销、销售促进和公共关系等。这些促销手段必须互相配合,才能实现最佳的促销效果。

饭店不仅应重视对外的宣传促销,同时也必须注意充分利用饭店内部的宣传资料和服务设施进行无声的推销工作,注意员工为客人服务过程中的推销。应树立全员营销观念,使每一个员工都意识到自己代表饭店,并有责任和义务推销饭店的产品。

对于其他形式的促销如参加展销会等,饭店也应予以足够的重视,并做好促销的细节工作。

专业词汇

促销组合　广告　宣传册　人员销售　销售促进　公共关系　内部促销　全员营销

思考与练习

1. 什么是促销组合?它主要由哪些要素组成?
2. 饭店广告战略有几种?请结合实际加以说明。
3. 设计和制作饭店宣传手册,主要应注意哪几方面的工作?
4. 制定推销计划的两个要素是什么?
5. 饭店销售促进的作用是什么?饭店销售促进主要有哪些方法?
6. 饭店公共关系的主要职能有哪些?请设计一份饭店危机公关的方案。

第 9 章

饭店销售渠道与策略

本章导读

饭店的产品和服务,只有通过一定的销售渠道,才能提供给广大消费者,以满足他们的需求,实现饭店营销的目标。在本章中,对饭店销售渠道的性质进行了辨析,分析了饭店销售渠道的选择,阐述了饭店与旅行社的代理关系,详细介绍了饭店预订系统与管理,最后,介绍了与饭店有合约关系的其他销售渠道及其管理。

第一节 饭店销售渠道

饭店销售渠道是指饭店产品和服务从饭店向顾客移动时取得这种产品和服务的所有权(使用权),或者是帮助转移所有权或使用权的企业和个人。换言之,即出售或者代理出售饭店产品和服务的企业和个人。它包括向饭店代订客房、餐饮和其他服务项目的代理人(中间商),批量出售饭店客房的批发商和预订机构,以及处于销售渠道起点和终点的饭店和顾客。

一、饭店销售渠道模式

在产品和服务从饭店转移到顾客的过程中,任何一个对产品和服务拥有所有权(使用权)或负有推销责任的机构和个人,就叫做一个渠道层次,渠道层次的构成即销售渠道模式。饭店销售渠道的模式如图 9-1 所示。

零层渠道,又称饭店直接销售渠道,它是指饭店产品和服务在流向宾客的过程中不经过任何中间环节的销售渠道。体现为宾客未经预订直接住店(Walk-in)或直接通过饭店预订系统亲自订房。

一层渠道含有一个销售中介机构,充当这个销售中介机构的可以是旅行社、饭店预订机构和其他代理订房的机构和个人,如秘书、单位旅行和订房负责人。

二层渠道含有两个销售中介机构。跨地域的团队旅游订房通常采用此种形式。具体体现为顾客参加组团社旅游团,组团社委托接团社订房,接团社负责向饭店订房。

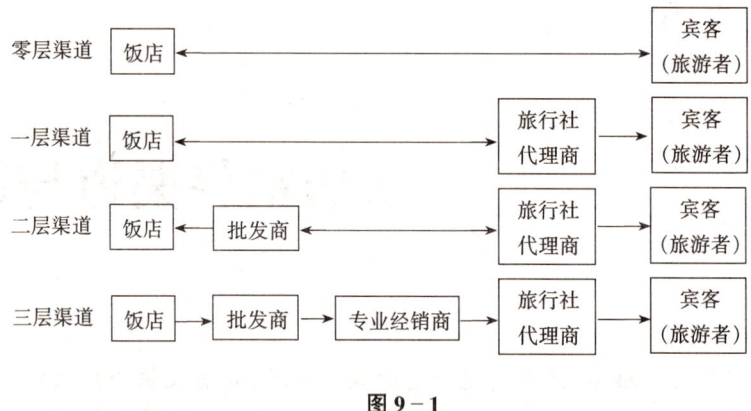

图 9-1

三层渠道含有三个销售中介机构,这种形式用于地域跨度大且预订不便的情形,如国际旅游团队预订往往采用这种形式。预订程序为,顾客参加 A 国组团社团队旅游,A 国组团社委托 B 国接团社负责 B 国全程旅游安排,B 国接团社委托 B 国各地方旅行社负责当地旅游接待,地方旅行社向饭店预订旅游团用房。有些国际旅游团其销售渠道有时会超过三层。

上述四种基本模式中,后三种为间接销售渠道,又称中间商渠道。

二、饭店利用中间商渠道的必要性

饭店一般都将一部分销售工作授权给中间商进行,如将一定比例客房的出售权交给旅行社和其他类型的中间机构,这样,这部分客房的命运便由中间商来掌握。从原则上来说,饭店总是希望把自己的产品和服务直接卖给消费者(这也可以解释为何一些饭店不愿接待旅行社安排的团队,而宁愿接待散客),以获得最大利益。但是,饭店完全离开中间商进行直接销售可能会因为财力不足、身份不合、市场不熟悉和效益不高等原因而不能实现预期的销售额。饭店利用中间商渠道的必要性体现在以下几个方面:

第一,利用中间商代理销售,能够减少饭店与顾客之间的接洽次数,尤其减少跨地域的接洽,节省时间和人力,降低交易费用,提高经济效益。图 9-2 表明饭店使用中间商的经济利益:a 图表示 3 个饭店采取直接销售形式为 3 个顾客服务,这需要 9 次接洽才能达成交易;b 图表示 3 个饭店共同使用一个中间商将产品和服务销售给 3 个顾客,在这种情况下,只需 6 次接洽就可达成交易。

第二,利用中间商可以弥补饭店营销财力和人力的不足。饭店的客源市场在地域和层面上分布极广,有的饭店其客源来自世界各地。任何饭店都不可能仅靠自身进行推销活动,即使那些有足够财力建立全国或世界性销售网点的饭店也会发现,若将资金投在其他方面,所取得的收益会远远大于投入于建立自己的销售预

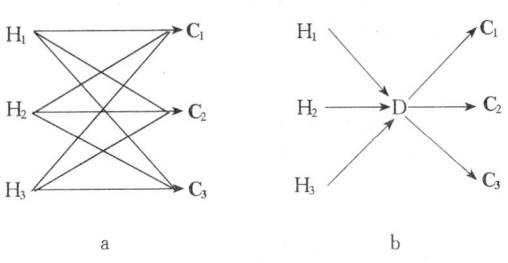

图 9-2

订网点。利用遍布世界各地的中间商,饭店可以尽可能扩大其市场覆盖面,提高销售效率。

第三,中间商在执行市场营销职能方面有着饭店所不具备的许多优势。他们与旅游者的广泛联系,将饭店产品组合到整个旅游产品中的能力,以及丰富的市场营销经验、对饭店和顾客双方的了解,都是饭店必须充分加以利用的。此外,由于中间商与顾客在空间上的距离很小,顾客便于购买。假设一位美国旅客要预订北京某家饭店,如果他直接预订,他必须在了解饭店信息情况后,通过国际长途、传真等形式向饭店预订,这样费钱且不方便;简单的方法是,这位旅客到当地办理来华旅游业务的旅行社,请它代为预订即可,而且这位旅客还可以得到旅行社的信息咨询等方面的服务。

三、饭店中间商的职能

饭店中间商的任务是将饭店产品和服务转移到顾客的过程加以组织,帮助饭店和顾客双方交易的实现。中间商在从事这一工作中,主要具有以下职能:

1. 销售

每个中间商必须与可能的宾客接洽,并取得顾客预订委托要求。

2. 购买

中间商在获得顾客预订要求后,向饭店预订客房。在有些饭店客房紧缺地方,以及饭店营业旺季,中间商为了保证能够获得预订的客房,也采取预先向饭店预订批量客房,然后再组织客源的做法。这样对旅行社而言具有一定的风险,因为预订的客房有可能无法转售出去,这笔损失将由旅行社自己承担。

3. 组合产品

中间商为了更好地为顾客服务,往往会将饭店产品同航空公司、出租汽车、旅游景点等产品和服务组合成包价旅游形式向游客推出,化零为整,进行出售,这样可以提高饭店产品的适应性。

4. 融资

饭店中间商必须负责筹集用于向饭店预订的资金以及向顾客提供信贷等所需

的财务资金。例如,在国外部分旅行社,为了促成旅游者成团,往往采取先旅游后付费的形式,或预交整个旅游的部分款项以及分期偿还的方式。

5.提供信息

中间商作为饭店与顾客双方的桥梁,应负责向饭店和顾客提供市场和产品服务等双方感兴趣的信息,促进买卖双方的沟通和了解。

6.促销

中间商对其代理销售的饭店产品和服务还负有促销的责任。饭店应为中间商的促销提供相应的材料,如宣传手册等。

7.承担风险

中间商对于代理销售过程中可能造成的损失负有承担风险的责任。如旅游团突然取消,因飞机航班延误等造成旅游团在饭店停留时间延长而增加费用等。

第二节 饭店销售渠道的选择

饭店销售渠道的选择包含两层意义:一是销售渠道模式的选择,即以直接销售为主,还是以间接销售为主,间接销售中以长渠道为主,还是以短渠道为主;二是销售渠道中中间商的挑选。

一、饭店销售渠道模式的选择

确定销售渠道模式应以饭店能够将产品和服务移动到市场为基点,寻求达到目标市场的途径。销售渠道的选择不是目标市场的选择,但两者是相互依存的:有利的市场加上理想的渠道,才可能使饭店获得最佳利润。饭店在决定采取何种销售渠道模式时,必须考虑以下几个因素:

1.市场特性

饭店销售渠道的设计深受市场容量的大小、购买频率的高低、市场的地理分布以及市场对不同的营销方式的反应等特性的影响。当顾客人数众多时,为了顾客预订方便,饭店倾向于使用较多中间商来覆盖市场层面;如果顾客经常小批量预订,也须采用较长的销售渠道,因此,零散预订常常依赖旅行社代为预订。同时,大批量的团队预订和会议预订,往往越过中间商,由主办者直接向饭店订房;假如顾客集中分布在某些特定的地区,如某饭店大部分顾客均来自港澳,饭店应在该地区设立办事处直接销售。反过来,如果顾客分布在世界各地,则需较多的中间商代为销售。此外,顾客对不同的营销方式反应也会影响饭店的渠道设计。例如,随着因特网订房技术的普及,越来越多的商务散客倾向于利用网络直接向饭店订房,从而使得饭店上网宣传和销售迅速发展。目前,国际上各大集团已斥巨资纷纷建起了自己的网站。我国饭店业也正在加入到电子商务的行列之中,这将对饭店营销产生革命性的影响。

2. 产品特性

饭店产品的特性也影响销售渠道的选择:以商务设施为特色的商务饭店适宜采用短渠道或直接销售,而休闲度假饭店则多通过旅行社代为销售。在饭店提供的各类不同性质的产品中,客房销售以中间商代理销售为主,而餐饮、娱乐健身设施等更多地采用直接销售。

3. 饭店自身的条件和经营意图

饭店自身的条件在销售渠道的选择中扮演着十分重要的角色。饭店总体规模决定了市场饱和容量,而市场容量的大小又制约着饭店销售渠道数量的多少。如果一家饭店可使用客房数为 500 间,当年平均出租率为 100% 时,它的市场饱和容量(不考虑双开率和因抵离店时间差所带来的高于 100% 的出租率),即年接待顾客数量最高为 365 000 人(按一年为 365 天,每间客房住 2 人计算)。而一家只有 50 间客房的小型饭店,则最大市场容量为 3.65 万人。显然,前者比后者销售渠道的数量更多。

饭店的财务能力决定了饭店及其中间商在执行营销活动中的职能。财力薄弱的饭店一般更多地依赖中间商,减少营销开支。相反,财力雄厚的大饭店在利用中间商的同时,应重视加强自身渠道的建设,如在主要目标市场区域设立办事处,负责直接销售。有的饭店还成立旅游部,取代旅行社中间商环节,直接负责旅游团业务的销售。国际饭店联号集团还利用自己的优势建立各自的预订中心,并与各下属饭店联网,开展集团内联网销售。

饭店销售渠道的设计还必须与饭店的经营意图相一致,要考虑饭店是否有必要对销售渠道和目标市场加以控制。如果饭店希望对其期望顾客和中间商的质量加以选择,则必须加强饭店的直接销售,或者选择较短的销售渠道,以加强对顾客和中间商环节的控制。譬如,某饭店希望维持其豪华饭店的高档形象,必然尽可能减少旅游团队和普通会议类的客人,而将其销售重点放在对各大商社和企业的直接销售上。

饭店销售人员的素质条件也会影响到饭店的渠道策略。在涉外饭店,销售人员必须具备相应的专业知识、娴熟的外语技能,能处理商业函电、富有谈判和销售经验,才有条件直接与国外旅行社、商社联系,甚至直接到国外推销。如果条件不具备,则应以委托旅行社和其他中间商代理销售为主。

二、饭店中间商的选择与评估

饭店在进行销售渠道设计之后,还必须对个体的中间商进行选择与评估。这里所说的中间商是指单个的销售渠道成员,包括企业、组织、个人等。饭店又将其称为客户。虽然中间商的类型和数量很多,但其经营的重点,与饭店合作的态度,本身的实力、信誉等都不尽相同,饭店必须物色、遴选合适的中间商,并对它们的实绩进行评估,使本饭店的产品和服务能够通过他们在适当的时间,以便利条件和优良的服务销售到顾客手中。

1. 饭店中间商选择的原则

饭店在选择中间商时,必须了解其背景、资金和信用情况以及经营水平和业务能力,具体包括:

(1)该中间商的经营范围是否与本饭店目标相一致。如果本饭店的目标市场是欧美旅游者,那么被选中的中间商就必须是经营欧美旅游团为主的旅行社。

(2)中间商的市场经验及市场反馈能力。中间商的市场经验和销售实力对饭店产品的销售有着重大影响,好的中间商能够及时地向饭店反馈有关饭店产品的市场信息,如客人喜好、习惯特点、旅游者的流向等,为饭店完善营销策略,更好地满足顾客的需求创造有利的条件。饭店营销成功最重要的因素之一在于对市场情况及时、全面、深入的了解。因此,衡量中间商的优劣,除了销售业绩之外,还要看他提供市场信息的能力以及态度,并在实际业务往来中淘汰差的,保留好的。

(3)中间商的经营实力和资信。饭店选择中间商时,必须考虑其经营规模的大小、财务调度能力的高低、资信状况。根据其经营规模可以预测其能够为本饭店带来的预订量和销售额大小;其财务调度能力能够体现其抗风险水平,以确保饭店的经营不因为中间商出现问题而产生波动。同时,中间商的资信状况也是十分重要的。过去我国许多饭店由于缺乏对一些中间商资信状况的了解,造成大量账款无法收回,给这些饭店造成极大的经济损失。目前,许多饭店直接在境外委托销售代理,对此应十分谨慎。在建立代理关系前,饭店应通过各种途径如我国驻外使领馆及其他办事机构等,对其资信状况进行调查,以确保饭店不受或少受损失。

以上是选择中间商时应注意的主要问题,也是挑选中间商的基本原则。在实际工作中,许多饭店往往是从保持业务关系的客户中筛选出代理商。在对现行的客户和潜在的客户进行筛选时,应建立相应的评估标准。

2. 饭店评估中间商的标准

饭店评估客户不应单从预订数量的多少来判断,必须考虑其预订的质量,给饭店带来的实际利益,从中找出最关键的客户和关键潜在客户。关键客户是饭店所确定的主要预订组织和个人,是销售渠道管理的重点,而关键潜在客户则是具有潜力的主要客户,其预订数量和质量仅次于关键客户。

一家国际饭店集团的客户评估标准如表 9-1 所示。

从表 9-1 中我们可以看出,评分标准采用打分形式,对每一项目的业绩确定具体分值范围,业绩差为 0 分,正常为 1 分,好为 2 分。评估项目包括预订客房夜次、餐饮消费潜力、预订所在季节、房价、停留天数、使用的销售渠道、决策人、所在地、会议预订频率、对会议厅的要求、预订质量、预订提前时间以及资信状况等项。

表 9-1 客户评估表

项　目	0	1	2	评　分
预订客房夜次	<100	100～250	>250	
餐饮潜力(美元)	<5 000	5 000～10 000	>10 000	
预订季节	旺	全年	淡	
房价	免	团队	门市价	
停留天数	1夜	2夜	>2夜	
使用销售渠道	——	旅行社	直接	
决策人所在地	国际性	国内	本地	
会议				
停留周期/回头次数	1次/年	2～4次/年	>5次/年	
会议室使用	高	低	正常	
预订质量		正常流量	高质量	
预订提前时间	<6月	6～12月	1年以上	
资信状况	差	一般	好	

♯ 成为关键客户,其分值应达到_____

　成为关键潜在客户,其分值应达到_____

表 9-2 是对旅行社的评估表,其方法与表 9-1 中相同,只是按照旅行社代理销售的特点规定了评估项目以及各项的分值范围。

表 9-2 评估旅行社标准

	项　目	分　值			得分
	细　分	1	2	3	
1	订房数(间)	<50	51～99	>100	
2	停留天数	1天	2天	3天	
3	季节	8、9、10、11月	全年	12、1、2、3月	
4	付款方式	根据账单发票	入店登记时	预付	
5	预订未到	经常	偶尔	极少	
6	订餐	早餐	早、晚餐	早晚餐和酒水	
7	与本集团饭店往来数	1	2～3	4	

♯ 关键客户分值为　　12～21分

　主要潜在客户　　　8～11分

　普通客户　　　　　2～7分

无论表 9-1 的客户标准评估表，还是表 9-2 的旅行社评估表，其共同特点是对客户预订实行多角度和全方位的评估，能较为全面和真实地反映中间商在饭店销售额中的地位和作用。采用这种将定性标准量化的形式，便于对不同的客户和旅行社进行直观比较。此外，这类表还确定了细分不同等级中间商的评分标准，因而避免了分析评估中容易出现的主观性。这种量化评估标准法是目前为止较为科学的一种方法，值得饭店同行借鉴。至于其中数据，各饭店可以根据自己的实际情况来加以界定。

第三节　饭店销售渠道管理Ⅰ——饭店与旅行社的代理关系与管理

一、旅行社代理销售的性质和特点

在我国，将为旅客安排旅游服务以及出售旅游线路的企业统称为旅行社。实际上，按照旅行社提供旅游服务性质和范围来看，又可以将它们分为旅游零售商和旅游批发商。

旅游零售商直接与消费者联系，向他们出售各种线路的团队旅游、包价旅游、散客旅游等形式的最终旅游产品。旅游零售商可独立经营，亦可是某个批发商的下属机构，代为出售该批发商的旅游线路和旅游项目，由此构成饭店销售网的一个环节。旅游零售商受饭店的委托，以合同规定的价格向顾客出售它们的产品，并按售出总额的一定比例提取报酬——佣金。佣金通常为销售额的 10%~20%。

旅游批发商是饭店重要的中间商，专门从事团队旅游的组织和销售活动。旅游批发商通过与航空公司、客轮及铁路公司、饭店等直接谈判，安排和组织各种时间、线路和价格的包价旅游。他们往往事先向饭店预订一批客房，并将其分配给组织的系列团，待整个旅游活动及行程确定之后，由自己属下的销售处或由旅游零售商，将包价旅游项目出售给团队和个体消费者。批发商名下往往有很多旅行社，拥有重要的销售网。旅游批发商的营业收入，主要包括从各种交通公司得到的代理佣金和饭店订房差价所得到的收益。如果旅游批发商组织的包价旅游包括在饭店内膳食安排（通常包早餐），他们还可以从饭店得到占整个包价 10% 的佣金。

我国现阶段饭店与旅行社之间的报酬关系主要是采取饭店与旅行社之间的报价差的形式，而较少给予佣金，亦即旅行社的收益主要来源于饭店对旅行社的报价与旅行社对顾客报价之间的差额。例如，饭店的门市价为 100 美元，饭店对旅行社的报价为 60 美元；而旅行社在计算旅游报价时，其房价以 80 美元为标准，这样，旅行社从中可获得 20 美元收益。随着我国旅游运作与国际标准的接轨，佣金这一形式使用也会越来越普遍。采用以佣金形式为主，还可以避免目前饭店与旅行社之间利益对立的状况,减少相互之间的报价摩擦。因为饭店报价高,旅行社佣金越高,这样,旅行社便不会像目前这样为了自身利润拼命压价,而是与饭店一道,协商推出具有竞争力的市场价格。

由于旅行社在业务经营中存在风险大、批量大、季节性强等特点,旅行社对饭店的预订也会受上述因素的影响。旅行社订房主要有以下几个特点:

第一,订房数量大。除大型会议外,一般商务企业、政府组织机构等订房数量受其自身业务规模所限不会太大,但旅行社订房则不然。通常旅行社的年接待量都在万人以上,大型旅行社其组团(或接团)人数甚至达几十万人,如中国国际旅行社总社1993年外联游客数量超过100万人次。因此,旅行社的订房对旅游饭店尤其是旅游城市和风景区的饭店而言是最主要的生意来源(Feeder Market)。

第二,订房价格低。旅行社为了尽可能提高经营利润以及降低直观报价,增强旅行社价格竞争力,通常会向饭店争取较低的团队价格。加上付给旅行社佣金,旅行社的实际订房价格往往比门市价低四成或更低。

第三,订房时间集中。旅行社订房季节性强,通常都集中在旅游旺季,而淡季则订房极少。这样便使饭店在旅游旺季时客源激增,形成营业高峰,淡季时则营业处于低谷。在营运高峰,饭店设施超负荷运转,而营运淡季,饭店设施和接待能力闲置,这种现象给饭店的经营管理带来一定的困难。为了避免订房过于集中,饭店应采取相应的措施,如采取淡旺季价格,与旅行社合作开展冬季包价或在淡季推出特殊旅游活动项目,尽可能做到淡旺季订房的均匀分布。

第四,订房取消率高。饭店大量接受旅行社订房,具有很大的风险。旅游业是一项很敏感和脆弱的行业,尤其是组团旅游,极易受政治、经济和突发事件的影响而出现大幅度波动,团队取消现象在有的地方十分普遍。例如"千岛湖"事件发生后,由于台湾团大部分取消,以接待台湾团为主的祖国大陆许多饭店蒙受了很大的经济损失。鉴于团队旅游容易出现的高取消率,饭店在确定自己的目标市场时,应合理地安排各细分市场的比例,以期实现市场细分配置的最优化,尽可能降低风险,正如西方谚语所说:"不把所有的鸡蛋放于同一个篮子中。"

第五,订房连续性强。饭店通常与旅行社保持密切的业务联系,因而旅行社的订房也能够连续持久。旅行社一般都将自己的团队安排在有主要业务往来的饭店,而不会随意向其他饭店订房,原因很简单:双方了解,合作容易,且能够与饭店达成有利的价格协定。如果饭店能够保持与旅行社的密切合作,对于饭店客源的稳定以及进行客源预测都十分有利。

二、建立与旅行社良好的业务关系

饭店与旅行社精诚合作、利益共享、风险共担的业务关系的建立,对于饭店和旅行社双方都十分有利。而良好关系的建立需要共同努力,共同培育。表9-3列举了旅行社在选择饭店时注重的因素。

表9-3 旅行社选择饭店时最看重的要素

要素	比例
预订声誉	90%*
对客服务声誉	83%
获得佣金的便利程度	77%
房价	76%
顾客先前预订经历	76%
饭店预订系统效率	70%
佣金比例	64%
特别价格	61%
是否可以通过计算机预订	48%
与饭店销售人员关系	31%
顾客要求提供回头客奖励	26%

资料来源:Travel weekly, 53, no.65, p.118
*旅行社比例

饭店要想使旅行社成为自己的合作伙伴,为饭店进行大力推销,必须做好以下七个方面的工作:

1. 挑选合适的旅行社作为饭店的销售代理

饭店必须根据选择中间商的原则和标准来确定哪些旅行社适宜作为本饭店的主要客户(见本章第二节)。具体做法是:首先确定饭店客源的主要地理分布区域,如主要市场所在的20个城市,或主要航空公司的客源所在的主要城市;然后了解主要客源地区的旅行社组团销售情况,并对他们进行分析评估,从中挑选对本饭店最有利的旅行社。所需有关市场及旅行社的资料可采用多种途径获得(见第三章)。

2. 作好对旅行社的服务和沟通工作,提供各种促销信息,以帮助它们销售

饭店可以组织旅行社人员参观本饭店,使之了解本饭店的产品和服务。饭店应向旅行社提供足够的宣传材料,如饭店宣传手册、广告招贴画、促销录像带、幻灯片等,为旅行社推销本饭店创造良好的条件。同时,饭店应通过函件、人员访问等形式及时向旅行社提供饭店各种新产品和服务、新项目及新计划等最新动态,以加强旅行社对饭店的了解。对于旅行社,尤其是旅游批发商,由于他们往往提前一年或更长时间印刷宣传手册和对外报价,而饭店房价又是他们对外报价时必须考虑的主要方面,饭店应提前与之协商好房价并尽可能保持价格的稳定。如果因经营发生变化必须提高价格,饭店应尽早通知旅行社,否则临时调价将使旅行社的工作处于十分被动的状况。目前,国内有些饭店在与旅行社交往时往往忽视及时的信

息沟通,临时传达旅行社调价信息,致使因调价引起的退团现象经常发生,给饭店和旅行社双方都带来经济损失和声誉损害。

3. 采用各种激励措施,提高旅行社代理销售的积极性

饭店可采用的销售激励措施很多,如增加佣金、提高佣金比例,对淡季销售给予奖励佣金,并及时支付佣金;给予通过旅行社订房的公司和机构以更大的折扣,促使它们通过旅行社订房;免费为旅行社人员提供膳宿;开展销售竞赛,对销量高的旅行社实行奖励等。

4. 加强预订受理工作,方便旅行社订房

饭店应根据旅行社订房特点,建立相应的预订受理程序。旅行社订房时,要求饭店回答能否接受预订并提供有关房价、定金政策,以及其他服务费用,诸如行李运送费、客房税等方面的订房信息,饭店应以书面形式(客房销售合同)向旅行社确认房价(含早餐)、定金、预订截止时间、付款方式等(详见第十一章第二节)。另一方面,在电脑日益普及的新环境下,饭店应采取新技术,改变以往的电话、信函预订形式,实现订房的电脑化,这是我国饭店业今后发展的重要方向。

5. 搞好旅游团队的接待工作,使旅游团成员和旅行社双方满意,这是维持饭店与旅行社关系的重要方面

在实际工作中,有的饭店销售人员往往重视销售工作,忽视团队进店后的服务工作。饭店与旅行社的关系好比"销售蜜月期",而蜜月过后热情便骤然降温,导致顾客不满,旅行社也"移情别恋"。旅游团接待工作的重点是团队进店和离店时的前台签进签出,为了尽可能提高效率,饭店应要求旅行社在团队到达前 7～10 天将旅游团有关信息如团队名称、预订客房数(包括陪同用房)、来店交通工具、抵离店时间、膳食要求、团队成员名单等送交饭店,饭店据此做好团队接待准备工作。为了避免大厅和前台因团队到达而出现混乱拥挤现象,饭店应在团队到达前,将宾客登记表和客房钥匙准备好,客人到达后,只需在登记单上签名就可到客房休息。持团体签证的外国旅游团,只需领队签字即可。有些饭店在机场设服务台,团队到达机场后,便有饭店人员迎接,并在从机场到饭店的车上办妥住店手续,客人到店后可直接进客房。行李的快速送达也是重要的一环,团队房号分好之后,就可在旅客行李上贴上注明房号的标签,行李部据此迅速将行李送至每位客人。在团队离店时,饭店负责团队的工作人员应与领队或陪同联系,以提醒客人结付个人账单。团队下榻饭店时,应同导游确定叫早时间、用餐时间和地点、出行李时间,并将有关信息通知电话总机、行李处、餐饮部等,保持整个安排的顺利。

6. 加强售后工作,保持与旅行社的密切联系

旅行团离店后并不等于销售工作的结束,饭店销售人员必须给旅行社寄去正式信函,为旅行社带来生意而表示感谢,并寻求新的合作机会。

7. 重视账款清算工作,维护饭店的经济利益

过去一些饭店存在销售人员只管招徕客源,不管收款清算的现象,有些人甚至认为"要欠款就会影响客源",致使在一些饭店国内外旅行社欠款严重,饭店资金回收不上来,饭店的正常经营受到影响。饭店必须认识到,经营旅行代理业务相比较而言并不需要大量资金投入,国内外许多旅行社和其他销售代理机构是资产很少的企业,十分容易破产,因此饭店在选择旅行社时必须十分慎重。同时,要强化账款回收工作,不能为了客源搞无偿接待。饭店应建立对销售人员执行应收款考核制度,使之认识到一个销售人员不仅是联系团,把团送走就算完成任务,而是团走回款后才能算一个全过程。

对于已经出现的拖欠款,饭店应及时负责追回。这一工作由饭店销售部、财务部、前厅部协同完成。通常,旅行社付款期限应在团体离开后30天内。如果逾期未付,饭店应向旅行社发催款函,敦促其尽快付款。催款函应阐明对方应付账款额,强调对方必须立即付款,以及不付款饭店将采取的措施。附催款函于下。

A Letter Urging Payment

Based on our accounting receivable report, your outstanding payments totalling ____ which exceed 30 day's credit facilities, please arrange payments promptly, or else we'll have no choice but to suspend your credit facilities till all payments are settled.

cc Front office   Sales Department Director
Accounting   Signature

催款函

根据饭店应收账款报告,贵公司_____账款已超过30天应付期限,请立即付款,否则本店将暂停你公司赊账权利,直到付款为止。

抄报:前厅部   销售部经理
　　　财务部
　　　　　　　　　签名

三、饭店与旅行社之间的运作规范

饭店与旅行社之间的良好关系须建立在平等互利、规范经营的基础上。但是由于各自利益不同,双方在业务往来中也会出现纠纷和冲突,如旅行社拖欠款现象、饭店随意涨价、饭店未能提供合格服务时的索赔等。对此,需要建立相应的运作规范来约束双方的经营行为。我国目前还未制定相应的法规,《旅游法》也尚未出台,因此,本节仅介绍美国旅行社协会制定的《饭店旅行社之间的营业关系与运作标准》,供我国旅游界同行参考借鉴。

附 《饭店与旅行社之间的营业关系与运作标准》
（美国旅行社协会订）

美国旅行社协会为了建立它们和饭店之间的一种理想的营业关系与运作标准，已经提出若干试验实施的原则，并为饭店方面所采用。

制定本准则的一切努力都是为了饭店与旅行社之间的共同利益，本协会所提出的建议如下：

1. 收费标准与预订

a. 饭店应当随时制定并发布一种收费标准一览表，列出各种房间及其他各种服务的最高与最低的收费额。一览表的收费标准应适用于所有的顾客，不管他是直接订房或者通过旅行社代为预订。业已公布的一览表收费标准应予严格遵守，直至新的一览表公布为止，或者直至代理人收到书面通知改变收费标准时为止。

b. 旅行社或代理人仅可根据规定的收费标准提出报价与推销，但如由于实际的需要或经顾客的要求，他们可不受这种标准限制而接受订房。

c. 代理人接受订房要求时，应直接和饭店或其授权之代表联系处理。有关订房所需之通讯费用，诸如邮资、电报电话费等，均由代理人负担。饭店对于订房的要求应当尽快予以答复；可能时，最好是在 24 小时内答复。

2. 佣金

a. 代理人收取佣金，系依饭店规定的收费标准而获得的推销额的 10%。

b. 对于代理人是否应当提取某项推销的佣金有疑问时，代理人应当提出确实证据，证明他在该销售中所具有的影响力。有关此次销售的通信、电话或电报记录均可作为具体证据，而不必空言争论。

c. 代理人代表饭店收受的一切款项，均应在扣除其应得的佣金后，立即汇交饭店。如果饭店原已同意代理人代收之费用可暂以收费收据联单记账，实际汇款则依协议的时间稍后寄出。

d. 代理人提供服务后，一切账款如经饭店自行直接收取，则代理人应得之佣金，饭店应在收账后 30 天内结算付与代理人。

3. 广告

a. 饭店与代理人双方所做之广告均应切合实际。广告格调尤应注意高雅，并应避免可能导致误解之言词。

b. 广告中如果列有最低收费标准，应该肯定而明确地指出最低标准，不可含糊其辞。

c. 代理人为饭店服务时，不可在言词上明示或暗示各家饭店的相互比较情形。

d. 代理人与顾客之间的往来关系，饭店应当予以尊重。在以后的生意中，即使饭店可以直接向该顾客招徕，仍应当通过代理人处理之。

e.代理人有义务展示或分发饭店提供的宣传手册或其他类似的广告宣传品。

4.一般条款

a.代理人与饭店之间的关系应维持在营业上的道德标准,双方对于顾客或社会大众亦应如此。

b.如果饭店委托的代理人并非美国旅行社协会会员,且其待遇较其会员优厚,则会员亦有权享受此种同等待遇。

5.争执

a.双方如有任何争执,包括佣金之争执在内,可由饭店将争执事件交饭店协会,并由代理人将争执事项提交旅行社协会共同调解之。

b.饭店对代理人如有索赔要求,或代理人对饭店有此要求,均应在合理的时间内提出。

#本资料转引自《旅游市场及行销》,谢明成、张顺程合著,台湾众文图书公司出版

第四节 饭店销售渠道管理Ⅱ——饭店预订系统

一、饭店预订系统的类型

自20世纪80年代电脑普遍应用于饭店业以来,饭店预订系统得到了迅速发展,出现了各种类型的饭店订房机构、企业和系统,我们将这些订房机构、企业和系统统称为饭店预订系统。预订系统的主要职能是为加入系统的成员饭店销售客房,并从中获得佣金。饭店要想成为某系统的成员,一般需缴纳相应的入网费。目前饭店预订系统大致可分为以下五大类:

1.专门从事饭店订房及销售的企业和组织

它们在世界上许多地方设立办事处和销售办公室,为加入订房系统的饭店推销客房;各饭店则需支付一定的费用,付费的方法有:(1)根据接受订房间数付费;(2)固定付费标准,通常为每年缴纳的入网费;(3)根据销售预订收入的某一比例付款。除代理客房销售外,有些饭店订房及销售组织还通过本系统的传播媒体,如年鉴、成员饭店宣传册等为成员饭店促销。目前,全球最大的饭店预订组织如表9-4所示。

表 9-4 世界饭店联合体 25 强排行表

名次 2001/2000	联 合 体 名 称	总部所在地	客房数 2001/2000	饭店数 2001/2000
1 1	帕格萨斯选择 Pegasus Solutions	美国	971 581 1 139 708	5 456 6 381
2 2	莱星顿服务公司 Lexington Service	美国	495 000 515 000	3 800 3 975
3 3	优尼预订 Unirez	美国	376 467 262 050	2 561 1 747
4 4	塞西公司 SynXis Corp.	美国	220 975 ……	1 785
5	超国界饭店组织 Supranational Hotels	英国	187 500 192 500	1 457 1 609
6 5	VIP 国际公司 VIP International Corp.	加拿大	159 409 130 475	1 350 1 136
7 8	荷图萨/欧洲之星家庭饭店 Hotusa – Eurostars – Familia Hotels	西班牙	85 750 78 000	975 977
8 7	世界一流饭店组织 Leading Hotels of the World	美国	84 000 82 300	395 380
9 9	凯特 SA Keytel S. A.	西班牙	84 000 74 200	840 742
10 10	SRS 斯泰根伯格饭店 SRS Hotels Steigenberger	德国	77 362 71 362	394 375
11 6	因德公司 Inde Corp	美国	76 129 90 000	337 418
12 11	法国罗吉斯 Logis de France	法国	70 000 65 061	3 500 3 581
13 14	全球客栈点数 InnPoints Worldwide	美国	62 938 26 547	623 379
14 13	豪华饭店联合体 Associated Luxury Hotels	美国	41 655 38 083	63 62
15 12	塞普特饭店资源 Scepter Hospitality Resources(SWAN)	美国	34 078 53 920	115 105

续表

名次 2001/2000	联合体名称	总部所在地	客房数 2001/2000	饭店数 2001/2000
16 15	美国历史饭店 Historic Hotels of America	美国	32 066 31 411	173 167
17 16	民乐国际组织 Minotel International	瑞士	29 000 31 000	575 725
18 17	顶级国际饭店 Top International Hotels	德国	25 000 30 500	220 245
19 18	拉克斯饭店公司 Luxe Hospitality Corp.(Robert F.Warner)	美国	22 600 25 000	226 165
20 20	ILA宫殿饭店组织 ILA-Chateaux & Hotels de Charm	比利时	17 676 17 810	401 403
21 19	旗帜选择饭店 Flag Choice Hotels	澳大利亚	17 485 23 236	353 435
22 22	世界小型豪华饭店组织 Small Luxury Hotels of the World	英国	14 891 14 078	273 270
23 25	瑞雷斯与宫殿组织 Relais & Chateaux	法国	14 540 10 500	469 452
24 23	设计饭店组织 Design Hotels	美国	11 510 12 500	169 170
25 24	法国宫殿饭店组织 Chateaux & Hotels de France	法国	10 547 11 407	523 532

资料来源:《饭店业》,2002年7月

2.联号饭店的预订系统

集团化是饭店业发展的一大趋势。而大型饭店集团一个重要优势就是拥有自己的预订系统,能够为所有的成员饭店提供集团内订房服务。客人在集团内的某家饭店通过预订系统,便可以预订任何一家集团成员饭店的客房,这对于散客而言是十分方便的。联号饭店预订系统可分为集中型和分散型两种。

(1)集中型预订系统:假日饭店联号集团(Holiday Inn)所使用的系统以及喜来登国际饭店集团的Reservation Ⅲ都采用集中型预订系统。集团拥有一个预订中心,其数据库储存各饭店客房使用状况、房价、会议设施、客史档案等方面资料,订房中心、集团分区预订办事处及各饭店都可迅速获得电脑储存信息。客人可在当地成员饭店或预订办事处预订异地或异国某成员饭店客房,服务人员通过电脑终端将客人的要求传送到订房中心,订房中心的服务人员通过屏幕显示了解客人要求,如果该饭店的客房、房价等符合客人要求,服务人员就可立即确认订房要求;如果与客人的要求不符,服务人员可以向客人介绍其他饭店。订房中心的电脑也可打印订房确认通知书,再寄给旅客。这种预订系统要求成员饭店与订房中心联网,技术要求高,建立统一的联网终端需要大量的资金和技术投入,同时也需要会用电脑技术的员工来从事这一工作,这对于一些发展中国家而言,尚有一定难度。由于所有的预订须经过订房中心来办理,有时造成不必要的财力、人力和时间浪费。例如,一位客人在纽约要预订芝加哥的另一成员饭店,订房服务人员将客人的要求传送到集团的订房中心(不在这两个城市),再由订房中心将订房信息传递给芝加哥的饭店,以确认是否接受预订。事实上,在这种情况下,最简单的方法是直接拨通芝加哥成员饭店的电话号码,便可迅速得到预订是否予以确认的信息。

(2)分散型预订系统:它不是由集团的订房中心统一办理订房服务,订房中心的电脑与位于世界各地的订房办事处联系,而不与集团所属的大部分饭店联网;各饭店将接到的订房要求传到各订房办事处,由办事处处理当地的订房工作。分散型预订系统可以有效、经济地处理区域内的订房要求。

3. 电脑联网预订系统

指用于整个旅游活动包括机票、饭店等预订在内的电脑预订网络。目前全世界使用最为广泛的电脑预订系统包括:(1)APOLLO 系统。它是美国联合航空公司采用的预订系统。该系统在欧洲、澳大利亚、新西兰等使用时名为 GALILEO,在加拿大使用时名为 GEMINI。该系统中用于饭店预订系统的名称为 Room Master。在美国有 58 500 个终端采用 APOLLO 系统,在欧洲的终端达 26 400 个。(2)SABRE 系统。它是美国航空公司的电脑预订系统,在澳大利亚名称为 EANTASI-A。SABRE 系统在美国拥有的终端为72 000个,欧洲为 3419 个,澳大利亚为 1673 个。(3)PARS/DATAS Ⅱ(WORLDSPAN)系统。这是美国达美、TWA 和西北 3 家航空公司共有的电脑预订系统,在世界上拥有 52 000 多个电脑终端。目前,达美航空公司与著名的 AT&T 电脑公司签订合同,准备在 10 年内建立一个合资企业,达美将投资 28 亿美元。这个尚未命名的企业将满足达美全部的内部电脑需求,还为它提供电脑预订系统。(4)AMADEUS 系统。它是由欧洲几家最大的航空公司联合创立和经营的,它们是法国航空公司、德国汉莎航空公司、西班牙伊比利亚航空公司和斯堪的纳维亚航空公司。该系统通过计算机同其伙伴航空公司及其他客户相连。遍布世界各地的航班售票点均通过该系统订票。它的预订能力为每秒 1750次,目前实际预订速度为每秒 450 次。任何售票点若有退票,一秒钟之内即可为另一个售票点支配。若某航班时间有变更或临时有航班增加,其信息可在瞬间传递到世界任何角落的售票点。该系统自 1978 年启用以来,伙伴航空公司已增至 29家,并且向包括中国国际航空公司在内的约 700 家航空公司提供信息,客户中还有

21 000 家旅行社和 18 000 家饭店以及 9 家汽车出租公司,已经占据了 2/3 的欧洲市场。

4. 航空预订系统

世界著名的航空预订系统有以下 6 个:日本航空公司的 AXESS 系统;西班牙伊比里亚航空公司的 ARIES 系统;中东、亚洲、非洲等 60 多家航空公司联合使用的 SITA/SAHRA 系统;美国大陆、大西洋、阿拉斯加和美国西北等 4 家航空公司共同采用的 SHARES 系统;德国汉莎航空公司的 LRS 系统以及 AERLINGOS 航空公司的 ASTRAL 系统。航空预订系统中也包括饭店客房的预订。ARIES 系统和 LRS 系统已由 AMADEUS 系统所取代。

5. 其他旅游预订系统

主要包括中东地区的 DMARS 系统,意大利的 SIGMA 系统,澳大利亚的 TIAS 系统,英国的 TRAVICOM 系统,瑞典的 BOOKHOTEL 系统,德国的 H.R.S 系统和法国的 SESAMTEL 系统等。

二、饭店预订系统的发展

电脑旅游预订系统、航空公司预订系统以及其他预订系统虽然不是专门的饭店订房系统,但饭店客房的预订是其重要的内容,许多饭店都加入这些预订系统之中,以获得更多的,尤其是商务散客的预订。

随着电脑技术的不断进步,各大预订系统也开始互相联网销售,许多饭店同时加入几个预订系统。即使拥有自己预订系统的饭店集团也统一加入到航空公司或其他专门的预订组织,如假日集团加入到"选择"(Choice)预订系统。

随着互联网技术的发展,传统的 CRS/GDS 一方面正在努力地开发网上市场,建立网上公司,以应对这一挑战,如 SABRE 开发 Travelocity,Galileo 收购 Trip.com;另一方面,它们与网络服务商建立伙伴关系,如 WORLDSPAN 为 Expedia 和 Priceline.com 提供预订系统,而 AMADEUS 则为 29 家航空公司和 2500 家网上代理的网站提供网上预订技术或实际的预订工具。

传统的专业饭店预订公司也积极开展网上直接预订服务,并朝着建立以营销为核心的饭店联合体方向发展。

目前,我国已建立自己的预订系统。中国国际旅行社将拥有遍布全国主要城市的电脑运作网络,入网成员除其各分支社外,还包括一些与国旅总社有业务往来的饭店。这一网络的建立,将极大地方便入网饭店与旅行社的预订及清算,改变依靠电话、电传、传真进行预订的现状,节约经费,提高旅行效率。同时,我国一些饭店开始进入国际旅游预订系统,这将对我国的饭店销售体制产生极大的影响,同时也会促进我国饭店销售运作与国际通行做法接轨。此外,像 e 龙公司等专业性饭店预订公司也得到了极大发展。

是否加入某一饭店预订系统,加入哪个预订系统,准备加入预订系统的饭店必须仔细分析比较,考虑该系统能否为饭店带来足够数量的订房,以及加入该预订系统在技术水平和实际操作上的可行性。

第五节 饭店销售渠道管理Ⅲ——与饭店有合约关系的其他销售渠道

除旅行社和饭店预订系统外,饭店销售渠道还包括与饭店有合约关系的其他销售渠道,如航空公司及其他交通运输公司、企事业组织机构、饭店销售代理机构、饭店管理公司以及特许经营权转让饭店联号等。

一、航空公司和其他交通运输公司

航空公司为饭店输送的客源包括飞机乘客、航空机组成员、航空公司组织的包价旅游者或包机游客,以及航空公司的休假职工等。航空公司是饭店的重要销售渠道,与航空公司紧密联系,对于扩大饭店销售,尤其在增加散客方面作用十分显著。例如青岛汇泉王朝酒店与航空公司合作,在青岛至香港的国际航班上代办饭店预订,方便散客订房,此举使刚开业的汇泉王朝饭店取得了较好的经济利益并扩大了饭店在国际市场的影响。

建立与航空公司良好的业务关系,首先要做好对航空公司的推销。饭店销售人员要亲自拜访驻本地各航空公司办事处,向他们赠送饭店促销资料,介绍饭店设施、价格等,有可能应请他们到饭店访问,使他们能够将本饭店产品组合到其一揽子计划之中。另外,要采取各种形式的销售竞赛和奖励等,以刺激其代理本饭店销售的积极性。同时,要搞好对航空公司职员和机组人员的接待工作,并为航空公司介绍的客人提供高质量的服务。国内饭店可以根据航班班次准时派饭店班车到机场迎送客人,并接送他们到主要购物中心购物及旅游,以方便他们在当地的居留。此外,当航班停飞、延误、飞机失事或机上乘客出现紧急情况而要求饭店提供特别服务时,饭店应予以大力协助,帮助解决出现的问题。关于航空公司类客人的接待及应提供的服务项目见第二章和第十章。

其他公共交通企业,如铁路公司和旅游汽车公司也经营旅行业务。它们与饭店合作,向旅游者提供住宿、食品饮料、交通等一揽子的服务项目,它们同样是饭店重要的销售渠道,饭店应像对待旅行社和航空公司等销售渠道一样予以重视,本着互利互惠的原则,搞好与这些交通企业的关系。

二、饭店集团销售渠道

饭店连锁集团是指饭店经营特许权转让的联号集团以及委托经营管理的饭店

管理集团的统称。饭店集团一般规模大,经营较为成功,因而在国际上享有较高的声誉。独立饭店加入饭店集团除了可以使用饭店集团的名称、标志、运作程序、服务标准等外,又可享有另一重要的优势:国际性的饭店集团大多有遍布世界的销售渠道以及较为先进的客房预订系统,配备高效方便的电脑中心和直接订房电话,为集团成员处理客房预订业务,并在各饭店间互荐客源。饭店集团在各地区设立的销售办公室和销售队伍,不仅向各饭店及时提供市场信息,同时还在各主要市场为饭店招徕团队和会议业务。在有些饭店,集团销售渠道带来的业务量占到饭店接待客人总数的5%。

一般而言,独立饭店加入饭店集团,便自动享有使用集团销售渠道的权力。有的饭店集团管理合同或饭店经营特许权转让合同中规定,成员饭店使用集团订房系统每年应缴纳一定数量的入网费。目前各大集团为了增强集团自身的竞争力,纷纷建立自己的电脑订房网络,如美国一流的西部汽车旅馆联号集团在凤凰城开设电脑预订中心。同时,该公司与航空公司和其他运输企业挂钩,拓展销售渠道,并且在西雅图、蒙特利尔、凤凰城和华盛顿等城市开设了销售办事处。

独立饭店在考虑是否成为某集团成员以使用其销售渠道时,必须清醒地认识到并非所有的集团都能自动地为饭店带来客源,因为这取决于该集团的档次、市场重点是否与本饭店一致;同时,还取决于该集团本身对市场是否具有吸引力以及是否具备强有力的广泛的销售渠道。另外,饭店还必须权衡加入集团所带来的利益能否抵消为此而花费的各种费用,如支付的管理费、集团提取的销售收入和利润以及订房系统使用费等。

本章总结

饭店销售渠道策略在于通过适当的途径将饭店产品和服务销售给最终消费者——宾客。饭店可以采用直接销售渠道和间接销售渠道。处于间接销售渠道的中间商类型多种多样,有旅行社、航空公司、饭店销售预订组织等等。由于中间商在执行市场营销职能方面的诸多优势,利用中间商代理销售可以提高销售效率和效益,并弥补饭店营销经验和力量的不足。

饭店预订系统是现代化技术在饭店业中应用的产物,自20世纪80年代以来获得空前发展,其前景可观。它主要包括专门的订房组织、连锁集团订房系统、电脑旅游预订系统、航空预订系统等。我国饭店和旅游业在这一领域刚刚起步,加入国际预订系统和建立自己的预订系统是饭店走向国际化和现代化的必由之路。

此外,饭店还必须重视其他销售渠道,如航空公司、企事业单位等的销售工作。

专业词汇

销售渠道　饭店中间商　预订系统　固定付费标准　饭店连锁集团

思考与练习

1. 简述饭店销售渠道模式。
2. 饭店中间商具有哪些职能?
3. 饭店选择销售渠道模式时应考虑哪几个因素?
4. 旅行社订房有哪些特点?饭店如何搞好与旅行社的关系?
5. 饭店预订系统主要有哪几种类型?各自的特点是什么?

第10章

饭店网络营销

本章导读

现代技术的发展使互联网已经成为饭店快速增长的营销工具。本章分析了利用网络营销的优越性，阐述了网络营销的 7Ps 战略构成，并简要介绍了饭店网站开发、设计的主要内容。此外，本章还介绍了网络营销中如何开展促销，以及网络营销的衡量。

第一节 网络营销的优越性

一、饭店互联网营销的适用范围

根据《计算机产业年鉴》的统计，互联网的使用者已经超过了 3.5 亿人，这个数字超出了世界成年人人口的 5%，并将持续增长。在广播、电视和印刷媒体之后，互联网很快地成为了公认的广告第四媒体。由于使用的简易性和较低的启动成本，营销者迅速转向互联网，掀起了新一轮浪潮。

互联网是理想的市场营销工具，它可以向成百万的人传递信息，也可以用于在一个更小的群体里进行针对性的营销。互联网每周 7 天、每天 24 小时的开放时间很吸引人，而且它的另一个优点是消除了地理障碍。传统的市场营销通常要比网络营销来得昂贵，网络营销则更加节约成本。另外，网络的使用还可以帮助营销者立刻得到结果，这不仅使实时统计成为可能，还允许营销者及时审查和调整市场营销策略。

George Washington 大学朱迪·阿什曼（Jud Ashman）认为，可以在以下八个方面使用互联网，他把它们称为网络饭店营销系统的 8 个 C：

- 交流（Communicate）。网络上有大量的资源可供饭店经理们沟通使用，包括网站、电子邮件、目录服务、搜索引擎、讨论小组、网上广告、网络链接等。
- 节约成本（Cut Cost）。互联网提供了一系列为市场营销节约成本的方法。突出表现为邮寄费用的节约和电话费用的缩减；另外，通过在网上将信息传达给更多的人,广告支出获得了更大的收益。

- 进行调研工作(Conduct Research)。网络上有各种可用资源,几乎可以为任何问题提供答案。饭店营销人员在办公室内就可以完成对目标市场的查找。
- 商务往来(Commerce)。网络不仅可以帮助进行采购,还可以进行预订销售、用户注册和广告宣传。
- 对信息进行更新(Current Event)。饭店可以紧跟产业的发展趋势和热门话题。通过使用定制化的网站和加入新闻组,饭店可以对产品、服务等信息进行实时更新。
- 获得注意力(Command Attention)。营销者可以通过使用网络资源来进行促销,从而为饭店争取足够的注意力。网络广告可以将观众的注意力吸引到本企业网站中,电子邮件广告则可以将信息直接传递给目标市场,同时营销者要注意将自己的饭店加入到行业网站以及其相关的内容之中。
- 附加服务(Cutting-Edge Services)。网络的庞大信息容量能够为饭店提供多种附加服务。通过管理软件可以帮助饭店管理与策划众多的相关服务项目。网上注册可以帮助了解顾客及其消费水平。
- 方便性(Convenience)。由于网络的无时空局限性,饭店管理的主要工作都可以在办公桌旁进行,不出办公室,饭店就可以得到全世界的信息。

二、网络营销的优势

与传统的营销相比,网络营销处理的是"真实时间",这是由网络信息传递的即时性和网络交流的互动性决定的。通过网络营销,消费者可以获得最新信息;网站内容的更新可以保证消费者对网站的再次访问。《网络效果:有效的网络营销》(Net Results:Web Marketing That Works)一书列举了网络营销的优势:

- 品牌建设。饭店可以通过增加网站的知名度来迅速建立品牌的认知度。
- 直复营销。通过 B to B 以及 B to C 网络商务模式,可以节约印刷和邮寄的相关成本,网络使饭店能够针对目标受众迅速调整营销策略,还可以对特定市场提供个性化信息服务。
- 网上销售。指在交互性环境中对订货进行即时处理。这将大大节约饭店、顾客及供应商的交易费用。
- 消费者支持。通过饭店网站 FAQ(常见问题解答)功能,饭店可以为消费者提供常见问题的解答。
- 市场营销调查。网络可以提供有价值的消费者信息,饭店营销者可以使用人口统计要素来设计自己的网站,从而获取大量的消费者信息。
- 信息提供。这是网络的一大优势。饭店可以将各种信息提供给更广范围内的互联网受众,从而扩大宣传的效果。

第二节 饭店网络营销战略

一、饭店网络营销战略构成

约翰·福尔(John Fuhr)提出,在开发营销战略的初始阶段,营销者要继续使用传统的市场营销方法,同时寻找它们在网络上的具体应用。换言之,将在直接邮寄促销中所使用的全部策略,应用在互联网上。例如,以前人们邮寄的是印刷的宣传册,而现在饭店应该开发其网络版。

凯文·杜兰(Kevin Dolan)将传统营销的 5Ps(产品—Product,价格—Price,地点—Place,公共关系—Public Relations,市场定位—Positioning)按照网络营销的特点向前推动了一步。他推荐了下面的 7Ps 来帮助开展一个成功的市场营销活动:

● 存在(Presence)。即出现在网络上。在网络上建立自己的网站是第一步,整个网络营销过程的主要目的就是吸引受众对该网站的访问。

● 愉悦(Pleasing)。网站及其内容必须赏心悦目,从而吸引访问者的注意力并引发其阅读兴趣。

● 个性化(Personalized)。网络与大众传统媒体的区别在于其互动性,饭店可以通过个性化网络营销来建立与客户的关系。

● 购买(Purchase)。通过电子商务,购买或销售产品或服务。

● 流程(Process)。将饭店的核心业务系统和互联网结合在一起。这是网络营销成功与否的关键,它决定网络营销的准确性和效率。

● 合作(Partnership)。与合伙人、供应商、消费者以及竞争对手的联系将扩大饭店的信息传达范围。

● 可调整性(Programmable)。网络营销可以很容易地作出调整,以适应饭店的营销策略的变化。

二、饭店网站开发、设计的内容

1. 网站开发的总原则

饭店网站建设所需要花费的时间和思考的问题,与整个市场营销战略的开发不相上下。网站的设计需要确保访问的简易性并要满足消费者需求。朱迪·阿什曼(Jud Ashman)建议在网站建设时注意以下要素:结构、访问的简易性、风格、技术要求、一致性和个性化。

2. 域名选择

选择域名十分重要。网站的生存主要取决于它们被认知的程度。所有的域名必须在网络解决方案注册服务器上进行注册,注册的过程很简单,可以在网上完成。如果可能的话,饭店的域名中应该包括饭店名称中的一些关键词,以便消费者找到饭店的网站。关键词是开发网站时要考虑的重要因素,因为访问者是使用关键词来查找饭店的网站的。饭店网站只应该集中使用几个关键词,这样能够在搜索引擎上获得较高的排名。

3. 网页设计

网上冲浪者的注意力范围很小。为了立即获得他们的注意力,饭店的首页应该清晰地界定饭店的经营重心、主要针对的受众类型以及为顾客提供的特别服务。在网页制作时需要着重考虑以下几点:

- 网站并不一定要精美,但是它一定要有足够的吸引力来诱使潜在顾客阅读饭店的市场营销资料。
- 使消费者很容易就和饭店取得联络。网站的访问者并不一定会立即注册,但是通过提供电子邮件地址、饭店方的邮寄地址和其他联络方式以及相关资料链接,就可以使消费者迅速联系到饭店。
- 相应资料要打印容易。许多人在预订前需要征得同意,有一些传统人士可能愿意将材料打印出来阅读。
- 包括对常见问题的回答部分。这会增加顾客的亲切感,同时也为顾客提供更多支持。
- 建立链接。①在网站中可以提供访问者可能感兴趣的相关链接,这会给饭店的消费者留下深刻印象,并且要向他们说明饭店在市场中处于领导者的地位。②与其他网站建立相互链接也会提高网站的访问量。和现实中一样,在网上也有一些公司会提供这方面的服务。为此,饭店需要寻找可能对与饭店的网站建立链接感兴趣的公司。与其他网站建立相互链接不仅可以提高访问量,还可以在诸如 Google 这样的搜索引擎上提高网站的排名次序。
- 在饭店的网站开发完成后,要在所有的印刷品上加上网站的网址,包括宣传册、传真、媒体发布资料、名片和平面广告等。

4. 互联网上文字资料的撰写

互联网上文字资料的撰写在很大程度上不同于其他类型的市场营销资料,撰写网上资料的准则包括:

- 面对的是"普通人"。在开发网站的时候,要尽力使其简易化,以便每个人都能够看得懂。与传统的市场营销资料不同,网站上的资料其语言正在变得更加平民化,而一些非传统的写作方式如俚语和流行短句的使用也变得更为普遍。
- 保持紧凑。注意不要塞给读者太多的信息,否则饭店会失去他们。保持段落简短、使用简报和大的字号,在可能的地方插入图片。这些都有助于实现饭店信息沟通的目标。
- 争取回馈。注重他人对饭店网站的评估,最好是业外人士,绝对不能是饭店员工的家人、朋友、同事或下属。饭店必须认真对待这些意见,并在需要的时候对网站进行调整。

● 牢记网站的不连贯性。网站的内容不像书本那样一页一页很连贯。由于不同的网页之间往往没有联系,因此很关键的一点就是在每一个网页上重复重要的信息。因为访问者很有可能是通过某个意想不到的网页登陆饭店的网站的。

● 表达的信息要有意义。网站上所有的信息都应该具有实质性内容而不是简单的文字和图片堆积。

三、饭店网站的营销

1. 网站的促销

设计阶段结束后,接下来要做的事情就是如何提高网站的访问量。鼓励访问网站的方法包括:

● 在访问量较大的搜索引擎和目录上加入自己的网址(如 Yahoo!,AltaVista, HotBot,Excite 等);

● 考虑与其他网站之间的互相链接、赞助或广告;

● 在网上进行新闻发布;

● 在每一个可能的地方加上饭店的网址(如印刷品,广告等);

● 了解电子邮件讨论小组或者与行业有关的目录,并成为其中积极的参与者;

● 在电子邮件的结尾处使用签名功能来提供个人的联络信息以及与饭店有关的信息,将这短短的几行内容做得引人注目。

2. 饭店的网络广告

网络广告的目的在于获得即时的、容易测量的结果。《简易网络营销》(Internet Marketing for Dummies)认为:对于广告来说,互联网既是最理想的媒体,也是最糟的媒体。好的方面是互联网广告可以轻松追踪点击广告的人数。互联网广告一般的点击率在1%以下。关于广告追踪问题将在本章的后半部分加以讨论。

然而对于互联网广告来说,很重要的一个特征并不是能够带来受众的即时行动,而是仅能带来未来的商业机会。那些受到广告的影响而采取后续行动的人数无法被追踪。这种广告叫做"形象"或"品牌"广告,与在其他媒体上的同类广告相比(报纸、广播、电视等),互联网广告更难以追踪。

如何在网络上做广告是营销者需要考虑的一个重要决策。其供选择的形式有:在自己的网站上进行;在其他网站上进行活动的促销;其他组织在自己的网站上进行广告宣传。

网络广告最常用的形式是横幅广告,横幅广告是指在某个网站上销售给他人供其使用的空间。几年前,横幅广告仅仅包括位于网页上方的简单的静态广告,而现在多媒体技术的发展使得伴有视频和声音的动态广告得以实现。尽管现今的横幅广告能够做到"视听一体",但其回应率却在广告充斥的今天由几年前的2%以上降至0.5%左右。Microsoft 的 Bcentral.com 提供了下列使用横幅广告时应注意的秘诀:使其短小简洁;提供相关利益;获取注意力,激发好奇心;使用促销或竞赛手段;号召人们采取行动,提醒人们进行点击;提供的信息要与目的相符。

3. 通讯和电子杂志

电子杂志或电子通讯中的广告是最值得推荐的互联网广告的方式之一。它们具有高度的指向性,相对来说较为低廉,同时又具有远高于其他广告的投资回报率。由于这些通讯或杂志是消费者自行订阅或"自选"的,因此不会被当作垃圾邮件或消费者不感兴趣的信息加以处理。麦克尔·索顿(Michael Southon)提供了确保电子杂志广告成功的十大准则:

- 对广告进行跟踪。在同时投放多个广告时这一点尤其重要。最简单的方式是在电子邮件地址或域址的最后设置一个关键码。饭店可以按照以下的模式建立自己的电子邮件地址:饭店的名字@饭店的域名.com,主题 = 电子杂志 A,或者饭店可以使用免费的网络统计程序。

- 指向目标受众。通过使用电子杂志目录中的"主题类别",饭店可以找到与饭店的目标受众相关的电子杂志。

- 首先进行电子杂志的订阅。在选择了一系列指向特定目标受众的电子杂志后,首先要订阅电子杂志,详细研究其中的广告。如果看到有重复广告的出现,饭店可以认为这个广告产生了很好的效果。

- 每一期上有多少广告出现?检查电子杂志中广告出现的数量。如果广告数量过多,那么回应率一定不会太高。读者很可能已经开始忽略广告。

- 是否有竞争广告存在?如果杂志中没有竞争者广告,那么饭店的广告效果会好得多。

- 小型杂志还是大型杂志?大并不总是等于好。大型出版物总是有更多的广告,这也就意味着饭店可能得到更少的关注率,而小型的电子杂志可能更具针对性。

- 重复!研究表明,非网络广告必须出现 9 次以上才会产生效果。"重复"这一规则对于网络广告同样适用。许多电子杂志提供包价折扣(Discount Package),如果饭店的广告预算有限,可以试试在每个出版物上至少出现 3 次。

- 电子邮件地址还是域址?与域址链接相比,电子邮件地址可以帮助饭店作出强有力的、有针对性的回应。同时跟踪电子邮件也要比跟踪域址容易得多。

- 提供部分免费信息或服务。

- 保持广告的简短。简短的广告更容易阅读。使用简短的句子和第二人称。不要进行饭店的泛泛描述,直接告诉访问者饭店的吸引力。

4. 搜索引擎

提高网站访问量最重要的方式之一就是将网站列入所有热门的搜索引擎和目录中。为了注册自己的饭店，请访问每一个搜索引擎网站，并严格遵从他们的指示，确保结果的有效性。对于想要在市场中处于前列、并在搜索引擎的排序中同样位于前头的饭店来说，有一种方法可以确保其网站成为前几名，那就是为排序付费。Google、GoTo、AltaVista 还有其他的一些网站都可以提供这种目录服务。

5. 饭店的电子商务

为了使饭店网站变成一个利润中心，应该鼓励访问者购买某种形式的产品或者在访问时有某种货币行为。如果饭店没有掌握信息技术的员工为饭店经营这个部分，饭店可以选择其他网络公司提供的外包服务。这些公司提供的是某种"购物车"式服务，饭店方不需要任何附加的程序，并且有时仅需支付数百美元服务费。

6. 赞助或合作关系

获得注意力的途径并不仅限于广告一种方式。和其他组织建立合作或赞助关系也是一种有效方法，它不仅可以获得曝光率，还可以获得收益。这个过程可以用两种方式来完成。饭店可以将饭店内容展示在其他网站上，也可以根据其他人的要求创办新的网站。这既可能包括金钱的往来（例如广告空间的销售），也可能包括不涉及金钱往来的"销售"。在开发战略性合作伙伴关系时，饭店可以通过横幅广告、按钮、文字、链接或直接网上销售进行相互促销。合作伙伴共同进行促销时甚至可以开发共有的主题网页。

网上的赞助关系有以下五种类型：

- 网页主题内容。广告主不参与制定和修改主题内容，它由制作方负责完成。
- 饭店促销。广告主与制作方协作进行内容的开发。
- 文字广告。它与传统印刷方式不同，因为网络上的文字广告更青睐于广告主喜欢的资料。
- 小窗口网页。这种方式将传统的文字广告概念加以扩展，形成今天的多网页广告，它类似于杂志或报纸上的特别附加页。
- 入口。可能这是赞助方式中最受人青睐的一种。按照这种方式，一个网站同意与另一个网站在内容上进行合并，作为提供给网络冲浪者的一种服务，由此为内容提供商创造了品牌价值。

Microsoft 的 Bcentral.com 介绍了五条可以充分发挥联合营销潜能的准则：寻找可以提供连续投资的合作者，以保证合作的长期性；提供多种链接，增加服务范围；找到合适的合作者；积极吸纳新的合作者；为经甄选的合作者提供良好服务。

四、其他

1. 网上调查

了解访问者的类型与监控网站访问和计算访问者数量同等重要。如果饭店了解自己网站的访问者和他们的人口统计要素,饭店就可以更为直接地向目标受众进行网站的营销。调查是完成这个任务的最为有效的方法之一。问题的类型取决于饭店要了解的内容。要尽力保证调查的简短,这是调查成功的关键;同时要询问一些背景资料,但不要涉及私人问题。

2. 电子邮件[*]

电子邮件不仅仅意味着效率,它还是进行信息交流的有效方式之一。从营销的角度来说,电子邮件可以帮助饭店营销者检验各种信息、建立对饭店网站的链接、在网上收集信息、鼓励更快和更高的回复率,并节约成本。

(1) 建立饭店电子邮件网络的步骤

- 开始。加入讨论名单、订阅通讯和电子杂志、参加新闻网络系统的新闻小组。对某个特定的主题提供支持和专家建议或者寻求帮助,可以帮助饭店从构建网络的"了解、喜欢和信任"的阶段开始。

- 介绍。明确每一个论坛关于介绍的政策,发送介绍饭店和饭店公司的信息,包括饭店是谁、在做什么以及饭店在寻找哪种类型的消费者等。

- 签名文件。在每一个求助、回答问题、介绍或其他内容的电子邮件往来中,都要在合适的地方加上签名文件。但是也有一些名录不设置签名文件,饭店营销者要遵从名录管理的相关协议。

- 自动回复程序。到目前为止,这是最为成功的网络工具之一。一个自动回复程序可以依据收到的简单的电子邮件请求自动发送信息,它们可以在很多方面得到应用,包括:促销材料,产品或服务信息,雇用帮助,培训帮助,文章转发。

- 广告。电子邮件无法被用于向没有要求得到信息的人发送广告。然而,饭店可以在各种电子邮件论坛、电子杂志或通讯中发布广告。在此之前一定要了解论坛中的相关协议。

- 产品投放。有很多公司可以通过电子邮件来投放它们的产品。咨询公司、软件公司、作者和培训者都可以通过电子邮件来传送产品和服务,并可以大幅降低成本。

- 回访。适时的更新、问候或者在某些情况下的大半信息都可以通过电子邮件来传递。回访主要是对已经存在的客户或个人采取的行为,这些人已经表示出对未来合作的兴趣。如果顾客事先并没有要求得到信息,那么这种情况就不能叫

---

[*] 资料来源:http://www.profnet.org

做回访。

- 消费者服务。对饭店消费者的要求、问题和投诉迅速高效地作出回答,是有效的网络工具所必不可少的。
- 通讯和文章。饭店个人写就的文章是建立信任度的最重要的工具之一。把这些文章发表在指向性的通讯和电子杂志可以带来很好的效果,如果饭店有足够的资料,饭店甚至可以创办自己的通讯。
- 媒体发布。无论是网络杂志还是传统形式的印刷物,许多编辑都愿意通过电子邮件来获得宣传报道材料。与其他论坛一样,关键在于搞清规则——这个编辑确实愿意通过电子邮件来获取资料。
- 协调与客人协调。大多数真正有用的电子邮箱的名录是需要和新闻小组进行协调的,也就是说这里有专门的人士负责维持小组的秩序,阻止不协调信息的出现。饭店可以创建自己的协调小组,也可以自愿成为某个偏好小组的"客人协调者"。
- 竞赛。饭店可以使用电子邮件来宣布、进行和促销某项竞赛。需要再一次强调的是,给某个论坛发帖子之前一定要检查该论坛关于竞赛的政策。
- 调研。电子邮件是一个很有效的调研工具。通过电子邮件来发送调查请求是很容易的。
- 组织。电子邮件可以保持工作的组织性和效率性。通过使用过滤系统(电子邮件程序中一项可以帮助饭店筛选邮件的功能)和一整套共用信息(已经写就的电子邮件信息,以便饭店可以用于对频繁问及的问题和普遍要求的信息的回复),饭店会发现饭店每天可以只用几个小时就完成成百上千封电子邮件往来。
- 私人电子邮件。通过私人的信件往来,饭店可以深入地了解对方,也可以了解饭店。通过电子邮件来"读"人是可能的(并由此了解、喜爱和信任他们),而且只要饭店意识到邮件中个人风格的存在,饭店就可以做到这一点。

(2)建立原则

- 个性化

饭店的电子邮寄营销与传统的直接邮寄营销相比有很多优点,其中最大的优势之一就是指向特定细分市场的能力。在直接邮寄中饭店可能会发给他们相同的宣传册,而通过电子邮件,饭店可以按照各个群体的具体需要来选择内容。饭店可以在发送的每一封信件和每一个附件之中强调适合他们的兴趣点所在。另外,电子邮件的成本很低,甚至是免费的,因此饭店可以节省一大笔印刷和邮寄费用。

- 自动回复功能

有些人可能将自动回复功能与那些几乎没有用处的即时回复邮件等同视之,每次给公司写信我们都会收到这种邮件,如"感谢您的提问,您的问题会在两个工作日内得到回复"等。事实上,在保持与消费者的联系上,自动回复功能可以成为一种非常有效的工具。每当有消费者要求得到相应的信息,自动回复功能就会帮助饭店完成任务。

自动回复功能可以提供如下益处:了解哪些人希望得到关于饭店的信息;减少网站的访问量;跟踪回复率;评估对饭店提出的邀约的感兴趣程度;自动发送回访和备忘录;节省发送重复性信息的时间。

(3)注意事项

使用电子邮件进行营销时要注意:

● 确保每一次和每一封邮件都得到了及时的回复,一旦一个电子邮件地址在广告中出现,它就会面临蜂拥而至的邮件,难以应付。但是对潜在消费者的回复绝不能被忽略或推迟。

● 要发送积极的和具有信息价值的邮件。每一封由饭店办公室发出的邮件都是整个市场营销信息的一部分。

● 不要发送不必要的(或垃圾)邮件。这些邮件常常被忽略,或得到负面的答复。而应利用目录服务或邮件目录来发送大组的邮件群。

第三节 饭店网络营销衡量

一、确定衡量范围

在衡量饭店的电子营销是否成功之前,饭店需要首先决定从哪些方面来衡量。这一点取决于最初的动机和目标。还可以通过检查以下两个方面来衡量:常规方面和创造性方面。从常规方面要考虑:这种方法适用于我的企业吗?它是否给我带来了更大的访问量?从创造性方面,考虑实际发送的广告或电子邮件:这种信息对我有效吗?记住:一个广告或信息可能对某些受众很适用,对其他人却可能没有效果;可能适宜某个特定的网站,却不适合其他的网站。因此当饭店改变目标受众类型时,要保持在必要时改变信息类型的敏感性。

二、明确衡量标准

在决定从哪些方面进行衡量时,要认真选择衡量的标准。尽管衡量点击量很容易,但是很多时候这并不是最好的方法。在衡量饭店的电子营销活动的效果时要考虑如下问题:

● 总访问量。
● 产生的关注数量。
● 转化为注册或产品(服务)销售的百分比。
● 实际产品(服务)销售状况或者回复状况。

- 预期的重复消费者数量。

在进行衡量时，不是仅仅关注其中某一个指标，必须全面综合来考虑，尤其要注重实际效果。例如，如果饭店有一个很吸引人的横幅广告，饭店可能会得到很高的点击量，这看起来是一项很好的投资。但是如果这些点击并没有引发受众的实际行动，那么它们也没有什么效果。

三、确定衡量的方法

决定从哪些方面进行衡量的方法在于考虑饭店的目标是什么。如果饭店的目的是要提高网站的访问量，那么就衡量点击量；假如饭店的目标是获得更多的消费者，那么饭店可以衡量电子邮件签约数量；如果饭店希望销售某项产品，则应衡量广告或电子邮件带来的销售额。

四、实施衡量行动

在饭店决定了想要从哪些方面进行衡量之后，就需要决定哪一个具体的营销活动对饭店目标的实现有最大的帮助。这是饭店考虑是进一步实施原有的广告宣传还是改变方向、重新对广告进行评价的时刻。饭店也可以考查比较每个网站的投入产出比——所花的每一元钱所带来的销售额。饭店是要付出更大努力还是要有所减弱？反馈也是很有价值的，通过调查和对重点顾客组的访谈，饭店可以了解访问者对饭店网站的感知如何。

互联网广告可以通过点击率来衡量。点击率是指人们点击查看该广告的百分比。正如前面所提到的那样，点击率通常在1％以下。饭店可以通过计算广告的总成本和人们点击广告的次数之间的比来获得广告的大致成本，也就是所说的"点击成本"。

第四节 饭店网络营销的日常工作

网络营销是一项基本的工具，只有饭店在日常的工作中对其加以实施，它才会真正发挥效用。

网络营销的日常性工作包括每日、每周、每月以及每个季度的不同工作。

一、每日的日常工作

- 回复电子邮件。这可能是最需要优先做的工作，在数字世界中，人们期望立刻得到回答。
- 完成一个与市场营销相关的任务。无论大小，都要当作日常任务来完成，包括在新的搜索引擎上注册自己的网站，或者仅仅是在公告板上贴发信息。

二、每周的日常工作

- 在饭店的网站上增加新的网页。由于提供了更多的进入点,新的网页可以提高网站的知名度,同时也可以保持网站的新鲜感,免得消费者认为网站过于呆板或令人厌倦。
- 在自己的搜索引擎网站账户上增加大约十几个搜索词以提高访问者搜索的速度和效果。

三、每月的日常工作

- 向至少5个以上的新搜索引擎提供新的网页。在主要的引擎注册之后(例如 Vista,Yahoo! GoTo 和 Excite),要将自己提升到另一个档次,如 MetaCrawler 和 Looksmart。同时不要忘记将网站注册到多引擎的搜索网站,如 Dogpile.com。应该将网站在尽可能多的搜索引擎上注册。
- 确定一家新的电子杂志作为广告投放的载体。在电子杂志上投放广告是互联网提供的几大低成本运作方式之一。广告成本在收到一至两个顾客注册后就可以收回。
- 为针对性的电子杂志出版商撰写和提交文章,开展连续性宣传。

四、每个季度的日常工作

- 建立一个完全自动化的营销工具,改进饭店的网络营销技术。
- 完成一个合资或合作企业的创建,扩大企业合作的范围和竞争实力。

实例:利用新技术的希尔顿饭店公司[*]

希尔顿饭店公司是世界公认的饭店业中的佼佼者。1998年,它已拥有256家饭店,客房103 151间,雇佣员工4.5万余人,在世界饭店集团中排列第八。1998年它的总收入达到17.69亿美元,平均每间客房收入11.6美元。希尔顿饭店以全而优质的服务、严格而高效的管理和超群的经济效益在同行业中素享盛名。

希尔顿饭店公司对新技术的发展保持高度的敏感性。当他们认为新技术能够给顾客提供更快更好的服务,能够提高饭店的工作效率时,就积极地尝试把其应用在日常经营中。其中最为典型的是希尔顿的中央预订服务。1973年,所有希尔顿饭店统一使用 CRS,这在当时是饭店客房服务的一大突破。1999年4月,希尔顿饭店公司宣布使用新的中央预订系统(HILSTAR),这一系统耗资3 000万美元,使全世界500多家饭店联成网络。

---

[*] 使用希尔顿名字的饭店包括希尔顿饭店公司(HILTON CORPORATION)和希尔顿国际饭店公司(HILTON HOTEL INTERNATIONAL)。

1995年8月,希尔顿因特网站开通,希尔顿登上了信息高速路,又一次成为饭店业的先锋。希尔顿饭店网站与其他饭店网站相比,提供的信息更为全面、及时。首页左上角列有系列信息频道,有关希尔顿公司的内部情况与客人预订等主要服务项目都从这里开始。这些频道包括:公司简介、网上预订、房价、是否有空房间、免费电话预订、寻找饭店或度假地、优惠房价、奖励计划、周末与假日、假期俱乐部、会议与团队、公司信息、怎样与希尔顿联系、网上搜索。每一个标题下都有相关内容的详细介绍。例如,在公司简介部分,又具体分为公司概况、与投资者关系、业务发展、年度财务报表、雇用政策、媒体对本公司的报道等。值得我们特别注意的是搜索引擎的设置,用户可以根据自己的需要进行关键字词搜索。这一功能为用户提供了快捷地获取有效信息的途径。

希尔顿饭店遍布在世界各地。为方便客人找到自己的饭店,首页另有一"世界各地的希尔顿饭店"专栏,按美国、加拿大、拉美加勒比地区、英国、欧洲、非洲、中东、亚洲和澳大利亚太平洋地区分别介绍各地的希尔顿饭店。希尔顿麾下不乏知名品牌。网址首页的底部便有"希尔顿饭店家族"的导入。这里介绍了"双树"、"大使馆套房"、"汉普顿旅馆"、"红狮"、"哈里森"等8个不同的品牌。需要获得有关品牌饭店信息的用户,可从这里开始访问。

希尔顿饭店网站设计注重信息的互动性,尤其是房价内容。在首页"欢迎访问Hilton"的大字下面有一句短短的话:"请订阅《希尔顿信息》,每周一期,用电子邮件(免费)寄送,内容为'最后一分钟优惠价'。"所谓"最后一分钟优惠价",指的是最新优惠价——饭店为充分利用客房,在一天结束前数小时或前一两天推出的优惠价。

首页上另有"hilton.com特色"一栏,同样介绍某一地区希尔顿饭店的优惠价或某一特定饭店的优惠价,新的希尔顿饭店开业,网上预订奖励。

公司设置网址的最主要目的在于销售。hilton.com为了方便客人订房绞尽脑汁。网上订房时,客人需要填写一张简单的表格,说明抵离时间、所需房间数、成人小孩数、喜欢怎样的床(包括床上用品)、是否抽烟和房价。为了避免差错与误解,Hilton.com在"网上订房"栏下另外设有"订房帮助网页",对上述填写内容做详尽的解释。如"成人",说明"一个客房内最多可住四名成人,但超过一人时可能加收一定费用"。又如"小孩",说明"根据(希尔顿)'家庭计划',与父母同居一室的小孩不收房费。对'小孩'的年龄可能有限制。同一房内可以住几个小孩,各地可能不同"。

本章总结

在饭店网络营销这个相对较新的领域里,技术及其应用将会使行动迟缓者处于不利地位。过时的产品信息、低效的读者回复以及回访的缺乏会使购买者厌倦并放弃购买。电子商务是一把双刃剑,手执该剑的每一个人都必须了解它的正确使用方法。

饭店网站设计的最基本要素是结构、访问的简易性、风格、技术要求、一致性和个性化。饭店域名和关键词的选择是人们能够通过那些被频繁使用的搜索引擎轻松找到饭店网站的关键所在。网络促销的机会随着网络的迅速扩张而大幅增加。通过链接、横幅广告、弹出广告和共同认可的应用,合作和交互促销已经变得很普遍。衡量饭店网络营销努力是否成功的关键在于追踪系统的可获得性,包括广告所在网站的每月访问量、点击统计和网站总的访问数据等,以确定该网站在饭店市场中的发展能力。

饭店营销人员还要做好网络营销的日常性工作,以确保网络营销计划的真正实施。

专业词汇

网络营销　网址　域名　搜索引擎　合作和交互促销　访问量　点击成本

思考与练习

1. 与传统营销手段相比,饭店网络营销具有哪些优势?
2. 为饭店电子邮件广告宣传撰写一份有效的电子邮件信息。
3. 为饭店设计网页,并选择一个富有影响力的域名。
4. 互联网营销的优越性是什么?
5. 饭店采用互联网进行营销,应注意哪些问题?

第 11 章

饭店营销管理

本章导读

饭店营销着重研究在"买方市场"条件下饭店的市场营销管理问题。饭店要进行有效的市场营销管理,首先要明确营销管理的任务。饭店营销管理的任务主要包括饭店市场营销的组织管理、业务营运管理、人力资源管理三大方面。饭店营销管理是实施饭店营销计划和策略的具体保证,也是营销职能部门的日常性工作。本章详细地介绍了饭店营销部门的职能、组织结构构成及岗位职责,同时还列举了销售部门业务营运报表的内容及范例,此外还介绍了销售部与其他部门的协调、销售合同的类型和签订以及饭店销售部的人事管理。

第一节 饭店营销组织管理

一、饭店营销部门的职能

饭店市场营销组织是制定和实施饭店市场营销策略和行动的主要负责部门。它与饭店的规模密切相关,一家小型饭店也许只有一个人负责营销工作,而大型饭店则配备力量雄厚的部门,如日本大仓饭店销售人员队伍超过 150 人。营销组织也和市场需求和竞争形势有内在的必然联系。以前在饭店供不应求时,很少有饭店设立营销部门,而今大部分饭店都加强了饭店营销力量,配备了强有力的销售队伍,并使营销部门成为整个饭店的中心部门。

饭店营销部也称"销售与市场营销部"(Sales & Marketing Department),负责协调和计划饭店的市场营销活动,收集饭店市场营销信息,开发饭店市场,制定饭店的产品价格,并具体负责饭店客房和其他产品的销售。

饭店营销部的主要职责有以下几项:

1. 开展市场营销调研工作,重点收集饭店市场及客源动态消息,了解竞争对手销售活动和价格情况,预测和分析饭店客源市场规模和特征,并编制饭店销售趋势报告。

2. 制定市场营销战略和计划,确定饭店的目标市场,并计划组织整个销售活动。其中包括:(1)有计划、有组织地对潜在客户和重点客户进行销售访问,向客户介绍和推销饭店产品,征询客户对饭店产品和服务的意见,争取与之达成交易,签订销售合同;(2)制订饭店的广告促销计划,包括制作饭店客房、餐饮、会议设施、康乐设施、商务服务设施等的宣传册,制定服务指南、电话使用指南、闭路电视节目单、店内公共区域广告、招牌广告,制作房价单、明信片、幻灯片、年历及特别促销活动的宣传资料等;(3)与饭店其他相关部门一起规划特别促销活动,如与餐饮部一道规划推出圣诞新年晚餐及各种食品节,与客房部一道推出特别住房包价项目;(4)制定饭店客房的标准价格、组合产品价格、长包房价格、淡季客房推销价格、特殊活动的促销价格、价格的折扣、价格的调整、预订金及佣金的标准和支付办法等。

3. 开展对外公关活动,负责与新闻界、地方政府及社团组织以及其他社会公众的联系,组织和安排各种店内外大型活动,与饭店高层管理者一起处理各种突发性事件,并收集有关饭店形象方面的信息为管理决策提供咨询,以树立和维护饭店良好的形象,为饭店创造和保持"人和"的经营环境。

4. 负责日常性的销售工作,处理业务往来信函、电报、电传、传真,回答客户关于饭店价格、产品和服务等询问,向旅行社报价及自行组团。

5. 负责安排和处理团队客人,尤其是旅行团和大型会议等的团队预订以及与组团单位签订合同。

6. 该部门管理人员还负责编制饭店市场营销计划,协调全饭店的营销工作,并对本部门的业务营运和人员实施管理。

二、饭店营销部门设置的类型

因为不同的饭店提供的产品和服务、市场重点以及规模都存在较大的差异,饭店营销部门的设置不可能千篇一律。饭店产品和服务范围的大小、市场类型的多少以及饭店规模的大小都会影响到营销部门在饭店中的地位和作用以及职责的划分。究竟哪种组织形式最适用于哪些饭店,这取决于饭店的整体规模和人员规模、饭店和产品的类型的丰富程度、饭店市场特点如细分市场的多寡以及其购买特征、饭店中间商在市场营销中所发挥的作用和饭店与中间商的关系、饭店雇佣的销售人员的技术能力和知识以及饭店各种财务因素,如多少利润以及多少资金可用于支持市场营销工作等。

目前,饭店的营销部门设置主要有以下三种类型:

1. 按地理区域设置营销部门

按照饭店客户的地理区域来配置饭店销售力量是饭店营销部门设置中使用得较为广泛的一种形式。其特点是可委派销售人员专门负责向某个地区范围内所有顾客推销饭店的全部产品。这样可以减少销售访问的次数,把访问里程缩小到最短,且不存在哪些顾客应包括在哪个销售人员的职责范围之内的争议,以提高工作效率。这种形式要求销售人员是多面手,必须了解饭店全部的产品和服务,并能够熟练地与各种顾客打交道。图11-1为按地理区域设置的饭店市场营销部门(此图省去饭店公关部)。

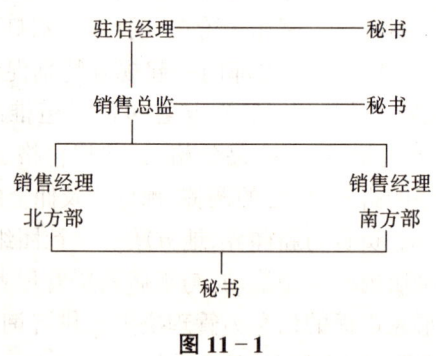

图 11-1

2. 按产品和服务类别设置营销部门

经营多种产品和服务的饭店常常按产品类别配置销售力量。其最大优点是由于各自负责某类产品,销售人员会具备较丰富的产品知识。这样便可能增强其在此类产品上的竞争能力,并获得较高水平的销售额。销售人员直接负责某种产品的销售,还有助于开发此类产品,使饭店具备产品开发上的领先优势。按产品设置营销部门的缺点是费用开支较高,因为在同一地理区域内可能支付两个或两个以上销售人员的推销费用,如果沟通不当,容易造成几个人争夺同一个客户,使客户感到不方便。图11-2是按产品类别设置的饭店市场营销部门。

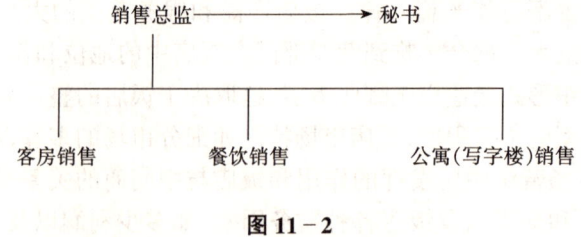

图 11-2

3. 按细分市场设置饭店营销部门

这种形式是以市场细分为基础的,不同的销售人员专门负责不同的顾客群体,这样有利于饭店销售人员与客户建立长久的业务往来关系,且便于掌握该市场的需求和变化趋势,这种形式适宜于都市中心的中型饭店使用。图11-3为按细分市场设置的饭店营销部门。

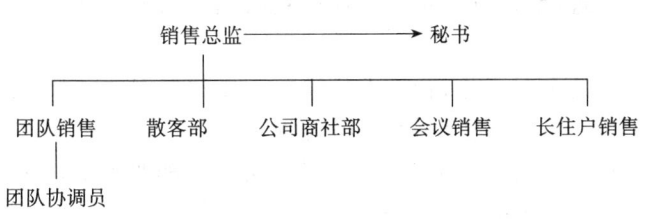

图 11-3

4.混合型的市场营销部门

上述三种形式都有自身的优点和缺点,饭店管理人员应根据自身的条件来决定采用何种形式。目前,饭店发展越来越朝着大型化、多功能和市场多样化发展。顺应这种形势,许多饭店的市场营销部门采取具备上述三种类型优点而又扬弃其不足的混合型,多数大型饭店均采用混合型的市场营销部门。图 11-4 为混合型市场营销部门组织结构。

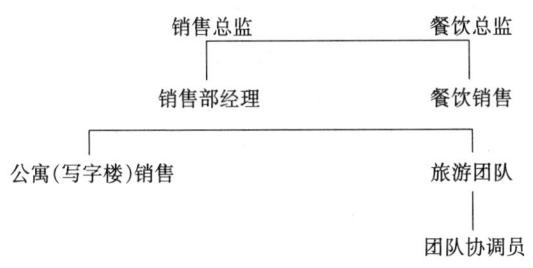

图 11-4

三、饭店销售部部分岗位职责说明

1.销售总监(Director of Sales)

销售部经理——大型饭店称销售总监,是饭店销售部的最高管理人员。他在饭店总经理领导下,负责饭店销售部门的所有业务管理和人员管理。其主要职责包括:

(1)根据饭店的经营目标负责提出和参与制定饭店对外销售和招徕客源的计划,其中包括年度、季度和月度营销计划,并负责营销计划的实施。

(2)编制饭店的《营销预算》报告,并于预算确定后在工作实施中控制各项费用使用。

(3)组织市场调研工作,定期提出市场调研报告(主要为年度、季度),同时编制每月客源预测报告(Monthly Outlook)。

(4)与饭店总经理配合,确定饭店产品(主要是客房)的价格,以及调价和价格折扣的幅度。

(5)组织销售部的全面工作,合理安排销售人员的工作,并明确规定其职责和权限;组织安排销售人员的销售访问工作,计划对新老客户访问的次数和时间,并编写部门销售访问工作动态;督导销售人员的日常通讯和业务函电往来工作;组织销售办公室的日常工作,包括销售档案和设备设施的管理工作;负责销售部工作人员年度工作或成绩的考评工作。

(6)对一些重要客户,特别是旅行社、航空公司和重要的企事业单位进行有关签订销售合同方面的销售访问。

(7)参加主要的博览会和展销会,以开拓客源市场,并发展和巩固销售渠道网络。

(8)与人事部门一道选择并培训饭店销售队伍。

(9)与公关部经理密切合作,为饭店各种庆祝活动及促销活动制定促销计划;配合公关部组织新闻报道、会见旅游界重要人物并参与其他一些公关活动。

2. 饭店销售人员(销售代表 Sales Representative)

饭店销售人员又称销售代表,是从事饭店推销工作的主体。他们在销售部经理的领导下,负责对客户进行推销及受理团队和大宗预订工作。其具体工作包括:

(1)开展市场调研工作,寻找潜在的客户和市场。

(2)了解、掌握饭店产品情况,了解饭店客房、餐饮以及其他设施和服务等销售信息。

(3)对旅行社、商社、航空公司及其他企事业组织进行销售访问,与之建立业务联系,争取获得订单。销售人员在销售访问结束后,应撰写销售访问报告或连续访问报告。

(4)认真处理客户的业务函电往来,如信件、传真、电传、电话等。

(5)做好各种订房资料、合同、客人资料等的档案工作。

(6)受理团队用房的预订,并填写团队客房预订的各种报表。

(7)参加旅游展销会,开展饭店推销工作。

(8)完成销售部经理安排的其他工作。

3. 团队协调员(Tour Coordinator)

团队协调员负责旅游团在饭店下榻期间与饭店的沟通工作。其具体职责包括:

(1)协助销售经理对团体旅行业务进行管理,如建立团队档案、收集最新资料等。

(2)同前厅、餐饮、客房、财务等部门进行联络,以保证旅游团用房及用餐的安排合理。

(3)在旅游团到达前7天将旅游团资料如人数、名单、停留天数、抵离时间等汇总并分发至有关部门。

(4)在团队到来之前检查核实旅游团名单、房间分配、用餐地点及时间。

(5)在团队到达时会见旅游团领队和陪同,介绍饭店设施情况并通告团队用餐时间和地点。

(6)同组团单位或导游进行沟通以保证旅游团的各种安排顺利。

(7)填写每一个旅游团详细资料,如入住登记时间、实际用房量及预订用房量、领队姓名以及登记时的其他事项,保持完整的记录,以利于追踪。

(8)在旅游团整个逗留期间同领队和陪同密切合作,以保证各种安排有条不紊并使团队成员满意。

(9)在旅游团逗留期间款待旅游团领队以及陪同,并同他们保持密切联系,以扩大饭店其他产品销售(如酒水、额外就餐及娱乐设施)。

(10)向销售经理提出建议以改善和提高旅行协调工作。

(11)在工作中遵守饭店所有的规定。

(12)完成销售部经理或其他管理人员安排的工作。

四、饭店公共关系部

饭店公共关系部简称公关部。有些饭店公关部属营销部领导,有的直属总经理室领导,公关部的主要职责是发展饭店与社会公众之间的关系,建立和改善饭店的形象,提高饭店的知名度。具体职能包括组织新闻稿件,发展与新闻界的关系,密切与顾客和店内职工以及当地社团、股东等的关系,制做广告和其他宣传资料。饭店公关部的职能详见第八章第六节。

根据职责,大中型饭店公关部一般下设广告组、美工组和客务关系部(见图11-5)。

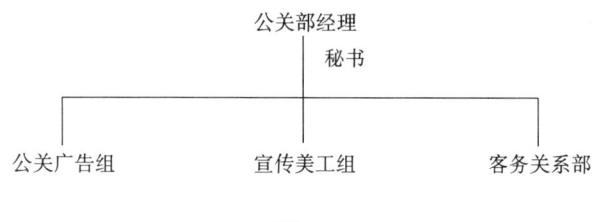

图 11-5

广告组主要负责饭店广告的策划,如确立广告主题和目标受众,寻求广告代理、广告的制作、发布以及开展对广告效果的评估工作等。美工组则具体负责对广告文稿、图片的设计以及视听广告节目的制作等,同时负责饭店菜单、宣传手册的设计和联系印刷等工作,并负责饭店内各处宣传画和宣传品的设计和布置。客务关系部主要负责组织和接待对饭店设施的参观和检查活动,会见重要宾客和客户,组织和安排饭店各种大型社交和宣传活动,并协调好贵宾和其他有重要影响客人的接待工作,同时负责组织新闻稿件以及搞好新闻记者采访和报道过程中的服务工作。

第二节 饭店营销业务营运管理

饭店营销业务营运管理是对饭店营销的整个业务营运过程及环节进行有效的监督、控制。饭店营销业务牵涉到饭店的各个部门及对客服务环节,范围广泛。本节重点研究饭店市场销售部门的业务营运及其管理,它包括该部门的行政管理、业务营运程序管理、销售合同的签订等方面。

一、饭店市场销售部门的行政管理

饭店市场销售部门的行政管理是对该部门日常办公中的办公室设置、资料的建档、工作制度以及时间安排等工作实施管理,它是饭店销售部提高工作效率的保障,是营销业务营运管理中的重要内容。

1. 饭店销售部办公室的管理

销售部是饭店形象的一个窗口,经常要接待各种各样的客人,如旅行社人员、商社和公司人员、常住客人、会议组织者及其他有关的客人。一个井然有序、工作效率高的销售办公室,不仅能使饭店成功地履行各项职责,同时也会在顾客心目中留下良好的形象。而要达到这一目标,必须建立一套科学的办公室管理标准。

(1)饭店销售办公室的设置

饭店销售办公室的设置必须讲究科学性,而不能简单地理解为摆放一些办公设备。通常,饭店销售部办公室由三大区域组成:一为部门经理(总监)单独办公室,这不是为了摆排场,而是出于工作的需要。另一部分为接待区,该区域用于接待造访的客人。在靠近顾客座位的地方可以摆放宣传资料供随手翻阅,这些资料的摆放必须整齐。接待区一般设在部门办公室的入口靠近秘书工作的地方。有条件的饭店可以设置单独会见顾客的接待场所,这样可避免谈话受到其他员工的干扰,有关价格的商讨亦不被其他顾客所知。第三部分为销售经理办公区。一般而言,没有必要为每个销售经理设置单独办公室,但应将其隔成多个小空间。小空间按销售任务细分区域,如商务销售区、团队销售区、会议销售区等,这样,每个销售经理就不会互相干扰工作。

(2)办公室的工作时间安排

饭店销售部门员工办公时间应与饭店所在地工作时间一致,以利于客户联络工作。员工午餐时间必须分开,以保证办公室任何时间均有人在场。如果由于特殊原因如预约、人员过少等,应告知电话总机销售部工作人员返回时间以便电话留言,尽可能方便客户与饭店销售部门的联系。

(3)办公室工作人员行为指南

饭店销售部虽然不像前厅、餐饮、客房等部门那样对服饰、仪容等有严格和统一的要求,但销售人员仍应始终注意自身的仪容仪表和工作态度,以保持办公室的工作气氛。个人服饰应与接待顾客的身份一致,切忌浓妆艳抹和奇装异服。另外,办公室桌面应尽可能整齐,而不要杂乱无章。销售人员在办公室内尽量避免非工作性质的私人电话,同时如有顾客在场时应全神贯注;与顾客交谈时,不允许干扰或接电话,以示对顾客的尊重。

二、饭店销售档案管理

饭店销售档案是饭店进行销售工作的重要凭证和工具,建立销售档案并进行有效的管理是销售部门的重要工作。饭店销售档案包括饭店顾客的全部历史资料,所有签订的合同、销售报告,所有重要函件的复印件等,以及同顾客达成的特殊价格和优惠措施文件和记录等。

1. 饭店销售档案类型

按照资料的性质和用途,可将销售档案分为:

(1)客户档案。客户档案是饭店销售档案中最为重要的部分,它是饭店为招徕团队生意以及带来足够数量的散客生意的客户所建立的档案系统。客户档案可以有三种建立方式。

第一,卷宗式:在卷宗式客户档案中,必须列出客户姓名或名称、通讯地址、电话号码、原始预订资料如合同、活动项目、全部活动报告以及其他重要记录。此外,所有未来意向性预订(已签订预订意向但尚未确定的预订)、计划等也应包括在档案卷宗中。这些资料必须用金属夹固定于档案夹上;原始销售报告资料和意向性预计资料应分别放置在档案夹的右侧和左侧,并按年月日排列有序:前者的顺序可以将最新的资料放于最上页,而后者则应将先到达的放在最上面。采用这种办法,将使查阅档案的人对饭店下一步工作日程一目了然。

卷宗式客户档案应按照不同的细分市场进行分类;每一类的档案最好采用不同的颜色,以利于识别。饭店还必须为每一类档案建立一个总目录,总目录中列出所有客户的数字编号(见表11-1总档案[范例])。此外,每份档案都必须记录在不同的页数上。目前,许多饭店在客户档案管理方面已采用电脑管理,这可以提高档案的记录及存诸的效率及准确性,且便于查询。

饭店对客户的分类,一般可分为:

A:公司:指所有的预订团体客房和与饭店有长期业务往来的公司和企业,通常包括航空机组。

B:政府:所有预订团体客房的政府部门及组织,或定期预订散客用房的部门及组织。

C:旅游团:指同饭店有特殊协议如旅行包价、团体旅行、散客项目以及奖励旅游团体等的旅游批发商和零售商。

D:宴会:包括预订饭店会议室或宴会厅以及不足 10 个客房的客户。

E:杂项:所有预订团队客房的其他组织,包括社会、军事、宗教、体育、教育等。

表 11-1 总档案(范例)

编号	公司
C-100	AT&T
C-101	华夏公司
C-102	
C-103	IBM 公司
C-104	
C-105	艾丽斯公司
C-106	×××××
C-107	×××××
C-108	
C-109	

注:此表说明编号 C—102,C—104,C—108 和 C—109 尚未被利用,可以分配给其他客户编号使用。

第二,表格式:表格式客户档案是指饭店按照事先设计的标准表格将客户资料填入其中,这一表格又称客户资料表(如表 11-2),表中内容包括该客户的名称、通讯地址、电话、主要联系人、所属行业、类型、过去一年和本年度各月带来的销售收入、饭店提供服务、备注、饭店销售人员拜访的次数及其他主要事项。

表 11-2 客户资料

要员	营业额				注 明
	200×		200×		总部
	月份	客房	宴饮	客房	宴饮	区域部
	一月					支 店
行 业	二月					部委/公司
	三月					代 理
季 节	四月					

续表

要员	营业额					注明
	200×			200×		总部
	月份	客房	宴饮	客房	宴饮	区域部
	五月					
种类	六月					
	七月					
代理/航空	八月					团体
	九月					散客
其他	十月					
	十一月					
	十二月					

第三，卡片式：为了便于饭店销售人员工作，饭店还可以将客户档案制成简单的销售卡片，作为饭店销售人员进行销售访问、销售旅行以及直接邮寄销售的工作卡。这种卡片一般为 3×5 厘米，上面列出客户姓名、主要合同、通讯地址、电话号码以及客户档案号码。这种卡片式档案的特点是便于了解饭店销售人员与客户联络沟通的情况，见表 11－3。

表 11－3　销售卡片

客户：　　　　地址：　　　　电话：

日期	联络人	经手人	内容

续表

日　期	联络人	经手人	内　容

　　(2)一般资料档案。饭店应为与客户之外的一般性资料建立档案。这些资料包括：饭店促销项目如会员俱乐部、特殊活动，本地区旅游资源和景点介绍，饭店其他部门、地区办公室或公司总部有关记录，市场销售活动日期和统计数据，广告宣传，销售报告和连续追踪销售访问报告，直接邮寄名录册，旅游展销会及成员名录册，本部门费用支出和人事记录等。上述资料是销售部工作的原始记录，也是饭店进行相关市场营销调研的重要资料，保存它们对饭店而言是十分必要的。

　　(3)文件档案。包括所有销售人员往来的函件、合同意向书和各种记录。这些资料是销售部经理和饭店经理了解市场、进行决策的重要依据，应将它们按年月日编档并存放于销售部经理或秘书的办公桌或文件柜里。饭店销售部经理或总经理必须每周阅读它们。

　　(4)意向性预订档案。饭店必须保持一份所有意向性预订的档案，这些档案由销售人员个人保管。这份档案十分重要，必须经常查阅。经验证明，许多预订之所以失去，其重要原因在于这些预订未加以追踪而使客户转向其他饭店。

　　2.饭店销售档案政策

　　饭店销售档案是饭店销售工作的原始凭证和记录，它涉及饭店最关键和重要的客户、价格、新产品及促销策略等信息，因此，饭店必须重视对销售档案的管理，并建立相应的政策。

首先,所有的销售档案都必须保密,任何无关人员不得翻阅销售档案;所有接触到销售档案的人,都必须具有保密意识,不得向外泄露。

其次,任何人不得将销售档案从饭店带出。这项政策同样适用于销售人员进行销售访问时。

此外,必须将销售档案作为饭店财产来对待,任何人不得侵占、损坏和遗失。

三、饭店销售部门业务营运报表

饭店销售部门业务营运报表是饭店销售部进行日常沟通和管理的重要手段。这些报表有些可以用于销售部与其他部门如前厅、客房、餐饮、财务等的业务联系,如团队用房控制表、宴会活动预订表、贵宾(VIP)服务通知单、饭店服务评估表等;有些可作为销售部评估工作业绩以及进行销售访问的依据,如饭店销售访问报告、连续销售访问报告以及饭店的损失生意分析报告等。下面,我们分别探讨每一报表的具体作用和组成。

1. 团队用房控制表(Group Control Log)

(1)团队用房控制表的作用

团队用房控制表是饭店控制团队订房的中心资料,所有团队订房信息如人数、团队性质、停留日期、客房间天数、房价、预期客房收入等都应记录于此表中。无论预订为确定性或意向性,一旦合同送至客户,便应将资料记入该表。这样,此表便为饭店接受未来预订提供了最新和最准确的资料。此外,通过对该表提供的取消预订以及预订与实住不符资料进行分析,饭店便可以对取消预订和超客预订因素进行评估,以实现对取消预订和超额预订的平衡,保证饭店获得最大出租率。尤其是团队用房比例很高的饭店,这一报表的作用更为明显。

(2)团队用房控制表的组成

团队用房控制表主要由以下几部分内容组成:

A. 客户名称,即预订组织的名称;

B. 客户档案号,指饭店为该客户设置的销售档案编号;

C. 预订日期,客户预订的确切日期;

D. 销售人员,指受理预订的销售人员姓名;

E. 客户预订客房与实际占用的数量;

F. 客户细分市场代号;

G. 价格;

H. 预订客房间天数;

I. 预期客房收入;

J. 销售人员名字(缩写)。

(3) 团队用房控制表的使用

在使用团队用房控制表时,应视不同性质的预订分别处理:对于尚未最后确定的意向性预订应根据预订日期将其记录在意向性预订栏内;而当意向性预订成为确定性预订时,则须将存于意向性预订的记录划去,并根据预订日期将其记录在确定性预订栏内。如果客户需要变更相关内容,则应将原先填入的内容划去,并作相应的调整。除非由于客房数或价格等发生变化而要修改预订,否则不得将存入的内容删掉。在客户提出取消预订后,应划去所有存入的该客户姓名,注明取消日期和标注者姓名缩写。销售部还必须派专人计算每日各类预订的总数,以随时掌握团队预订的状况。表11-4为团队用房控制表。

表11-4 团队用房控制表

□确定 □意向 □修改
日期＿＿＿＿＿＿＿＿
销售员＿＿＿＿＿＿＿

组织机构＿＿＿＿＿＿＿＿＿＿＿＿＿＿ 档案号＿＿＿＿＿＿＿＿＿＿＿＿
联系人＿＿＿＿＿＿＿＿＿＿＿＿＿＿＿ 负责人＿＿＿＿＿＿＿＿＿＿＿＿
街＿＿＿＿＿＿＿＿＿＿＿＿＿＿＿＿＿ 城市＿＿＿＿＿＿＿＿＿＿＿＿＿
州＿＿＿＿＿＿＿＿＿＿＿＿＿＿＿＿＿ 邮政编码＿＿＿＿＿＿＿＿＿＿＿
电话号码＿＿＿＿＿＿＿＿＿＿＿＿＿＿ 电传号码＿＿＿＿＿＿＿＿＿＿＿
预订客房数＿＿＿＿＿＿ 单人房＿＿＿＿＿＿ 双人房＿＿＿＿＿＿ 套间＿＿＿＿＿
实际占用数＿＿＿＿＿＿ 单人房＿＿＿＿＿＿ 双人房＿＿＿＿＿＿ 套间＿＿＿＿＿
预计客房间天数＿＿＿＿＿＿ 房价＿＿＿＿＿＿ 预计客房收入＿＿＿＿＿＿＿
销售员＿＿＿＿＿＿＿＿＿＿＿＿＿＿ 日期＿＿＿＿＿＿＿＿＿＿＿＿＿

2. 宴会活动预订表(Function Book)

(1) 宴会活动预订表的作用

宴会活动预订表是饭店销售部门与餐饮部相互沟通的重要工具,它用于记录饭店各宴会厅以及功能厅的各项活动。此表也可作为饭店是否接受未来预订的依据,因为宴会厅是销售部决定是否接受大型团队预订的关键要素。为了避免饭店在接受预订时餐饮部与销售部的冲突,并尽可能提高宴会厅利润率,饭店必须建立确定的宴会活动预订表制度。当然,这一制度必须考虑到饭店的特别预订方式,不可一刀切。

(2) 宴会活动预订表制度

第一,职责。一般而言,销售部经理应对较长时间(如未来90天以上)的宴会活动预订控制负责,而对较短时间(或90天以内)的宴会活动控制则应由餐饮部经理同销售部门协同进行控制。

第二,饭店应指定专人负责宴会活动表的登记,其他任何人不得进行登记或更改,以免造成混乱。

第三,对宴会活动预订表上的资料必须保密,不可将上述资料向顾客或非饭店人员展示。

第四,对参加宴会活动者提出的住房要求在记入此表前,须与饭店预订部门联系以确认能否满足其需求。

第五,在受理未来较长时间(如90天以上)的宴会活动预订时,必须仔细权衡接受此项预订能否为饭店带来最大利益。一般而言,不可接受未来90天以上非周末的白天仅对宴会厅的确定性预订需求。下列情况可以作为例外:

A.对圣诞或新年宴会,这类活动通常提前半年至一年预订;

B.以接待散客为主,且其出租率非常高的饭店;

C.接待大型宴会活动预订并不影响饭店接受团队用房的需要;这一例外必须由总经理、餐饮部经理和销售部经理共同决定。

目前,多数饭店都将餐饮销售划归餐饮部直接领导,这对于以接待散客为主的饭店的影响并不会太大;然而,对于那些团队客人在其中仍占较大比重的饭店而言,容易带来团队客房销售与宴会活动预订的冲突。因此,对采用此种组织形式的饭店而言,利用宴会活动预订表来加强饭店销售部与餐饮部之间的相互沟通是十分必要的。

(3)宴会活动预订表的组成

宴会活动预订表主要包括下列预订信息:宴会活动组织者的名称和详细地址、活动的类型,如大型冷餐会、酒会、中餐宴会和西餐宴会等;活动举办的日期和具体时间;预计参加人数;预订的性质(意向性或确定性);活动组织者负责人姓名和电话号码;摆台形式;填写预订记录的日期和记录人姓名(缩写)。表11-5为宴会活动预订表。

表11-5 宴会活动预订表

□确定 □意向 □修改
活动日期_____
时间:开始_____
结束_____

组织机构_____档案号_____
联系人_____电话_____电传_____
街_____城市_____
州_____邮政编码_____

宴会活动

预计参加人数_____保证参加人数_____
宴会安排(冷餐会、酒会、中餐宴会、西餐宴会、自助餐)
摆台形式
会场布置项目_____
签订人_____ 日期_____

3. 贵宾服务通知单(V.I.P Service Request)

向贵宾提供特殊服务是饭店的重要服务工作。贵宾服务通知单是饭店公关销售部门与提供服务的具体部门和人员,如前厅、大堂值班经理、客房部与餐饮部进行沟通的重要工具。贵宾服务通知单由公关销售部负责人根据贵宾的身份和特殊要求制作好后分发至相关部门,以做好客人到店前的各项准备工作。

贵宾服务通知单一般包括下述项目:
(1)顾客姓名;
(2)顾客所在的公司或组织名称;
(3)顾客的地址;
(4)顾客到达的日期;
(5)预计顾客到达的准确时间;
(6)客人离开的日期;
(7)贵宾所需的客房类型(高级套房、总统套房等);
(8)分配给客人的房间号;
(9)向贵宾提供的服务项目;
(10)提供贵宾服务的原因,并注明客人的身份和头衔;
(11)提出此项要求者姓名和日期;
(12)批准此项要求者签名和日期。

表11-6为贵宾服务通知单。

表11-6 贵宾服务通知单

顾客姓名_____ 公司名称_____
街_____ 城市_____ 州_____
邮政编码_____

提 供 服 务

到达日期_____优惠房间
预计到达时间_____上午_____下午
_____
离开日期_____
要求的客房类型_____
分配客房号码_____
提供贵宾服务的原因_____

玫瑰(放在枕头上)
花篮　　报纸
酒　咖啡　客房服务
水果　　其他
迎送服务

要求人姓名_____日期_____
批准人_____日期_____

4.饭店服务评估表

饭店服务评估表是顾客对饭店的服务进行评估的手段之一。饭店通常将此表放置于客房、前厅以及其他部分服务点,供顾客随时填写。在许多饭店实行向团队客人发放评估表征询客人意见的制度,目的在于了解顾客对饭店团队服务的态度和印象,寻找差距与不足,以利改进。饭店服务评估表必须由相关人员如团队协调员送至团队负责人手中;评估表在送出之前,应经过总经理和销售部经理签字。

饭店服务评估表涉及对客服务的各个部门,其中包括团队抵达之前饭店销售部、预订部或餐饮部与之联络、计划安排环节的服务质量、效率等。表 11-7 为饭店服务评估表。

表 11-7 饭店服务评估表

组织机构_____

活动日期_____ 时间_____ 客房_____

评估者_____ 电话_____

客房		宴会服务	
清洁	_____	食品质量	_____
客房设备	_____	食品服务质量	_____
装饰	_____	酒吧服务	_____
服务	_____	咖啡服务	_____
电视	_____		
计划安排		门僮服务	
销售部	_____	行李搬运	_____
餐饮部	_____	城市知识	_____
预订部	_____	态度	_____
会议室		餐厅	
安排与服务	_____	菜单的选择	_____
设备	_____	食品质量	_____
灯光	_____	服务质量	_____
视听设备	_____	客房用餐服务	_____

5.饭店销售访问报告

饭店销售人员在对新客户进行首次销售访问后必须完成一份工作报告,这份报告称为销售访问报告,它是饭店用于建立客户档案的基础,也是评估销售人员工作业绩的重要凭证。在销售访问报告中,销售人员必须尽可能详细地填写客户的信息,并客观、公正和全面地评估该客户的市场潜力,以及计划下一步对该客户应采取的行动。

饭店销售访问报告一般由下列部分组成：

(1)饭店销售人员进行销售访问的类型：是采用亲自访问，还是电话联系；

(2)销售访问的对象，其组织名称、准确通讯地址、电话号码、联系人姓名和头衔等；

(3)销售访问的具体日期；

(4)为该客户建立的客户档案号；

(5)该客户的生意潜力：此项资料必须尽可能详细，如该客户有可能为饭店提供多少散客和团队生意，购买频率如何，过去曾经下榻过的本地饭店及其原因；

(6)客户对饭店服务的要求，如收款结算、特殊用房、交通以及饮食方面的要求等；

(7)此次销售访问后需要采取的行动，如追踪访问、邮寄菜单或信用申请等；

(8)追踪访问日期；

(9)销售人员签名。

表11-8为饭店销售访问报告。

表11-8 销售访问报告

□亲自访问
□电话联系
□访问日期＿＿＿＿＿

客户信息

组织名称＿＿＿＿＿＿＿＿＿＿＿＿＿＿档案号＿＿＿＿＿＿＿＿＿＿＿＿＿＿

联系人＿＿＿＿＿＿＿＿＿＿＿＿＿＿＿电话号码＿＿＿＿＿＿＿＿＿＿＿＿＿

地址＿＿＿＿＿＿＿＿＿＿＿＿＿＿＿＿＿＿＿＿＿＿＿＿＿＿＿＿＿＿＿＿＿

邮政编码＿＿＿＿＿＿＿＿＿＿＿＿＿＿＿＿＿＿＿＿＿＿＿＿＿＿＿＿＿＿＿

生意潜力

客房生意＿＿＿＿＿＿＿＿＿＿＿＿＿＿＿＿＿＿＿＿＿＿＿＿＿＿＿＿＿＿＿

会议＿＿＿＿＿＿＿＿＿＿＿＿＿＿＿＿＿＿＿＿＿＿＿＿＿＿＿＿＿＿＿＿＿

食品/饮料＿＿＿＿＿＿＿＿＿＿＿＿＿＿＿＿＿＿＿＿＿＿＿＿＿＿＿＿＿＿

该组织还在哪些城市开会和旅行＿＿＿＿＿＿＿＿＿＿＿＿＿＿＿＿＿＿＿＿

需要采取的方针＿＿＿＿＿＿＿＿＿＿＿＿＿＿＿＿＿＿＿＿＿＿＿＿＿＿＿

销售员＿＿＿＿＿＿＿＿＿＿＿＿＿＿＿追踪日期＿＿＿＿＿＿＿＿＿＿＿＿

6. 连续访问报告

饭店销售人员对先前已进行过销售访问的客户进行追踪访问时不必再填写如前所述的销售访问报告,而只需使用连续访问报告。二者之间的区别在于前者提供详细的客户信息,以及客户的生意潜力评估;而后者则简单记录追踪访问的日期,及对该客户的简要评估。连续访问报告提供该客户的最新资料,同时还可以减少销售人员重复的案头劳动,提高工作效率。在完成连续访问报告时,饭店销售人员应将客户姓名和档案号资料从销售访问报告中摘录下来,并记录此次访问的日期,列出访问的结果,如客户安排的活动、未来联系人、过去在本饭店的预订情况,以及对该客户进行再次追踪访问的日期。表11-9为饭店连续追踪访问报告。

表 11-9 饭店连续访问报告

组织名称　　　　　　　　　　档案号

访问日期	评　　价	连续访问日期

7. 饭店损失生意分析报告

饭店损失生意分析报告是饭店销售人员在客户取消预订合同后所准备的原因分析报告,又称为损失生意或取消预订报告。准备该报告的目的在于分析饭店失去潜在生意的原因,对饭店高层管理部门及时掌握客源市场动向,调整经营决策具有重要意义。损失生意分析报告在每个财务周期(每月、周)末必须呈报销售经理和总经理审阅。

由于饭店客源存在不稳定性,损失生意在许多情况下是不可避免的,如客房或宴会厅已超额预订,客户的会议和旅行计划取消,饭店的设施无法满足潜在客户的需求等。除此之外,损失生意也有其他原因,如价格政策过死,宴会预订太早,提出的定金要求客户无法接受,未进行追踪销售访问,处理电话询问不妥以及服务质量差或饭店需要修缮等,而这些因素应是饭店可以避免的。

饭店损失生意分析报告尽可能包括下列主要内容:

(1)已取消的预订所属性质(确定性或意向性);

(2)该取消预订所属细分市场;

(3)取消预订给饭店带来的经济损失,如取消客房的总夜次(客房数×停留天数),取消预订损失客房收入(客房总夜次×房价),取消预订的人数,损失的餐饮收入,以及损失的总收入;

(4)取消预订或损失生意的原因:对此饭店必须客观、准确地加以评估,如果该客户转到本地其他饭店,销售人员应尽可能准确地分析其原因,并列出该饭店的名

称,这样有助于饭店避免类似损失;

(5)受理客户首次预订销售人员姓名,客户首次预订日期以及目前负责该客户的销售人员姓名;

(6)此报告准备日期以及计划采取其他行动的追踪日期。

饭店通过损失生意报告所反映的情况,采取针对性的措施和补救行动,以最大限度地挽回损失,避免客户的流失(表 11-10)。

表 11-10 损失生意报告

预订性质
□确定　□意向
细分市场____

客 户 资 料

组织机构_____联系人/职务_____
街_____电话_____城市_____
州_____邮政编码_____

损失生意性质

客房数_____预计客房收入_____
人数_____估计宴会收入_____
活动日期_____估计损失收入总数_____

损失原因/转至饭店/城市_____
_____
_____
_____

取消原因_____
_____
_____

其他_____
_____
_____

呈送至:_____
最初预订者_____预订日期_____
目前联系人_____日期_____
追踪日期_____

四、饭店销售部与饭店其他部门的协调

饭店销售部不直接负责接待客人的工作。然而,作为顾客与饭店接待部门之间的桥梁,必须协调好各部门的对客接待工作,保证提供客人所需要的服务。

1.销售部与前厅的协调

前厅部负责客人的入住登记、结账等工作。除散客预订者外,团队客人、通过

饭店销售部订房的零散客、旅行社自订客人、小包价客人和饭店驻外销售机构组织的客人的订房均须事先通过销售部进行。销售部必须与前厅及时沟通和联系以满足上述客人的住房需求。此外，如前所述，贵宾接待应在两个部门之间有机协调。销售部与前厅部的联系方式主要通过各种报表和通知单来得以实现，如团队用房控制表、贵宾服务通知单等。前厅部接到销售部的预订通报后，便可事先作好排房及其他准备。

目前，许多饭店因竞争需要，允许前厅接待人员和饭店销售人员有一定幅度的价格折扣权，这一比例的确定和调整需要饭店销售部经理会同前厅部经理、财务部经理协商并报请负责市场营销的副总经理确认后，通知相关人员执行，以保证饭店内部价格的一致性。

此外，销售部还要设协调员，专项负责团队和通过销售部订房的零星散客到店后与前厅部门的联系，并负责协调处理特殊事宜。

2. 销售部同客房部的联系和协调

销售部同客房部的联系也是十分密切的。正常情况下的团队、散客的接待等大量工作是由前厅部承担的，销售部通常只在以下几个方面与客房部联系和协调：

(1)贵宾的接待：公关销售部按照贵宾的等级填写好《贵宾服务通知单》，并分发至客房部；客房部要按照通知要求准备好客房，如将鲜花、水果、巧克力放置在客房内，并放上总经理的欢迎卡和名片。

(2)特种客人的接待：如新婚旅游者的新婚洞房准备，或其他有特殊要求的客人的客房准备，同样由销售部按客人需要发出特种客人接待通知单，其中注明客人种类、国籍习俗、接待具体要求等。

(3)对待客人的需求：如需对客房的安排和布置作相应的调整，诸如设行政楼层、无烟楼层等，销售部在饭店销售例会或饭店部门经理例会上提出，经确定后，按具体需求发备忘录给客房部，由客房部作出相应的安排。

3. 销售部与餐饮部的联系和协调

销售部在日常业务中同餐饮部的联系是随时都会发生的，主要体现在：

(1)正常的团队用餐，同行业客人、旅行社接待的客人、个别零星客人用餐、团队陪同餐等，一般都通过销售部的《宾客接待通告单》同餐饮部订餐处联系，订餐处按通知单的内容向有关餐厅下达接待任务。

(2)会议及宴会的预订：销售部接待和受理的大中型会议和其他活动安排通常提前较长时间就有预订，销售部在同会议或活动组织代表洽谈后，应将宴会的规模、日期、会场布置、菜单、摆台形式和宴会的特别要求，填入《宴会合约书》(或宴会预订表)，经会务代表认可后通知餐饮部。

(3)销售部在促销过程中，常需会同餐饮部为长住客人和团队成员举办冷餐会、鸡尾酒会、生日宴会等，以联络客人的感情。

(4)销售部在市场推销活动中,还应及时将客人的意见反馈给餐饮部门,以期改进菜肴品种、口味和提高服务质量。

4.销售部与其他部门的联系和协调

销售部同财务部的协调主要体现在年初年末共同制定市场营销预算和每季度的销售费用上。销售部从每天上午财务部提供的《营业报表》上,及时分析饭店营业收入情况,定期检查修订销售计划,有针对性地加强饭店销售工作。销售部还必须配合财务部催收拖欠款,保证饭店能获得应得的销售收入,而不要只顾销售。这一点尤其要引起销售人员的高度重视。另外,销售部还必须与财务部协同制定定金以及信用证方面的政策,并密切合作,保证客户账款结算的顺利进行。

此外,销售部与其他前后台部门都存在密切的联系,因为饭店的中心是客人,而销售部是客人与其他部门之间的桥梁和纽带:销售部有向其他部门提供各种市场需求信息和反馈顾客、客户以及公众对饭店意见的责任。销售部只有依赖整个饭店各部门的支持,才能提供完整的和高质量的产品,使客人对饭店留下美好的印象。饭店销售部由于地位重要,且处于中心部门,在与各部门的联系和协调过程中,切不可以老大自居,动辄发号施令,必须尊重其他部门的意见,处理好与其他部门的关系,以获得其他部门的支持与合作。

饭店销售部与其他部门之间的有机合作和协调需要饭店具有相应的信息沟通途径,并使之成为饭店组织制度确定下来,这样可以避免日常工作中的推诿扯皮现象和人际关系冲突。在实际工作中,饭店销售人员往往最早直接地从客户方面了解到客人对饭店各服务部门的印象和反应,尤其是批评性意见,若沟通不当,往往容易造成部门管理人员的不和,甚至影响到部门之间的工作合作和协调。如何反馈批评性意见,有三种沟通形式可供饭店选择:一种是销售部经理直接、非正式地同有关部门经理私下沟通,这样可以维护对方的情面和自尊心,对方容易接受批评意见,并利于融洽管理人员之间的关系。但是,这种"人情式"的处理方式也可能因碍于情面或两位经理过去关系不佳而不将批评意见及时提出,从而影响及时纠正和改进不足之处。另一种形式是间接沟通方式,即由销售部经理向总经理汇报,再由总经理反馈到有关部门经理。这种形式因销售部经理不直接面对服务部门经理,能够如实完全地反映批评意见,而不会遇到当面提意见时的尴尬和不快。但是若处理不当,容易使对方对销售部经理产生误会,留下背后"打小报告"的印象,这样也不利于管理人员之间的团结。第三种形式是采用正式、直接的途径来沟通,通常是在饭店每日举行的早例会和每周举行的销售例会上由销售部经理(或公关部经理)将批评意见作为工作汇报提出来。这种形式直接,并可能迅速引起全体管理阶层的重视和关注,从而使问题得以迅速解决。但这种公开和直截了当的"西方式"批评对于习惯于间接、含蓄处事方式的中国管理人员而言,可能需要一个适应过程来习惯这种有时公开"丢面子"的做法。如果提法不当或过于尖锐,遇上对方心胸狭窄过于敏感则可能导致公开冲突或积怨。作为管理人员对待批评意见的正确态度应该是心胸坦荡、虚怀若谷,以工作为重,对事不对人。当然,在日常工作中也应视具体情况灵活掌握这样几种形式,即对待一般性的意见可以私下直接沟通,而对于具有代表性的、事关饭店形象和声誉的批评意见则必须公开加以"暴露",以求得问题的及时、妥善解决。

五、饭店销售合同的签订

签订销售合同是饭店销售业务中的重要环节,合同条款中的规定对于饭店的利益影响巨大,作为饭店销售人员必须予以高度重视。

销售合同是饭店和顾客之间有关预订和服务的详细书面协议,它规定了双方的权利和义务,对于双方在业务交往中的行为具有法律约束力。因此,合同条款必须准确表达并尽可能全面。饭店销售合同主要包括团队用房、商务、航空机组、长期包房等长期协议以及宴会合同。

1. 团队订房合同

凡是 10 间或以上的订房要求必须通过饭店销售部门来进行预订,并通过书面的团体订房合同加以确认。团队订房合同用于团体用房的预订,它可以采用两种形式:旅游团预订使用团体旅游合同,其他团队预订采用客房合同。

饭店与团队订房单位签订客房合同既可以用表格形式,也可用文书形式;表格式合同简洁明了,而文书式合同则使用灵活,可根据实际情况随时增减合同内容。

(1)饭店客房合同

饭店客房合同文本一般应包括以下几个方面的内容:

第一,合同起草和签订方面的信息,如合同的性质、起草的日期、客户和饭店双方代表的签名及签字日期等。

第二,有关该客户的信息,如名称、通讯地址、预订联系人、团队到达后负责人等。

第三,客户预订要求。包括预订客房数、房间类型、在饭店停留的日期、到店与离店的方式、行李搬运服务、贵宾服务、使用会议厅的要求等。

第四,客户预订条件,其中应说明各种房型的价格、客房税率、行李搬运费(此项在国内大部分饭店为免费)、预订形式、预订的截止日期和取消预订的期限、定金以及账款结算的方式和付款时间(见表 11-11 和附录 11-1)。

(2)旅行合同

所有旅游团订房必须由饭店销售部与旅行社签订旅行合同来进行。旅行合同一般包括以下方面的内容:

第一,合同起草和签订方面的信息,如合同的性质、起草和签字日期、签字双方署名。

第二,有关该团队的信息,如团号、团队名称、旅游团人数、团队成员使用的语言以及接团社的名称、通讯地址以及受理该团的负责人。

第三，团队预订要求，如所需客房数、客房类型，对餐厅和会议厅的要求。

第四，团队预订的条件，其中包括房价、折扣和佣金比例、客房税率、行李搬运费用、定金数以及定金收到日期、取消预订的条件和双方应承担的责任、付款方式以及付款的日期(见表11-12旅行合同文本)。

表 11-11 客 房 合 同

□确定　　□意向　　□修改
日期＿＿＿＿＿＿＿＿＿＿＿
销售员＿＿＿＿追踪号码＿＿＿＿
登记＿＿＿＿＿＿＿＿＿＿＿＿

合 同 资 料

组织机构＿＿＿＿＿＿＿＿＿＿＿＿＿＿＿＿　档案号码＿＿＿＿＿＿＿
联系人＿＿＿＿＿＿＿＿＿＿＿＿＿＿＿＿＿　负责人＿＿＿＿＿＿＿＿
街＿＿＿＿＿＿＿＿　城市＿＿＿＿＿＿　州＿＿＿＿＿　邮政编码＿＿＿＿＿
电话号码＿＿＿＿＿＿＿

房间	房价（美元）
单人间	＿＿＿＿
双人间	＿＿＿＿
三人间	＿＿＿＿
四人间	＿＿＿＿
其他	＿＿＿＿

到达和离开方式　　　　年

房间总数＿＿＿＿＿＿＿＿＿＿
客房税＿＿＿＿＿＿＿＿＿＿＿＿＿行李费＿＿＿＿＿＿＿
其他资料＿＿＿＿＿＿＿＿＿＿＿
预订方法
个人/直接
客房目录
预定卡

会议室要求

账 款 指 南

个人支付	总账单	总账单支付方式
客房 餐厅 其他	客房 餐厅 其他	□现金　　　□直接支付 □预付　　　□公司支付 □信用卡＿＿＿＿＿日期＿＿＿ 持卡人姓名＿＿＿＿＿＿＿＿ 信用卡号码＿＿＿＿＿＿＿＿ 如不使用现金，请填写此信用申请

合 同 条 款

□为了保证房价、客房和合同中其他项目的有效性，本合同必须签字，并送回饭店，否则所预订客房将予以取消。

□如果需要取消预订，为避免定金损失和罚款，饭店必须在　　　天之内收到书面要求。

□以上合同条款已阅，对合同条款予以同意。

顾客签名＿＿＿＿＿＿＿＿＿＿＿＿＿＿＿　饭店代表签名＿＿＿＿＿＿＿＿＿＿＿
日期＿＿＿＿＿＿＿＿＿＿＿＿＿＿＿＿＿　日期＿＿＿＿＿＿＿＿＿＿＿

附录11-1　××饭店客房合同书

此项文件作为预订××饭店团体客房的意向书,请仔细阅读以下条款说明,如欲变更望来函说明。

客房住宿

我们目前预订_____间客房,其到店和离店日期如下:

到达:_____

离店:_____

请注意我们的签出时间为_____,签进时间为_____之后。

接受会议预订的截止日期为到达前_____天。在截止日期后饭店将无法保证所需要客房,但我们将尽力满足贵方的要求。

客房价格

单人间:_____

双人间:_____

套　间:_____

值得注意的是以上价格不包括饭店税。目前税率为_____%,如有变化将不予通知。

我们明白每个人必须为客房费、税收以及额外费用负责。

预计程序

××饭店将为贵方提供免费预订卡,预订附于该文件中。如果使用信用卡或有定金保证,所有到下午6:00以前的预订将予以接受。如果在到达前×小时取消预订,定金将予以退还。

总账和结账程序

如果贵方将采用付账结账形式,必须事先向饭店提供信用证明。

附上信用申请。该表格必须填好并寄回饭店,同时说明贵方将在收到所有账单后_____天内付清全部账款。

饭店拥有批准和拒绝信用申请的权利。如果所出示的信用证明被拒绝,根据饭店规定,所有款项必须提前_____交付清。

账单将在贵方离开饭店之前重新检查。

我们必须收到被授权在总账上签字人员的名单。除规定的人员外,其他任何人不得在总账上签字。

免费客房

我们同意每预订_____间客房给予一个免费客房。这些免费客房可以为单人、双人或套间,一个套间也可作为一间免费客房计算。这些免费客房将于_____提供,离开日期为_____。饭店必须拥有享受这些免费客房人员的名单,免费客房将根据每天所占用的客房数来给予。

停车场

饭店对每一个登记入住客人提供免费停车。目前,非登记入住但在本饭店参加会议客人的停车费用为_____。

会议室租用和租金

请附上贵方会议活动日程复印件,如有变化应尽快通知饭店。会议室的租金将根据团队占用客房数而确定。如占用_____间客房,则会议室租金为_____。

如果需要其他精心设计的物品,饭店将根据所花额外劳动成本而计价。

准确的会议日程安排必须于会议开始前_____天呈报饭店。

视听设备要求

饭店将为会议提供所有视听设备。

宴会

宴会价格将在会议开始前_____确定,所选定的菜单将于会议开始前_____通知饭店。若就餐人数少于_____人,饭店将增收_____服务费用。

酒类服务

这类价格必须于会议开始前_____确定,所有的饮料将以瓶为单位售出。为了使您感到方便,附上一份最新菜单建议。

取消预订

所有团体,无论何种理由如欲取消合同中已签订的客房和会议设施预订,有责任向饭店说明。

如果未能在有效的时间内将取消预订通知饭店,由此而带来的损失将由顾客予以赔偿。

取消预订的通知至少应在_____内收到。

如果同意以上协议,请在此文件上签字并由_____将此件和信用申请寄回饭店,以利于饭店在更加确定的基础上履行合同义务。

贵方在此份文件上的签名构成合法的客房和会议预订,但是它并不能保证客房成本不变,其成本将根据饭店与顾客所达成的最终协议而确定。

范例:客房合同书附信

感谢您将_____饭店作为自己举办活动的场所,我们将努力使您举办的活动获得成功。以下是签订客房合同的主要要求:

(1)审阅合同以及合同中的预订程序;

(2)指出合同中需要更改的地方或错误;

(3)在合同上签字;

(4)根据规定日期向饭店寄回合同文本复印件。

我们衷心希望为您及您的客人提供服务。再次感谢您选择　　　　饭店。

此致

敬礼！

表 11－12　团 队 合 同

☐确定　☐意向　☐修改
日期＿＿＿＿＿＿＿＿＿＿＿＿＿
销售员＿＿＿＿＿＿追踪号码＿＿＿＿＿＿
登记＿＿＿＿＿＿＿＿＿＿＿＿＿

合　同　资　料

旅游团名称＿＿＿＿＿＿＿＿＿＿旅游团号＿＿＿＿＿＿＿＿＿＿档案号＿＿＿＿＿＿＿＿
旅行社＿＿＿＿＿＿＿＿＿＿＿＿使用语言＿＿＿＿＿＿＿＿＿＿＿＿＿＿＿＿＿＿＿＿
联系人＿＿＿＿＿＿＿＿＿＿＿＿负责人＿＿＿＿＿＿＿＿＿＿＿＿＿＿＿＿＿＿＿＿＿
街＿＿＿＿＿＿＿＿城市＿＿＿＿＿＿＿＿州＿＿＿＿＿＿＿＿邮政编码＿＿＿＿＿＿＿＿
电话＿＿＿＿＿＿＿＿国家＿＿＿＿＿＿＿＿＿＿＿电传＿＿＿＿＿＿＿＿＿＿＿＿＿＿

合　同　资　料

房间	房价（美元）	到达时间	离开时间
＿＿单人间	＿＿＿＿	日期＿＿＿＿　日期＿＿＿＿	
＿＿双人间	＿＿＿＿		
＿＿双人床	＿＿＿＿	本地接团社＿＿＿＿＿＿＿	
＿＿三人间	＿＿＿＿		
＿＿四人间	＿＿＿＿	联系人＿＿＿电话＿＿＿＿＿	
＿＿其　他	＿＿＿＿		

客　房　总　数

房价为＿＿＿＿＿＿＿＿＿＿＿＿＿＿＿＿＿非折扣＿＿＿＿＿折扣＿＿＿＿＿％
客房税＿＿＿＿＿＿＿＿＿＿＿＿＿＿＿＿＿行李费＿＿＿＿＿＿＿＿＿＿＿＿＿
其他＿＿＿＿＿＿＿＿＿＿＿＿＿＿＿＿＿＿＿＿＿＿＿＿＿＿＿＿＿＿＿＿＿＿

食品/会议室要求
＿＿＿＿＿＿＿＿＿＿＿＿＿＿＿＿＿＿＿＿＿＿＿＿＿＿＿＿＿＿＿＿＿＿＿＿＿＿

账　款　结　算

个人支付	总账单	
☐客房	☐客房	☐预付定金
☐行李	☐行李	☐发票
☐餐厅	☐餐厅	☐旅行社结账
☐其他	☐其他	☐信用卡
		持卡人姓名
		信用卡号码
		如不付现金,请填写信用申请
		信用申请

合　同　条　款

☐为了保证房价、客房和合同中其他项目的有效性,以下内容必须符合下列条件,否则所预订客房将予以取消。

合同签字和送回在＿＿＿＿＿＿天之间,定金数额＿＿＿＿＿＿截止日期＿＿＿＿＿＿所有款项于＿＿＿＿＿＿天之内支付,客人名单于＿＿＿＿＿＿天发至饭店。

取 消 政 策

□如果需要取消预定,为避免定金损失和罚款,饭店必须在_____天之内收到书面通知。
□以上合同条款已阅,对合同条款予以同意。
顾客签名_____ 日期_____ 饭店代表签名_____ 日期_____

2. 长期协议

随着饭店业的发展,饭店市场的范围也越来越广,各种类型的长住客不断增多,如公司、商社、航空机组等。为了便于饭店与之建立长期的业务关系,并保证双方的利益,饭店应与之签订相应的长期协议或合同。长期协议主要应使饭店与客户双方明确订房要求以及有关预订的信息,如协议价格、客房环境、预订客房数量、优惠条件、取消预订规定等。附长期协议样本,该协议为饭店与航空公司所签订(见附录11-2、附录11-3)。

附录11-2 ××饭店与××航空公司协议文本

航空机组价格

位于_____的_____饭店同意自 年 月 日至 年 月 日,以每日_____元价格向_____航空公司机组成员提供最高_____间单人房。如需增加客房数,饭店前厅部将根据条件决定是否予以满足。

住店环境

饭店同意保持住店环境的安全、清洁和卫生,饭店将为机组成员安排环境优良,至少不受饭店和周围地区噪声干扰的客房。

机组成员客房

饭店将根据目前需求保留客房;必须认识到房间数每月可能都不相同。××航空公司应以月为单位,在每月开头前10天向饭店提出最新用房需求。饭店将以天为单位用同样价格提供额外的机组成员用房。

利益

××航空公司机组成员将享有附页上所列出的利益,并将附页视为协议整体之一部分。

付款程序

饭店每月将两张单独发票(一份为飞机驾驶员,另一份为空中服务员)呈送给××航空公司,发票和签名表格将送给_____,_____,_____。

其他订房

××航空公司为履行公务的本公司检修人员、顾问和管理人员向饭店订房,饭店将在可能范围内予以同样的价格,提前订房者将享受与机组成员同样的价格。

公司员工私人旅行(非公司公务),饭店将酌情予以价格优惠(50%折扣)。

行李处理

饭店将负责机组成员的个人行李(装有飞机物品的行李不包括在内),送进饭店费用每件_____元,送出饭店每件_____元,该费用将记在航空公司总账单中。

危难乘客

饭店在可能条件下,将为危难乘客和机组成员提供住宿,航空公司将以现行合同价为机组成员付款。此外,航空公司将以同样的合同价格为所有危难乘客付款。同样,航空公司必须支付危难乘客的食品账单。饭店食品账单应注明个人对上述账单中的任何食品、饮料和小费负责。

取消预订

饭店与××航空公司必须明白,××航空公司对由于××航空公司到××城市航班停飞,及其他可能减少××航空公司用房需求,如(并不仅限于)航班受阻或航班更改而导致的中止协议不负责任。此外,如果××航空公司认为饭店未能提供双方认可的上述项目或所附优惠条件,××航空公司可以提前30天书面通知饭店。

××航空公司和××饭店双方签字表明同意上述协议,该协议将于_____生效。

××航空公司饭店合同部经理　　××饭店销售与促销总监

附录11-3　××航空公司与××饭店长期协议附件权益

——航空公司享有单人住房权,且24小时随时使用。

_____单个客房取消在提前通知情况下;

□□如果饭店未住满;

□□如果饭店全部出租,但可以出租

□□取消的订房,饭店不得计算____

□□航空公司该房间的费用。

饭店将为××航空公司免费提供机场至饭店交通服务,饭店必须保证根据每月航班次到达时间在飞机到达机场后立即将其接到饭店,并于飞机离开前一小时送至机场。

饭店在下列情况下将为机组成员免费提供到购物和用餐地点的交通服务。

在车上提前办理登记入住手续。

饭店提供特别机组签单程序。

所有机组成员每人一间客房。床的尺寸为_____。

所有机组成员用房需有防火措施。

每间机组成员客房有冷/暖调控空调,并允许自行调节。

每间机组成员客房具有客人可打开的窗户。

每间机组成员客房备有双层窗帘。

在每间机组成员客房方便到达的地方备有制冰/苏打机。

饭店餐厅上午6时至午夜12时开放,机组成员出示身份证可享受____%折扣。

为清晨离店而餐厅尚未营业的客人提供24小时饮料/大陆式早餐。

为机组成员提供店内和乘坐饭店交通工具的标准保险。

机组成员出示××航空公司证件时,可享受_____的最高私人支票限额。

饭店需具备以下娱乐设施(略)。

3. 宴会合同

所有大型宴会预订必须通过饭店与宴会组织者签订宴会合同,并加以确认。宴会合同的签订一般需要下列资料:

(1)合同起草和签订方面的信息,如合同的性质、起草日期、客户和饭店双方代表签名以及签署日期。

(2)有关宴会预订者的信息。如组织名称、通讯地址、订餐联系人和负责人等。

(3)宴会预订要求,如参加宴会人数和最低保证数、宴会活动的时间、宴会类型和摆台形式。宴会服务中的要求如鲜花、照相、音响设备(如果顾客自带设备,则应在合同中注明"顾客提供")、食品饮料要求。

(4)接受宴会预订的条件,其中包括宴会费用标准、安全数额和预订宴会时间、付款方式和日期等(见表11-13、附录11-4)。

表 11-13 宴 会 合 同

□确定　□意向　□修改

日期＿＿＿＿＿＿＿

时间:开始＿＿＿＿结束＿＿＿＿

房间号＿＿＿＿＿＿＿

登记＿＿＿＿＿＿＿

合 同 资 料

组织机构＿＿＿＿＿＿＿＿＿＿＿＿＿＿＿＿　档案号＿＿＿＿＿＿

联系人＿＿＿＿＿＿＿　负责人＿＿＿＿＿＿　电话＿＿＿＿＿＿

街＿＿＿＿＿　城市＿＿＿＿＿　州＿＿＿＿＿　邮政编码＿＿＿＿＿

宴 会 资 料

预计参加人数＿＿＿＿　安排＿＿＿＿　保证参加人数＿＿＿＿

功能	时间	安排	价格	食品饮料	价格

其他要求＿＿＿＿　价格＿＿＿＿

账 款 指 南

现金＿＿＿＿　定金＿＿＿＿　交款日期＿＿＿＿

公司支票＿＿＿＿　预计总费用＿＿＿＿

信用卡＿＿＿＿　号码＿＿＿＿　持卡人姓名＿＿＿＿

如不使用现金,请填写此信用申请。

合 同 条 款

1.为保证宴会活动,饭店必须提前＿＿＿＿小时接到通知。

2.如果参加人数少于保证人数,将按保证人数付款。

3.如果参加人数少于＿＿＿＿人,将收取＿＿＿＿服务费用。

取 消 政 策

以上合同条款已阅,对合同条款予以同意。

顾客签名＿＿＿＿＿　饭店代表签名＿＿＿＿＿

日　　期＿＿＿＿＿　日　　期＿＿＿＿＿

附录 11-4 食品与饮料政策

1. 如果饭店未获得保证,饭店必须根据宴会合同中所估计的人数进行准备并收取费用。
2. 在每项活动结束后,所有宴会账单必须由负责人或指定代表签字。任何额外费用必须在当时确认并解决。
3. 所有活动必须依照食品饮料服务费用、相应的条件和地方销售税率而收费。
4. 除非事先同饭店有信用/账款安排协议,所有宴会活动必须预付定金。
5. 如果饭店至少提前 30 天收到取消预订通告,饭店将退还所有定金。
6. 除非事先同饭店有信用协议,所有活动费用必须预先支付。
7. 如果在举办活动时需要改变房间陈设,其劳务费用将加入宴会账单之中。
8. 必须在两周前将最后选定的菜单通知饭店,以保证按照要求提供菜单上的项目。
9. 除非事先得到总经理和饮食部经理批准,否则不得自行携带任何食品与饮料进宴会厅。
10. 参加活动的客人将被允许进入,并在合同规定的时间离开宴会厅。
11. 如果顾客将贵重物品在饭店陈列昼夜,饭店可以向顾客收取个人安全保险费用。
12. 顾客将对带入或饭店陈列的展览物品或其他项目的安排和费用负责,饭店必须提前得到安排这些物品的通知,以保证合理安排这些物品的展览。
13. 饭店对活动举办前后的所有物品损失和遗失概不负责。
14. 饭店对事前未接到通知的活动,有权将其移到其他宴会厅。
15. 顾客将对参加活动的客人或签订合同的组织在活动举办前后所造成的损失、遗失和债务负责并予以赔偿。
16. 所有贴在饭店宴会厅、大厅墙上的标志必须事先得到饭店的许可。
17. 所有的价格变动将予以通知。

4. 饭店签订销售合同时应注意的问题

饭店销售人员为了饭店的利益,在与客户签订销售合同时,必须注意以下方面的问题:

(1)价格。价格是合同双方关注的主要问题,如前所述,饭店对于团队、长住客和有长期业务往来的客户都有相应的价格折扣政策。饭店销售人员应根据饭店政策,在允许的幅度内与对方协商价格。在实际工作中,并不一定对所有的团队用房都给予价格折扣,许多团队可以用正常价格进行预订,如从其他饭店转入的团队。在饭店房价变动较频繁的条件下,饭店销售人员应尽可能避免为较长时期之后到达的团队确定价格,旅行团队价格除外,因为旅行社需提前 12~18 个月对外报价。此外,对提出特殊要求如团队成员可能提前到达或延迟离店的团队订房,饭店销售人员可酌情提高房价。

(2)团队客房预订数。对提出占饭店客房数 75%~80% 的预订要求,饭店销售人员应请示部门经理并报总经理批准后方可承诺,因为一旦预订取消,饭店将损失大量的收入。

(3)免费房间。饭店销售人员应按饭店政策向对方提供免费房间,尽可能避免主动向对方提供超出标准之外的免费房间。

(4)预订截止期限。规定预订截止日期的目的在于使饭店有合理的时间将未被预订的客房出售给其他潜在的顾客。截止日期主要应考虑客户预订客房数量的多少：预订数量大者,其截止日期应相应长于量小的预订。一般饭店规定预订日期为团队到店前两周。

(5)取消预订期限。无论团队规模大小,都必须规定取消预订期限。这个期限的确定主要取决于客人取消预订后,饭店出售该房间所需时间。取消预订期限也应考虑团队预订量的大小。以下数据是美国饭店业的一些做法。

客房数(间)	取消预订期限
>250	提前一年
100~250	9月
50~100	6月
<50	30天

(6)定金。对于风险较大的团队预订,如政治性团体、儿童和青少年团队或背景不详的团体等,必须建立定金制度,以确保饭店的预订安全,并尽可能减少因取消预订所带来的损失。

(7)预订保证。饭店对于确定性预订必须要求通过有效的信用卡、公司/私人支票或定金等形式予以保证。

(8)账款结算。对于以记账形式进行结算且在本饭店无团队预订和信用证明历史的顾客,应要求其提供信用申请,由饭店财务部审核,否则,饭店不得对其采用先接待后付款政策,以保证账款的及时收回。

5. 合同签订后的处理

(1)不同性质预订合同的处理

饭店销售合同根据客户预订的性质可分为：确定性合同,即客户通过定金、信用证、信用卡等形式予以确认的团队预订合同;意向性合同,即尚未确认的团队预订合同;修改性合同,指已签订的但其中部分内容需修改和调整的合同以及取消预订合同四种。预订合同的性质不同,对其处理的程序也不尽相同。

①确定性预订合同处理
- 完成合同中所有同顾客协商的资料；
- 将合同打印,无论在何种情况下,合同都不得用手书写；
- 将合同原件和复印件分发给顾客以及销售档案、预订和财务部门；
- 将此预订资料依照正确日期存入"团体用房控制表"的确定性预订部分；
- 如果此控制表中已存入意向性预订时,将此意向性预订划去。

②意向性预订合同处理
- 完成合同中所有同顾客协商的资料；

- 确定合同中确定性的条款,如顾客的签字、定金或信用申请的批准等;
- 将合同打印,无论何种情况,合同都不得用手书写;
- 与客户协商确认预订日期,并为该客户建立一个追踪档案;
- 将合同原件和复印件分发至客户以及饭店档案、预订和财务部门;
- 将预订依照正确日期存入"团体用房控制表"中的意向部分;
- 在协商的日期,与顾客联系以了解顾客的决定。在未同顾客联系之前,不可自动取消预订的客房。许多潜在的生意损失便是由于未同顾客重新商议或未延长顾客决定时间而自动取消预订所造成的;
- 根据顾客的决定来采取行动:确定预订或取消预订。

③修改性合同的处理
- 重新打印合同,包括所有变更部分,尤其对每一预订变化日期必须加以确定;
- 向顾客、销售档案、预订及财务部门分发合同原件和复印件。对于那些仅影响本店内服务的小变化可以通过饭店记事簿同有关员工进行沟通;
- 切记将所有的变更存入"团队用房控制表"中。

④取消预订的合同处理
- 从预订档案中移走客房合同;
- 在合同封面上大写"取消"二字,可以使用黑色墨水或使用橡皮图章;
- 写明取消预订的原因和日期;
- 将取消的合同复印件送至预订部门;
- 将预订合同存入"团队用房控制表"中,标明取消以及日期;
- 对于主要的取消预订,应填写"损失生意表",并将此取消预订记入当月的损失生意报告中;
- 将取消预订通知必须送至顾客手中。有时取消预订之中可能存在错误或误解,而取消预订通知将使顾客注意到此种情形。取消预订通知可以采取信函形式,它必须直接送至合同中所列出的联系人。

(2)饭店销售合同的分发

所有确定性、意向性或修改性合同,可以分发给下列有关人员或部门:

①客户。将合同原件以及相应的信函送至客户。如果客户采取记账形式或在饭店无信用历史时,还应包括一份信用申请。

②饭店销售部。将已由客户签字的合同送回饭店销售部门,饭店销售部门将合同存入客房档案中。

③预订部。将合同复印件送至前厅预订部存入饭店预订系统,由预订部按饭店程序做好接待准备工作。

④财务部。将合同复印件送至财务部以便审核客户付款方式和信用申请。

第三节 饭店销售部人力资源管理

人力资源管理是饭店销售部门工作的重要内容。销售人员是饭店销售部门工作得以运行的关键,没有高素质的员工,没有他们积极努力和熟练地工作,饭店即使有再好的设施和条件,也无法取得良好的效果。

饭店销售部的人力资源管理主要由部门经理负责完成,它包括计划、组织和评估三个方面的工作,如图11-6所示。

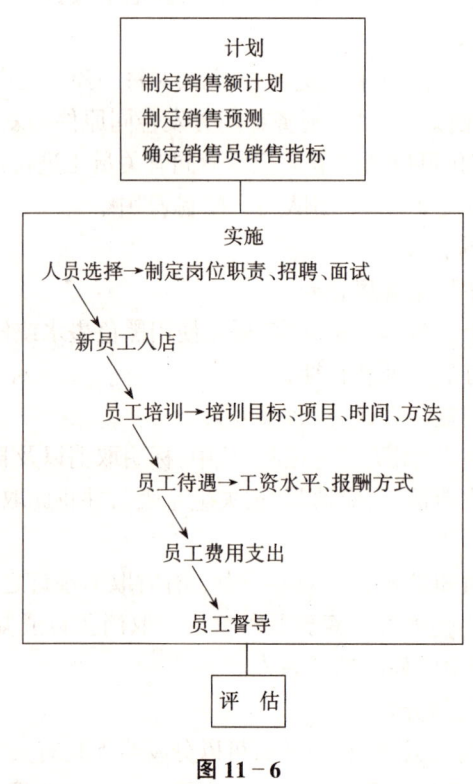

图 11-6

一、制定销售定额目标

饭店销售部经理首先必须根据市场预测和饭店的营销预算来确定本部门的销售额,并具体分解到本部门的每一个销售人员。销售定额目标包括销售额、预订客房数、销售访问次数。每个业务员除了要承包创汇创利指标外,还有市场开拓和产品开发指标,每个业务员要么开发一个新产品出口,要么开拓一个新的市场。市场开拓、产品开发与创汇、创利有机结合,能够有效地克服业务员的经营短期行为。实施定额目标管理,能够使销售人员明确工作目标和重点,有利于有针对性地开展销售工作。

二、实施部门人力资源管理

饭店销售部经理的大部分时间是用于对部门员工的日常管理,其中包括新员工的招聘、选择,新员工入店时的特殊关心,员工的培训,制订员工的报酬标准和付薪方法,确定和控制人员费用支出以及对部门员工工作的指导。

1. 新员工的招聘

挑选适合的销售人员是销售人员管理成功的关键,这需要饭店建立相应的招聘制度。销售部人员的招聘应由饭店销售部经理会同饭店人力资源管理部门进行。招聘工作通常分两个步骤来完成。第一,销售部经理与人力资源部门一道根据工作需求提出受聘人员的数量和类型,受聘人员工作职责及应具备的条件。作为销售部工作人员,必须具有相应的知识和水平,同时必须精力旺盛,身体健康,充满自信,对生活中美好的事物有强烈的追求,具有良好的职业道德和习惯,能够自我克制和敢于冒险,富有挑战性等性格特征。第二,经常性地对应聘人员进行选择。一个较好的招聘计划应能连续地为饭店提供潜在销售人员,使饭店随时雇佣到新人来填补离职人员的位置,保持饭店销售队伍的稳定,不发生人力方面的波动。

选择销售人员的资料来源有求职申请、面谈和测验。通用的测验内容包括候选人的兴趣、智力、态度和知识等。求职申请表是重要的资料来源,它的格式应仔细地制定:所受教育、过去的经历、健康状况、职业目标等都是估价一个申请人是否适合做一个销售人员的重要条件。面谈的目的在于增进申请人和饭店代表之间的沟通和了解,面谈能够使饭店对应聘者有直接的了解。

2. 新员工的入店适应

新员工进入饭店销售部工作,需要有一个了解和适应过程;部门经理应努力使新员工尽快融进这一新集体之中,帮助他们克服心理上的陌生感,使之与其他员工建立融洽的关系,同时尽可能详尽地介绍工作性质、任务及做法,使其迅速熟悉工作。

3. 培训

销售培训不仅适用于新员工,对老员工也有必要。要想使培训达到预期的目的,必须抓住以下几个环节:

第一,明确通过培训应达到的目标。通过销售培训主要是使员工了解和熟悉销售部的业务运作程序,增加饭店产品和市场方面的知识,提高销售技巧,扩大销售利润和开发新的客户。

第二,安排恰当的培训内容。如举办有关销售技巧、饭店产品知识、客户心理等方面的讲座。

第三,选择适宜的培训时间。饭店可以采用集中式或分散式两种培训方法。集中式培训要求大部分销售人员参加,因此须选择在大部分员工的工作间隙和定期举办的销售例会上进行。销售例会目前已成为许多饭店的制度被确定下来,通常选定在周五下午和周六上午进行。分散式的培训可在办公室分区或工作进程中进行,这也可以称为在岗培训。分散式培训所需费用极少,但缺点是培训的质量往往不是很高。

第四,选择适当的培训方法。销售培训的方法多种多样,讲座式适宜于对培训生和新员工进行入店知识的教育,介绍有关饭店的历史和业务运作程序。示范法适宜于销售技巧和饭店产品知识方面的训练。角色扮演是提高销售技巧的最佳手段之一,上岗培训在任何情况下和各种培训项目中都适用。

4. 报酬和奖励

饭店销售人员所获得的报酬和奖励主要有金钱与非金钱两种形式。金钱形式包括直接工资和非直接工资收入,如带薪假期、养老金和保险等。非金钱形式主要是指向员工提供个人提高的机会,使之感到工作受重视,并产生对饭店的归属感和忠诚感。

饭店必须建立科学的报酬和奖励机制,以吸引和留住合格的销售人员。要达到这些,首先要确定相应的报酬支付水平。这一水平必须体现出每个销售人员所受教育程度、所受到的训练和经历,以及销售人员所在地的劳动力市场、饭店业整体工资水平。同时,报酬的高低还必须反映出销售人员的工作性质和业务水平。目前,我国一些饭店销售部员工报酬水平低于同等条件其他一线部门员工,一些饭店将销售部视为普通的后台部门,没有一线创收的奖励,因而挫伤了员工的积极性,致使优秀员工不愿到销售部门来工作。当然,如果销售部门员工收入过分超前于其他部门,也会带来其他部门员工心理不平衡。

其次,制定科学的报酬支付方法。支付方法应考虑员工工作性质,以及其他行业和其他饭店的销售人员的报酬支付方法。通常,对饭店销售人员的支付方法有三种:

A.纯薪水型(Straight Salary Plan)。即付给销售人员固定工资。对销售人员来说,这种形式没有风险,收入稳定,也没有工作压力。由于工资固定,它与饭店销售收入无关,因而不能调动员工工作的积极性。纯薪水型主要适用于新员工和市场调查人员、开发销售区域销售人员以及进行较长时间的合同谈判人员。

B.纯佣金式(Straight Commission)。饭店只给予销售人员销售佣金而不付薪水。这种形式鼓励销售人员进行推销,因为其报酬所得与销售收入紧密联系在一起。同时,销售人员对其工作有更多自由性,但缺点是难于控制销售人员,使他们分担各种不同的工作,尤其是那些不可能得到佣金的工作。另外,也可能带来超额预订的问题。纯佣金式报酬方式适用于下列情况:需要对销售人员进行鼓励、很少有市场调查工作、饭店营业不佳、报酬与成本费用和销售收入必须挂钩,以及无法对销售人员实施控制。

C.混合型(Combination)。上述两种方法过于极端。理想的报酬支付方法是将二者结合起来,既付给员工一定薪水,使之有职业安全感,又以佣金作刺激,调动其推销的积极性,同时,还可以克服上述各种问题。当然,在实际工作中,薪水和佣金的大致比例为多少,以及佣金在销售额中的比例,要根据各自饭店的情况而确定。

5.费用控制

饭店市场营销费用支出一般占饭店销售额5%～8%,除支付广告和其他促销活动费用外,饭店销售部门的日常业务支出也是重要的部分。销售部经理必须依照营销预算所制定的本部门费用支出指标,在保证销售活动正常进行的前提下,尽可能控制费用的支出,以降低饭店的费用支出。控制费用的方法一是费用总额控制,即将各项支出限定在一定的费用水平之内;二是确定主要几项费用占销售额的百分比,并规定其浮动上下限,如果超过极限,则查明原因,并适当对其调整(见图11-7)。在日常运营过程中,要严格掌握销售人员的交际费、差旅费及其他业务费用的支出,减少不必要的支出。

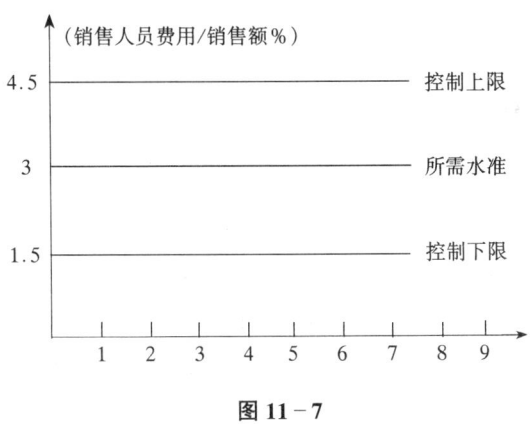

图11-7

6.督导

督导是销售部门管理人员指导下属日常工作的方法。督导不等于简单地发号施令和指手画脚,它包括向下属解释和宣传饭店的政策,充当沟通销售人员和高级管理阶层之间的桥梁,确定工作绩效标准,创造有利的工作环境,并尽可能改善销售人员的工作条件。对销售人员进行督导是一项既重要又复杂的工作,之所以复杂是因为销售人员具有独立性,他们通常是单兵作战,难以对其进行过多的控制。作为饭店销售部门经理,必须根据人员和工作分散的特点,制定相应的政策,并采取有效的措施对下属进行督导管理。

第一,建立饭店销售工作制度和标准,并将其制成手册,供销售人员使用。销售手册中主要包括饭店背景和产品介绍、部门基本职责、客房价格、各岗位职责、饭店销售市场重点等。

第二,建立销售人员汇报制度。销售人员要把一周来的销售活动情况书面向销售部经理汇报,销售部经理根据销售人员所反映的情况,提出自己的意见,并下达工作指令,然后与书面报告一同反馈给销售人员。

第三,建立销售例会制度(一般每周一次)。销售例会通常由销售部门经理主持,所有销售人员参加。会议的主要内容有检查落实销售指标完成情况、分析市场动态、反馈客人投诉意见、研讨新产品开发等。在许多饭店,总经理,前厅部、客房部、餐饮部、财务部等主要部门经理也必须参加销售例会,以加强饭店销售部与其他部门之间的沟通。

第四,制定考勤和奖惩制度。

第五,组织销售人员开展销售竞赛活动,促使销售人员自我激励、自觉销售。

三、销售人员业绩评估

饭店销售部人员管理的最后一个步骤是对销售人员的业绩进行分析和评估。它有助于管理人员了解计划实施情况,为下一步的工作收集基础资料。对销售人员的业绩进行评估还有助于了解销售人员的工作能力和态度,以决定提薪或提升的对象。

对销售人员业绩进行评估不能仅凭管理人员主观印象,必须有具体科学的评估标准,以保证评估的全面性、正确性和公正性。评估销售人员业绩标准有两大方面:

1. 定量基础

销售业绩的评估,可以依据销售人员的工作投入(努力)与产出(结果)的量化指标。衡量工作投入的量化指标有每日销售访问次数(或访问率),直接推销费用额或百分比,非推销性工作如参加饭店展销会和销售培训项目的次数等。评估工作产出(结果)的量化指标包括销售额、单人销售额在总销售额或某销售地区销售额中所占比率、毛利、接受预订数量、平均规模、联系的客户数以及新建立的客户数等。采用定量指标评估业绩不是单从某一个或几个指标,必须全面综合地评估。例如,某销售人员日销售访问率高,但并不意味着每次访问都能带回订单数。

2. 定性基础

采用定性分析能够更全面和准确地评估那些无法用数字反映出来的销售人员业绩情况。定性分析必须考虑销售人员的产品知识,饭店政策和竞争状况,销售人员对自己的时间管理以及销售访问准备情况,与客户的关系,个人仪表和健康状况,个性和文化素质如合作能力、研究和制定决策的逻辑性等。

本章总结

饭店营销管理的目的在于有效地实施营销计划和策略。营销管理的重点包括组织管理、业务营运管理和人力资源管理。

组织管理,即建立相应营销部并明确该部门各工作岗位的职责。设立营销部一般按客户地理区域、产品和服务类别以及市场特征来进行。

业务营运管理着重行政管理、业务报表制度管理、销售部与其他部门之间的协调,以及销售合同管理等方面。业务营运管理的目的在于提高营销工作的有效性和规范性。

人力资源管理的工作重点是:饭店销售部经理为销售人员制定明确的销售目标,并实施对销售人员的选择、培训、督导,以及各项费用控制,同时,对销售人员的业绩进行定性和定量的评估。

专业词汇

销售档案　团队用房控制表　宴会活动预订表　贵宾服务通知单
销售访问报告　连续访问报告　确定性销售合同

思考与练习

1. 简述饭店营销部门的职能。
2. 饭店销售档案包括哪几类?其用途是什么?
3. 饭店销售人员在进行销售访问后,为什么应完成"销售访问报告"?这一报告由哪些方面构成?
4. 饭店销售合同包括哪几种类型?销售合同中应主要明确哪些内容?请自己拟一份适合本地特点的饭店销售合同。
5. 饭店评估销售人员的标准有哪两方面内容?请结合实际对其中内容加以具体分析。

第五部分 营销预算计划与控制

第12章

饭店营销预算

本章导读

饭店营销预算是饭店市场营销部门预先为本部门制定的各项收入和支出计划。它是饭店营销计划的数据部分,正如美国营销学者威廉·道林(William. Q. DowLing)所表述的:营销计划＝预算＋文字。营销预算作为部门预算,它与饭店其他部门预算共同构成了饭店总体预算。编制营销预算是饭店营销部门经理的重要职责,它将直接影响到饭店的营销工作能否顺利进行以及成果如何,因此必须予以高度重视。

第一节 饭店营销预算的基本概念

一、饭店营销预算的作用

饭店营销预算并不是简单地将收入和支出数据计算出来。事实上,一个好的预算,其数据便可以反映出营销工作的重点、工作目标以及资源和工作配置情况。通过检查营销预算的执行情况,又可以发现计划与实际工作中的不足,从而有利于饭店调整经营决策和改进经营管理工作。因此,营销预算是重要的管理工具,它具体体现在:

第一,营销预算反映了饭店营销工作的目标,它通过销售额、利润率、市场份额、客房出租率、预期平均房价等量化指标反映出来。在预算的编制中,这些指标又具体按不同的部门(如客房销售、餐饮销售等),不同的市场(会议、旅行团队、商务散客等)进行分解,使之变成具体的工作目标。由于这些计划指标将影响到饭店整个人、财、物资源的配置和管理,预算指标必须建立在饭店自身实力以及对未来市场的准确预测基础上,必须采用正确、适宜和最新的资料,以使预算指标切实可行,如图12-1。

第二,营销预算是重要的管理控制手段。利用营销预算作为标准来实施对实际工作的控制,是管理的重要手段。这一手段包括确定预算目标、实施预算方案、检查预算的执行情况、比较预算与实际偏差、公布预算与实际偏差以及调整和改进等六大环节,如图12-1所示。

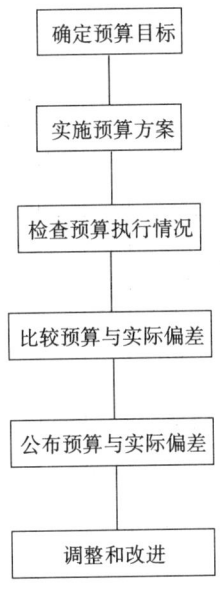

图12-1

实际运营与预算出现正负偏差是很正常的,任何计划都不可能做到百分之百的精确。正偏差表明实际营运好于预算,而负偏差则正好相反,如表12-1、表12-2和表12-3所示。管理人员的主要工作便是对出现的偏差实施例外管理,找到出现偏差的原因:是预算所订目标过高或过低,还是经营环节中出现问题或市场发生大的变动? 在此基础上采取相应的行动:如果预算目标不符合实际状况,便应及时加以调整;假如由于自身工作失误,便须尽快纠正错误。如果由于市场发生突然变化造成营业额大幅度上升或下降,饭店则需对原有的预算进行大幅度调整,以适应新的形势。

饭店营销学

表 12-1　全年客房预订分布表

饭店　　　　　　　　　　　　　　　　　　　　　　　　　　　　　　　　　　　　　　财务年度：
　　　财务年份：

	客房夜次	一月	二月	三月	四月	五月	六月	七月	八月	九月	十月	十一月	十二月	全年
1	预测客房总夜次													
2	本月初预订													
3	本月底预订（确定性预订）													
4	总数（2+3）													
5	本月取消数（-）													
6	预订与实际使用量差额 + 或 -													
7	重新估算数 + 或 -													
8	全部调整数额（5+6+7）													
9	使用或计划使用数（4±8）													
10	团队客房预订													
11	预测差额（10±9）													
12	预测客房出租率（%）													
13	实际出租率（%）													
14	预测平均房价													
15	实际平均房价													

销售总监：　　　　　　　　　　　　总经理：　　　　　　　　　　　　财务总监：

表 12－2　预算偏差　　　　　　　　　　（单位:美元）

	预算销售额(7月)	实际销售额(7月)	偏　　差
团队市场	30 000	20 000	10 000　U
散客市场	75 000	80 000	5 000　F
会议市场	40 000	50 000	10 000　F

* F 为正偏差　　U 为负偏差

表 12－3　预算偏差　　　　　　　　　　（单位:美元）

	预算支出额	实际支出额(本月)	支出额	节余
广告	3 000 000	500 000	1 800 000	1 200 000
人员推销	1 000 000	110 000	650 000	350 000

二、饭店营销预算的类型

饭店营销预算按其性质和使用,主要分为三种类型。

1. 资本预算(Capital Budget)

资本预算实际上又称中长期预算,它主要包括饭店中长期的大型项目,如饭店更新改造、新楼层的开设、商务设施和健身娱乐设施的引进等。在这种预算中,营销预算所占的比重较小,许多饭店经常将此忽视。事实上,这些新的项目的推出,同样需要做相应的前期营销工作(Pre—Marketing)。

2. 总体预算(Master Budget)

总体预算指企业在一定期限内各部门营业收入和支出计划,通常为年度预算。我们在本章中将要重点阐述。

3. 连续预算(Continuous Budget)

连续预算又可称为滚动预算,它是企业根据年度预算执行情况,对下一预算周期内的经营收入和支出所作的调整性计划。滚动预算周期通常为季度或月度。

三、饭店营销预算的组成

饭店营销预算由销售收入和费用支出两大部分组成。在饭店实际营运中,销售收入的预算分别由各接待部门如客房部、餐饮部等直接创收部门编制,而营销预算主要是编制市场营销部门用于市场营销活动的费用计划。因此,销售收入的预算将不在本章中具体阐述。

饭店营销费用由三大类费用组成:

1. 本部门工作人员的工资福利

工作人员指本部门所有的管理人员、销售人员、公共关系人员、秘书以及临时合同工,其工资福利包括工资、奖金、工资税、保险费、养老金以及给本部门员工提供食品和饮料(员工餐)的费用,还有其他福利奖金等。

2. 部门管理和日常费用

指与营销部门有关的费用支出。具体包括:①办公费用如使用的印刷表格、文具办公用品、销售手册等;②通讯费用:电话、电传、传真、信函及其他邮资费用;③国内外销售旅行差旅费用;④汇票和订阅费;⑤饭店订房系统入网费;⑥促销活动费;⑦市场调研费;⑧交际费,包括经理、销售人员和其他员工的交际费;⑨饭店宣传手册和特式菜单等费用;⑩其他各项支出,如陪同餐费、制装费、培训费等。

3. 广告和促销费用

指饭店用于广告和促销活动的费用。它包括:①直接邮寄费,如通讯录、信封、写信、签字或由其他机构代理完成这类工作性质的工作费用;②广告费,其中包括广告制作费,以及在报纸、杂志、户外、电视和电台等媒体上的广告投放费,媒体费是广告中最大和最重要的部分;③销售点促销用品费,如特别账单卡、特式菜单补充目录、陈列展示品的制作费用;④杂项,如复印、印刷、交通费用。

饭店营销预算的格式可见表12-4a和表12-4b。

表12-4a 饭店营销预算——推销与促销

	一月	二月	三月	一季度	四月	五月	六月	二季度	七月	八月	九月	三季度	十月	十一月	十二月	四季度	全年
费用																	
工资																	
奖金																	
福利																	
总工资和福利																	
其他费用																	

续表

	一月	二月	三月	一季度	四月	五月	六月	二季度	七月	八月	九月	三季度	十月	十一月	十二月	四季度	全年
办公用品																	
待客用品																	
清洁用品																	
纸张																	
文具																	
其他																	
通讯																	
电话与电传																	
邮资和电报																	
旅行推销·本地																	
旅行推销·外地																	
订阅费																	
预订入网费																	
促销活动																	
市场调研																	
交际费·经理																	
交际费·销售人员																	
交际费·其他人员																	
宣传手册																	
杂项																	
陪同餐费																	
制服																	
培训																	
其他																	
其他费用总额																	
部门费用总额																	
市场营销费用总额																	

表 12-4b 饭店营销预算——广告

费用	一月	二月	三月	一季度	四月	五月	六月	二季度	七月	八月	九月	三季度	十月	十一月	十二月	四季度	全年
直接邮寄																	
代理制作费																	
代理商费用																	
报纸印刷																	
杂志印刷																	
其他媒体																	
电视和广播																	
汇票																	
销售点促销费用																	
杂项																	
电话费																	
邮资																	
交通费																	
印刷和复印																	
其他																	
部门总费用																	

第二节 饭店营销预算的编制

一、饭店营销预算的编制方法

编制预算的核心在于确定各项费用的具体数额。而如何确定这些数额,各个饭店有不同的做法,其中使用较多的有:

1. 经验推断法

不少饭店编制销售预算,都是以当年各项费用项目的实际开支数为基础,然后预测计划年度各项费用可能发生的增减变动,来确定它们的增减数额。这种方法简便易行,尤其适用于经营比较稳定的饭店。然而,过去的数据不可能或一定完全反映未来的经营情况,尤其是在饭店市场波动较大,竞争激烈的形势下,采用这种方法容易造成预算额的不准确,甚至会出现将过去的错误延续到今后的现象。

2. 量力而行法

指饭店在进行市场营销活动中按其所能拿出的资金数额确定市场营销预算的方法。这种方法尤其在饭店广告的预算实践中多见。也就是说,在其他市场营销活动优先分配经费之后,尚有剩余部分就供广告之用。这种预算方法考虑到了饭店财力情况,但却忽视了广告的目的在于促进销售;而预算时必须考虑需要多少营销费用才能达到销售的目标。从这种意义上来看,虽然很多饭店使用量力而行法,但它却存在着片面性,对此,必须有清醒的认识。

3. 行业比率法

它是根据同行业的标准确定营销预算总额。西方发达国家中有不少咨询机构和组织,根据长期的调查统计以及各家饭店呈报的数据,整理出各类饭店的营销费用在营业收入中所占的比例。

西方饭店业的平均比例为3%~3.5%,我国涉外饭店比例介于1.2%~1.8%之间。

采用行业比率法,饭店只要稍微结合本饭店的实际情况,参照同行业的相应费用,就可确定自己的营销预算。但是,这种行业比率也许并不是最佳的选择。

4. 竞争对等预算法

在国外又称做"复制猫法"(Copy Cat Approach):指饭店比照竞争者的营销开支来决定自己的营销开支,以保持竞争上的优势。许多饭店都喜欢根据竞争者的营销预算来确定自己的营销预算,造成与竞争对手旗鼓相当、势均力敌的对峙局势。这种方法简便易行,但与行业比率法一样,它忽视了各个饭店具有的特殊性。因为各饭店的信誉、产品和服务、经营机会以及营销目标和销售力量并不一定相同,某一饭店的营销预算不一定值得其他饭店比照。因此,同样营销费用支出并不意味着就能带来同样的效果。

5. 销售百分比法

即饭店按照客房销售额(或总销售额)的百分比来计算和决定营销开支。也就是说,饭店按照每100元的销售额(本计划期销售实绩或预算期预计销售额)需要多少营销费用来计算和决定饭店营销预算。例如,某饭店在1994年11月1日将前10个月的销售收入与11月和12月的预计收入相加,以总额的3%作为1995年的营销预算,或者以1995年的预计销售收入的2.5%作为广告预算。使用销售百分比法来确定营销预算,使之与饭店的销售收入紧密地联系起来,可以使营销费用控制在一定的水平上。这一水平理论上讲能够使饭店获得相应的利润。此外,它还能保持饭店之间竞争的相对稳定,因为只要各竞争饭店都默契地让其营销费用随销售额的某一比例变动,就可以避免营销大战。

使用销售额百分比法来确定营销预算,把销售收入作为营销支出的"因"而不是"果",颠倒了二者之间的因果关系。用此种方法确定营销预算,实际上是基于可用于促销的资金的多少,而不是基于营销活动的要求,这样往往容易使饭店失去有利的市场营销机会。此外,此法必然导致营销预算随每年的销售波动而增减,而没有考虑到饭店在不同的时期其市场和竞争形势的不同,这样容易造成营销费用的不合理分配,有的年份可能营销费用太高,而在经营形势不佳,需要大量营销预算时,却无法得到相应的资金。

6. 目标任务法

目标任务法是指饭店在编制营销预算时,根据营销目标,决定为达到这种目标而必须执行的工作任务,估算执行这些工作任务所需的各项费用,这些费用的总和就是营销预算。饭店在编制总的营销预算时,要求每个销售经理准备一份内容如下的营销预算申请单:尽可能详细地限定其营销目标,该目标最好以数字表示,如提高商务散客预订量20%;然后,列出为实现该目标所必须履行的工作任务,如开展商务促销月拜访商务机构1000家等,并估算完成上述工作任务所需要的全部费用。这些费用之和就是各个销售经理的经费申请额,所有销售经理的经费申请额即构成饭店总营销预算。

由于这种方法在逻辑程序上具有较强的科学性,因而为众多的饭店所采用。这种方法的不足之处在于它没有从成本的观点出发来考虑某一营销目标是否值得追求这个问题。例如,饭店营销目标是下一年度将饭店客房出租率提高20%,而这所需的广告及促销费用也许会比实现该目标所带来的利润高出许多,从经济角度讲是得不偿失的。如果饭店事先进行成本效益分析,然后再选择有利的目标付诸实现,则效果会更好。

7. 零基预算法

这种方法与目标任务法在实际操作上很相似,但它的特点是对于任何一个预算(计划)期,任何一项费用的开支数,都不以过去和现有的基础为出发点,即不考虑当年的费用开支水平,而是一切从零开始,将下一个预算期作为独立的经营周期,根据各项费用是否必要,是否能达到最佳的经济效果来决定其预算费用水平。采用零基预算方法,所有的费用都与预算年度的各项营销活动紧密相连,而各项营销活动的计划是在对饭店的营销优势以及经营机会和挑战进行分析之后作出的,这样,便能够保证各项费用得到最佳配置。但这种方法需要进行大量的调查研究和细致的工作才能得以应用。

采用零基预算法进行预算,大致有三个步骤:首先,饭店营销计划人员根据营销战略计划编制具体的行动方案,以及各项活动需要的费用数额;然后,对每项行动方案进行"成本效益"分析,将其花费与可能收益所得进行比较,评定各项行动方案优劣,并据此排定优劣顺序;最后,根据排列次序,结合可动用的资金来分配营销预算资金。

8. 最优利润计划法

它是通过数学模型来反映企业利润最大时所需的营销费用。当利润达到最大值时,营销费用额即为最佳预算。这一模型建立在销售额对营销费用的反应关系上,即销售反应函数 $S=f(E)$(见图 12-2)。

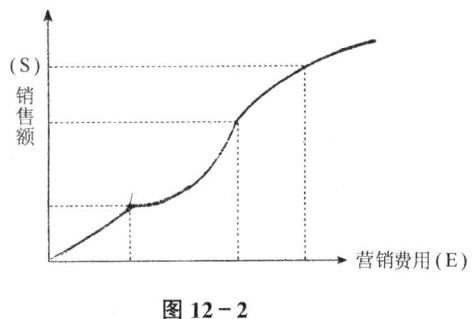

图 12-2

从理论上来看,饭店的销售额与营销费用存在着一定的函数关系。销售反应函数表明:饭店在某一特定的时间里,在市场营销方面的花费越多,它的销售额就可能越高;反之,企业花费较少的营销费用就不可能产生较大的销售额。但是,饭店的销售额不可能无限上升,当达到一定限度后,会出现销售饱和状况,也就是说,营销费用增加到销售饱和状态时,它们之间的关系并不是正比关系。美国学者韦达尔(M. L. Vidale)和沃夫(H. B. Wolfe)认为,销售——广告曲线自原点起呈凹型,即增加的广告支出会产生连续收益递减现象。造成上述情况的原因至少有三个:第一,对任何产品或服务,其潜在的需求量总有个上限;第二,当某家饭店扩大它的营销费用时,其竞争对手可能采用同样的措施;第三,饭店本身客房总数的规划限制,它不可能无限扩大销售。实践证明,在正常的情况下,增加营销费用,饭店的年平均客房出租率不大可能增加10%以上,制定过高的营销预算,只会带来不必要的浪费。

上面所提到的销售反应函数为假设的理论曲线,在实际经营中,销售部经理如何估计本饭店的销售反应函数,可以采用三种方法:第一,统计方法,即把收集到的销售历史数据和营销因素组合的各种变数加以整理,从中分析、判断出销售反应函数;第二,实验法,即在选择的不同试验市场区域投入不同的营销费用,来观察各自所产生的销售额;第三,判断法,饭店可以邀请专家对所需的各种数值进行判断和估计。

在确定饭店的销售反应函数后,我们可用图12-3所示的曲线来找出理想的营销费用支点。图12-3与图12-2中销售反应函数曲线有两点区别:(1)为了确定最优化的营销费用数额,我们用营业额来代替销售量;(2)销售反映函数高于原点与纵轴相交,表明饭店即使不支出营销费用也能获得一定的销售量。

为了确定最佳营销费用数额,营销计划人员应从销售反应函数曲线中扣除各种非营销费用,确定毛利函数,然后,根据每增加一元营销费用所能增加的营业额来确定费用函数。营销费用函数为直线,因为每一增加的营销费用所带来的营业额变动之比为常数(定义为$S=0$时,每元营销费用所产生的营业额,S表示时间为T时的销售),从毛利函数扣除营销费用,便得出净利润曲线。当营销费用在M_1与M_2之间时,企业为盈利状态,故M_1和M_2为合理的营销费用数额区间。当营销费用数额为M时,企业达到最佳利润,饭店营销费用预算额应定为M。

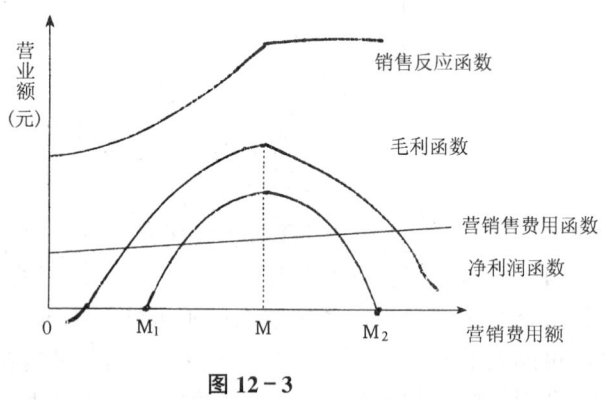

图12-3

采用最优利润计划法确定最佳营销费用额是一种全面科学的方法。但是,计算销售反应函数的准确参数值是十分复杂和繁琐的工作,如果销售反应函数的参数随着时间的推移不断发生变化,花费太多时间和资金而求得的销售反应函数的参数值只在短期内有用则是很不经济的。

二、编制营销预算应考虑的因素

编制营销预算是制定饭店战略计划的重要组成部分,营销预算不仅仅是一个部门的预算,它与饭店总体目标和其他部门预算有着密切的联系。作为编制营销预算的销售部门经理,要使该预算切实可行并获得通过,必须考虑以下几个方面的问题。

1. 饭店的财务经营状况

编制营销预算的决定性因素是达到营销目标所必需的费用。从市场营销部门的角度出发,可使用的营销预算越多,则用于市场促销和推销的支出就越多,能够带来的市场推销效果也可能更好。但是,饭店是一个经营整体,必须考虑其他部门正常运转所需支出,保持各部门预算平衡;同时,还必须考虑营销预算能否带来足够的收益。此外,饭店的财务状况是影响预算的重要因素。不论其规模大小,它所掌握的人力、物力和财力都是有限度的,因此,营销预算的大小必须在饭店财力所能承担的范围之内,不可能无限提高。这就需要饭店销售部门经理同财务部门一道来研究、确定营销预算的额度。

2. 饭店的市场和竞争形势

饭店营销预算主要用于开发市场和进行销售活动,市场和竞争形势必然对营销预算支出总额和预算项目的具体分配产生影响:饭店在市场客源充足、竞争对手少的情况下,用于营销的预算就相应较少;而在市场客源短缺、竞争激烈的形势下,为了尽可能占有更多的市场份额,提高饭店客房和其他设施的使用率,必须投入较多的资金用于市场的开发和新产品的推广以及促销活动。

预算资金只有进行合理的配置才能获得最佳的收益,而预算资金的配置必须以市场分布特点和竞争态势为基础。饭店如果以稳定客源和提高收益为目标,则必须将营销预算资金重点分布到主要的客源市场。对于市场容量和潜力巨大且竞争激烈的市场,饭店应投入较多的预算资金开展重点促销活动,以获得竞争优势。

3. 饭店产品的生命周期

在第六章中,已谈到饭店产品有介绍、成长、成熟和衰退 4 个生命周期,每一个生命周期其营销策略和方法都不尽相同,因此,其营销预算也应随之相应配置。在产品的介绍阶段,由于需要进行大量的宣传推广工作以打开市场和销路,因此,营销预算额也相应较大,有时饭店需拿出当年营业收入的 10%～15%,甚至更多,用于支持营销活动。而在成长期,因为介绍期的促销所起的作用,加上市场已经打开,所需营销活动不多,营销费用相应较低。当产品进入成熟期时,由于市场竞争十分激烈,为了保持市场份额,各饭店都进行各种各样的市场营销活动,大量的促销、强有力的人员推销、高额的佣金等都需要较多的营销预算资金作保证。而当产品走向衰退期时,市场主要是那些稳定的客源,且竞争对手许多已退出该产品市场,因此,饭店无需在该项产品上再进行更多的营销活动,因而营销预算也相应会下降,这时,只需将营销资金配置于稳定老客户的销售工作方面。

本章总结

营销预算是饭店营销计划中收入和支出的量化描述,制定和执行营销预算是饭店重要的管理工作。营销预算反映了饭店营销工作的目标和重点,营销预算的执行情况又可以及时帮助饭店调整经营方向和重点。

饭店营销预算主要包括资本预算、总体预算和滚动预算中的营销预算三种形式,其中总体营销预算是饭店营销预算中最主要部分。

在实际工作中,饭店销售部门的营销预算,其重点为广告、促销费用以及部门行政管理费用等支出预算。

编制营销预算的方法有经验推断法、量力而行法、行业比率法、竞争对等法、销售百分比法、目标任务法、零基预算法以及最优利润计划法等。在编制营销预算时,必须将饭店的财务经营状况、饭店的市场和竞争形势以及饭店产品所处的生命周期等加以综合考虑,只有这样,才能保证预算的准确性和现实性。

专业词汇

资本预算　总体预算　连续预算　经验推断法　量力而行法　行业比率法
竞争对等预算法　销售百分比法　目标任务法　零基预算法　最优利润法

思考与练习

1. 饭店营销预算在饭店经营管理中的作用体现在哪些方面?
2. 饭店营销预算包括哪几种形式?
3. 饭店营销费用构成有哪些主要项目?
4. 编制饭店营销预算的方法有哪几种? 各有什么特点?
5. 编制一份切实可行的营销预算主要应考虑哪些因素?

第 13 章

营销控制

本章导读

营销控制实质上是对市场和产品的再调研和再定位,这时的调研和定位以原计划文本为基础,目的是检查原定计划的合理性和进展情况。作为营销系统中的一个环节,营销控制是营销成功的保证。通过营销控制,饭店可以发现计划中存在的问题并据此提出改进目前市场营销方案的措施。本章简述了营销控制的必要性,并分别就营销控制的层次、时效性以及控制的类型进行了阐述。

第一节 营销控制系统

营销实际上是饭店经营的综合性策略,具有特定的"投入"和"产出"功能。饭店经营中任何单一的营销动作不会对总体经营产生多大效果,而营销策略计划局部上的失误却会影响整体效益。营销力求在目标、时间和空间范围内合理地调配人力、物力、财力、技术和信息资源,通过各部门、各层次的相互配合,与环境的发展达到同步。要实现营销活动一体化,必须使该系统的"投入"和"生产"受到严格的、科学的控制,以确保"产出"的质量。换言之,"投入"的准确性以及"生产"过程的方向性是获得最佳"产出"的保证。图 13-1 所反映的是这种控制系统的流程。

这套流程的"投入"包括进行市场调研所必需的数据信息和经过科学分析作出的计划,"生产"过程就是计划的实施过程;而"产出"就是营销工作成效。对该系统的控制可以分为常规性控制和战略性控制。常规性控制是在计划实施过程中对计划的不合理部分随时进行调整,即经营性调整;战略性控制则要对计划进行全面的、综合性的分析,既作为阶段性总结,又要为下一个阶段的计划打下基础。

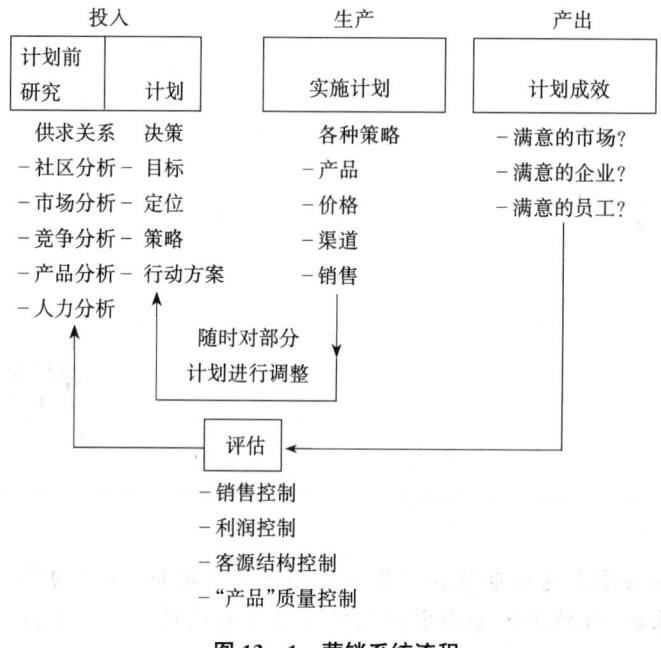

图 13-1 营销系统流程

第二节 控制的时效性和控制网络

营销计划由不同的策略计划和行动方案组成。如果每个子计划的实施都在方向上与营销目标保持一致,那么预期的成效便不难实现。控制就是力求达到上述目的。饭店营销人员不能等到计划期的最后一天才去对比目标和成效。事实上,调整的时间应当根据计划的类型和阶段确定下来。多数饭店将季度作为调整周期;也有饭店十分注重计划的实施成效,采取每月常规审计。这种按每月、每季进行的"维修和保养"是饭店评价期末成效的基础(参见附录 13-1 和 13-2)。高层次计划和策略性计划的控制周期相对而言较长。越是日常经营方案,其调整周期也就越短,有的甚至是持续性的检查和调节。各家饭店应视具体情况,长短结合,适时调整,使饭店营销始终保持正确的方向。

营销计划在机构上与不同层次以及不同部门发生关系,因此便增加了控制的难度。根据美国企业管理学家彼得·德鲁克的"按目标进行管理"的理论,良好的控制应当具有以下特点:

(1)控制在上、下级之间合作进行;

(2)控制应当成为定期的常规性工作;

(3)控制的内容应当有具体的量性标准;

(4) 控制的结果应当形成文字并经双方认可。

按目标进行管理的方法有两个优点:首先,此类控制带有丰富的自觉色彩,即如果让员工了解应该达到的目标以及其他要求,员工便获得更多的自我调整的机会;其次,这种方法的真正目的在于调节,即上、下级双方经过检查和对比,对负向差异达成共识,并合力找出解决办法。这种以部门为主、逐级进行的控制畅通了上、下沟通的渠道,形成了反馈特有的流动网络,为避免重大失误、提高经营质量奠定了基础。

第三节 控制的类型

如要获得比较完整准确的成效鉴定,饭店需要从不同的角度衡量营销的绩效,进行差异分析,并对原计划进行适当的调整。下面列举常用的几种控制类型。

一、销售控制

销售控制数据来自三个方面:市场定位类、市场份额类和销售投入类。

市场定位类(见附录13-1和13-2):从这类自我评价表可以看出,营销年度计划中的销售目标按细分市场被分解为季度方案,其中的营业额指标和住宿指标是衡量营销绩效的标准。在使用这些指标进行衡量时,需要注意以下几个问题:

(1) 在评价某一细分市场销量的增减时,需要结合客源国/地区的形势变化来考虑,以确定究竟有多少成分是促销努力的结果;

(2) 以金额表示销售指标时,要考虑通货膨胀的影响;

(3) 竞争也是影响销售量的因素之一;

(4) 住宿率(销售量)不一定能产生出利润。

住宿率仅仅说明销售努力的数量,并未显示出销售的质量,有些销售量是削价销售的结果。因此,饭店要使用"客房销售效益公式"来配合衡量指标完成情况。

$$客房销售效益 = \frac{实际客房销售营业额}{客房销售营业额最大潜力(门市价)} \times 100\%$$

经过比较,如果住宿率大大高于客房销售效益,饭店就应该对某些房价折扣做进一步的分析:是否有必要给予折扣,折扣的幅度是否可以调整;如果两相比较,比率均很低,饭店就需对市场、房价、促销和竞争进行全面的调查和分析。当然,理想的状况是两种比率均在较高水平上,相差不大。

市场份额类:在自我评价的同时,还应当将本饭店的绩效与主要竞争对手的绩效进行横向对比,找出差异,分析原因,及时调整计划。市场份额产生差异的原因可能与促销计划的完备程度有关,也可能受到产品质量或产品吸引力的影响。除此之外,价格策略和竞争状况都应是考虑的因素(见附录 13-3)。

销售投入类:属人力评估,分为质量型和数量型。质量型投入的衡量范围包括:
- 计划的可行性;
- 销售人员的素质;
- 对销售人员的技术培训;
- 管理技巧的运用。

数量型投入的衡量范围包括:
- 人员配备情况;
- 工作量和工作强度(销售定额);
- 销售费用;
- ……

销售投入评估的目的主要是为了提高工作效率。效率不高的原因可能是技术性的,也可能是计划不当。较难处理的是数量和质量之外的主观因素引起的问题。

二、利润控制

利润控制指饭店对各个目标市场、各种主要产品的获利性进行衡量,以决定取舍和增减。

对目标市场的获利性进行衡量,需将用于各目标细分市场的营销费用与来自这些目标市场的销售额进行对比,确定是否产生利润,分析原因并决定应对措施。比如,某些细分市场的规模是否具有进一步开发的潜力,获利性小的原因是自身质量还是外界的不可控因素等等。

对产品获利性的评估是综合所获营业额、所耗成本以及间接成本等因素进行的。饭店除需参考产品的寿命周期外,还应考虑产品的特色、价格以及竞争因素,依此决定某些产品的取舍。

除此之外,营销人员还应对内部管理系统进行检查,如编制的预算是否合理,广告制作成本是否过高,内部管理开支是否过大,某些促销活动是否得不偿失,销售控制是否得当,销售质量是否下降等等。

三、客源结构控制

客源结构指客人对饭店的了解程度、忠诚度,客人的消费行为和消费能力等。客人质量控制应当与营销目标的要求相一致,采取内、外结合的方式定期追踪进行。此类衡量要以目标细分市场为对象,以针对这些市场的特定营销组合为工具,考察市场的规模,进行利益细分,从而评估营销成效。

调研数据的收集和对比仅仅是营销控制的开始。计划人员需要以数据为依据,对目标和实际之间产生差异的原因进行分析,确定市场发展趋势,据此制定出相应的调整措施。在此过程中,计划人员始终要以营销目标为准绳,对计划中的不合理部分进行适时的修改。只有这样,才能使营销工作处于良性实施状态,保证计划的"产"出"质量。

附录 13-1

日期:01-4-18

计划:2001/2002—冬季包价促销　　　　　　　　计划人:_____

销售计划
(第一页)

一、目标(预期的成效)

设计冬季包价以扩大淡季散客生意。

二、策略/行动方案(简述达到目标的方案)

1. 预备特别价格,派员赴目标商社和海外旅行社推销;
2. 对本地市场作闪电式推销。

三、计划的根据(为何要如此计划?)

首先,冬季客源一向很少,旅游者或商社旅行者往往根据价格和产品所提供的利益来决定是否接受饭店包价;

其次,防止客源因竞争对手的包价活动而流失。

四、计划的可行性(计划成功的把握?)

事实证明,一些公司因竞争对手提供的特别价格而将所有业务迁出饭店。

五、行动方案的具体步骤(内容、何时、何地、如何实施等)

将由本集团在全国各地的饭店联合设计"中国的冬天"宣传材料,进行为期4个月的宣传活动(01-11-15 至 02-3-31)。

活动	负责人	始期	终期	成本
1. 最后确定包价计划	总经理/销售总监	01/06	20/06	
2. 宣传材料准备完毕	销售总监	01/07	10/07	1 000 美元
3. 向海外邮寄	销售总监	01/08	10/08	400 美元
4. 向本地邮寄	销售总监	01/10	10/10	100 美元
5. 检查成效	前厅经理	01/12	10/12	
6. 广告	公关经理	10/11		36 000 美元
7. 实施计划	销售总监	08/11	10/11	
8. 追踪/评估成效	前厅经理	01/01	01/04	
9. 报告上级	前厅经理	01/04	15/04	

总成本 = 37 500 美元

计 划 书 日期:01-9-7
（第二页） 计划人:_____

六、成本/营业收入效应

广告	36 000 美元
宣传品	
（图文、印刷）	1 000 美元
海外邮费/电传	400 美元
国内邮费/电传	100 美元
	37 500 美元

总成本预计于 2002 年 4 月前开始获益。

七、追踪/评估（是否达到目标?）

本计划实施成效按以下（各）指标衡量：

1. 商务客间天数增量
2. 早餐营业额增量

2002

		一月	二月	三月	四月	五月	六月
1.	目标	580	560	700			
	实际成效						
2.	目标	37 700	36 400	45 500			
	实际成效						

2001

		七月	八月	九月	十月	十一月	十二月
1.	目标					924	1 632
	实际成效						
2.	目标					60 060	106 080
	实际成效						

附录 13－2 2002 年第三季度销售行动方案

日期:2001—11
计划人:_____

细分市场：<u>冬季散客促销</u>
目标：<u>最大限度提高散客订房</u>

达标步骤	负责人	完成日期	如何/何时调控	成 效
1.市场形势调研	销售总监	02－8－15	持续性监控	了解最新市场信息

续表

达标步骤	负责人	完成日期	如何/何时调控	成 效
2.如有必要,电传海外代理商,修订合同价格	销售总监	02-9-20	持续性监控	为销售做好前期准备
3.最后确定冬季房价	总经理/销售总监/前厅经理	02-9-25	前期准备 每周监控	确保房价的竞争力、争获批准
4.装潢准备工作	公关部经理	02-9-25	每周监控	达到宜人、醒目的效果
5.广告计划	总经理/销售总监/公关经理	02-11-1	持续性监控	前厅监控效果

月份：	00年7月		00年8月		00年9月		
散客间天数	目标	实际	目标	实际	目标	实际	总计
预　　算	12 320		12 320		15 400		
销售定额							

附录 13-3　综合性客源市场竞争分析

信息收集期：<u>2002 年 10 月</u>

此信息起止期：<u>2002 年 1 月至 9 月</u>

序号	饭店	客房数	公平市场占有率	本期住宿率	租用房	实际占有率	标准牌价（美元）	平均日房价（人民币元）
1	本饭店	905	24%	80.44%	728	25%	89	270.50
2	饭店 A	914	25%	77%	704	24%	100	325
3	饭店 B	746	20%	64.40%	480	17%	90/100	305.29
4	饭店 C	450	12%	87.11%	392	14%	90/95	367.24
5	饭店 D	686	19%	84%	576	20%	95	328.20

评价

1. 直接竞争对手：A,B,C,D。
2. 本饭店的价格低于竞争对手的价格。过去差价为 20 美元,现在已缩小到 10 美元至 15 美元。
3. 今年抵达本市的散客和商务客人均有所减少,所以竞争对手 A 和 B 开始渗透我们一直很成功的市场——长住户。价格比本饭店尚低 10 美元。在淡季和平季,A 和 B 开始削价并给予不同程度的折扣,有时多达 50%。

4.我们的决策:不做价格追随者,因为在平季六、七、八月,我们以不低于 70 美元的净房价获得本市最高住宿率。

5.与此同时,由于销售总监对各细分市场的房价拥有了更大的权力,争取到更多的机组住宿并保留了 150 间长住合同。

6.我们的主要优势:设施、气氛。主要劣势:建筑老化。目前正采取措施,重新装修。

7.我们的策略是:敦促母公司批准新的建设项目,尽快改造老楼,以迎接下个年度的第一个季节。

本章总结

不做计划或计划成型后被束之高阁,固然会造成人力、物力和时间的浪费,但是,以计划之"不变"应市场之"万变"则无异于"无计划"。

饭店营销计划虽然始于详尽的市场分析、产品分析和竞争分析,在其成型并被付诸实施后,还是要不断地参照实际情况随时加以修改和调整。计划只涉及"应当如何",而"实际如何"则要求计划人员对销售、利润和客人等各方面进行分析和调整,以保证计划的"产出"符合营销目标的要求,并为今后的计划打下基础。

战略性控制标志着一个计划期的结束,同时又是另一个计划期的开始。饭店的营销就是在这种有始无终的循环中不断地创造饭店的经营效益。

专业词汇

利润控制　客源结构　客房销售效益公式

思考与练习

1.试述饭店营销控制流程中各步骤之间的关系。

2.营销控制实施层次的意义是什么?

3.如果要衡量某一产品的营销成效,应当了解哪些信息?

主要参考书目

1. C.D.考夫曼(美).旅游饭店营销管理.杭州:浙江摄影出版社,1993
2. 邝鸿主编.现代市场学.北京:中国人民大学出版社,1989
3. 国家旅游局人教司编.现代饭店管理.北京:中国旅游出版社,1993
4. 国家旅游局人教司编.饭店销售部的运行管理.北京:旅游教育出版社,1993
5. 丽都饭店十年店庆办公室编著.奋进之路——北京丽都假日饭店经营管理经验撷英.北京:中国经济出版社,1994
6. 谢明成,张顺程著.旅游市场及行销.台北:台湾众文图书出版公司,1994
7. 施涵蕴著.旅游饭店市场营销.北京:中国华侨出版社,1990
8. 汪纯孝著.饭店营销学原理与应用.广州:广东旅游出版社,1986
9. 王大悟等著.酒店实用营销学.香港:香港亚洲企业家出版社,1992
10. 朱超著.现代饭店营销管理.上海:上海人民出版社,1992
11. 顾树保等著.旅游市场学.天津:南开大学出版社,1985
12. Malcolm McDonald, Marketing Plans, London:William Heinemann Ltd,1986
13. W.J.Stanton, K.E.Miller, R.A.Layton, Fundamentals of Marketing, New York:McGraw-Hill Book Company,1986
14. J.C.Holloway and R.V.Plant, Marketing for Tourism, London:Pitman Publishing, 1988
15. 克里斯托弗·H.洛克洛克著,陆雄文、庄莉主译.服务营销.北京:中国人民大学出版社,Prentice Hall 出版公司,2001
16. Philip Kotler, John Brown & James Makens, Marketing for Hospitality and Tourism, London:Prentice Hall,1996
17. Leonard Hoyle, Event Marketing, New York:John Wiley & Sons,1999
18. Kathleen Sindell,Ph.D.,阚澄宇等译.忠诚营销:E时代的客户关系管理.北京:中国三峡出版社,1999
19. World Tourism Organization Business Council, E-Business for Tourism-Practical Guidelines for Tourism Destinations and Business, Geneva:WTO, 2001

修订后记

随着我国饭店业的成熟和市场竞争的加剧，营销已经成为饭店获取竞争优势的主要手段。新的营销观念、新的营销手段不断地涌现，引导着我国饭店业不断迈向更高的台阶。

《饭店营销学》1996年首次出版，2001年修订再版，前后经过8次重印，仍不能满足读者的需求。应旅游教育出版社之邀，进行了三版修订。本版次依旧遵循市场营销活动的四个阶段：市场调研、制定计划、执行计划和进行评估为写作线索，对每一个阶段的工作目的、主要任务等作了详细分析、阐述，并在文中列举了大量的实用性市场营销公文以供读者参考。

本次修订我们更加关注新的营销思想与技术在饭店业中的应用，这突出体现在新增的第一章第三节饭店客户关系管理，第十章饭店网络营销两大部分。同时，对于一些因饭店公司并购等原因而发生的数据、资料变化，我们也作了及时更新。新版本还对体例作了调整：增加了本章导读以明确每一章内容的学习思路，增加了专业词汇，优化了章后的思考与练习。

全书分十三章。其中第一、六章由钱炜编写，第四、五、七、八(第四节)、十三章由李伟编写，第二、三、八、九、十、十一、十二章由谷慧敏编写。此次修订，由谷慧敏负责完成。

编者
2003年5月